本书为2016年国家社科基金项目“TPP国有企业规则对我国国企海外投资的影响及对策研究”(项目编号：16BGJ009）结项成果

国有企业国际规则与中国国企海外投资

余　莹◎著

中国社会科学出版社

图书在版编目(CIP)数据

国有企业国际规则与中国国企海外投资／余莹著.—北京：中国社会科学出版社，2022.2

ISBN 978-7-5203-9162-7

Ⅰ.①国… Ⅱ.①余… Ⅲ.①自由贸易—国际贸易—贸易协定—规则—研究②国有企业—海外投资—研究—中国 Ⅳ.①F744②F832.48

中国版本图书馆 CIP 数据核字(2021)第 267557 号

出 版 人 赵剑英
责任编辑 梁剑琴
责任校对 刘 娟
责任印制 郝美娜

出 版 中国社会科学出版社
社 址 北京鼓楼西大街甲 158 号
邮 编 100720
网 址 http：//www.csspw.cn
发 行 部 010-84083685
门 市 部 010-84029450
经 销 新华书店及其他书店

印 刷 北京君升印刷有限公司
装 订 廊坊市广阳区广增装订厂
版 次 2022 年 2 月第 1 版
印 次 2022 年 2 月第 1 次印刷

开 本 710×1000 1/16
印 张 15.25
插 页 2
字 数 243 千字
定 价 88.00 元

目　　录

导　论

一　研究背景

（一）TPP国有企业规则对中国国有企业带来重大制度风险

近年来中国经济快速发展，中国已经成为影响世界政治经济格局的重要力量，是最大的贸易国和世界第二大经济体。从GDP总量来看，根据世界银行公布的数据，按现价美元计算，2017年中国的GDP为122377亿美元，位居世界第二，美国为193906亿美元，尚有7.15万亿美元的差距。[①]中美之间不仅在经济总量上的差距日益缩小，中国国有企业实力的强大也让美国感受到竞争威胁，随着中国的大型国有企业有三家进入世界五百强的前十名，美国开始对我国国有企业在国家经济中的地位、作用和在国际市场上的竞争实力十分警惕，并认为中国国有企业实力强大是因为中国政府提供了不公平的竞争优势。

在美国看来，中国的国有企业受国家指导和控制，中国政府在宪法和法律上有责任保持国有企业的主导地位，通过在信贷资金上向国有企业倾斜、直接给予财政补贴等多种方式扶持国有企业。例如，国际货币基金组织（IMF）报告称，2014年中国国内"国有企业信贷存量份额"为55.6%。[②] 因此，欧美等国将"竞争中立"视为保证市场公平竞争的良方，开始在双边和多边协议中纳入竞争中立原则以推动对国有企业的规制。而OECD公司治理工作组于2011年公布了《竞争中立和国有企

① World Bank, *World Development Indicators Database*, 1 July, 2018, https://data.worldbank.org/data-catalog/world-development-indicators.

② IMF, tabulation 1. The Balanced Scorecard（2016年）, Number 16/271。

业——挑战和政策选择》和《竞争中立——确保国营企业和私营企业间的公平贸易》，上述文件认为国有企业因享有政府的财政补贴、特许融资和担保等而享有不公平竞争地位，从而提出了政府应该确保国有企业与私营企业在市场竞争中保持平等竞争地位的“竞争中立原则”。因此2011 年 11 月 10 日亚太经合组织领导人会议上，美国国务卿希拉里就在演讲中表示要求中国“提供公平的机会和公平的竞争环境给美国公司，要求中国结束对美国和其他国家的不公平歧视”，为此，美国要“推动《跨太平洋战略伙伴关系协议》(简称 TPP) 谈判，建立以规则为基础的秩序”①。美国计划在新一代国际经贸投资规则中推动竞争中立原则的国际立法进程，2012 年 4 月 10 日，美欧联合发布《欧盟与美国就国际投资共同原则的声明》，明确表示要推动竞争中立规则国际立法进程。

所以在 TPP 谈判时，美国坚持纳入国有企业议题，推动对国有企业接受政府补贴行为的限制。终于促使了 TPP 协议文本的达成，其中 TPP 第 17 章“国有企业和指定垄断企业”标志着国际规则正式引入竞争中立原则。

对此，国内外学界普遍认为，TPP 第 17 章针对中国的意图明显，说明美国已经决定通过在一个具有广泛影响力的有 12 个国家参与的国际经贸条约中确立国有企业约束性规则，以限制中国国有企业竞争力。从更深远影响来看，21 世纪以来，中国、俄罗斯、巴西等新兴经济体采取控制或扶持国有企业和一些核心支柱产业，促使它们在国际贸易投资市场的份额持续增长，西方学者威廉·鲍莫尔、罗伯特·利坦等认为这属于国家资本主义经济发展模式，约书亚·科兰兹克、布莱恩·布莱默认为这种模式将对英美等国的所谓“民主资本主义模式”构成威胁。② 因此，欧美等将“竞争中立”视为保证市场公平竞争的良方，开始在双边和多边协议中纳入竞争中立原则以推动对国有企业的规制，反映了美国要重构国际经贸投资规则的战略意图，即限制中国政府主导经济模式的生存空间。

---

① Secretary Clinton on America's Pacific Century at the East/West Center, November 10, 2011, https://2009-2017-fpc.state.gov/176998.htm.

② 中国社会科学院“国际金融危机与经济学理论反思”课题组:《国家资本主义与“中国模式”》,《经济研究》2009 年第 11 期。

由于TPP国有企业规则包含限制政府对国有企业给予包括贷款扶持、财政补贴、融资担保等各种中国常常采用的国有企业补贴措施，对中国政府某些产业政策带来挑战，一旦TPP国有企业规则被美国、欧盟推广为国际经济普遍性规则，不仅仅对中国国有企业海外投资带来转型要求和制度风险，甚至将对中国政府主导经济模式构成挑战。深入研究TPP国有企业高标准规则及中国国有企业海外投资应对策略成为迫在眉睫的任务。

（二）后TPP时期国有企业规则演进为对中国经济制度的排斥

首先，TPP国有企业规则完全为“全面与进步跨太平洋伙伴关系协定”（CPTPP）所承袭，TPP国有企业规则对所谓“国家资本主义”模式的规制和影响得到延续。

当前国际形势风云变幻、世界不确定性显著提高，泛太平洋战略经济伙伴关系协定（TPP）尚未生效就遭遇重大“生存危机”。特立独行的唐纳德·特朗普在美国大选中出人意料胜选，并于2017年1月20日就任美国总统。上任伊始，特朗普就签署了美国退出TPP的命令，此后特朗普政府具有明显反经济全球化的政策次第出台，包括刻意否决其他成员提议的立即启动WTO机构成员遴选程序，意图迫使WTO争端机制停摆瘫痪；利用美国作为贸易大国的优势地位单方面对贸易伙伴加征关税、迫使对手接受美国不合理的谈判要求；等等。这标志着美国政府对全球经济治理规则的态度发生重大改变，“美国优先”成为美国处理国际经济关系的首要原则。对中国在国际政治经济舞台日益发挥更重要的作用，美国势必进行防范和打压，因此，TPP国有企业规则虽然是美国前总统奥巴马等政治精英一手打造的，但美国限制中国国有企业企业竞争力乃至对“中国模式”“国家资本主义”规制的战略企图绝不会放弃。

2018年3月8日，参与“全面与进步跨太平洋伙伴关系协定”（CPTPP）谈判的11国代表在智利首都圣地亚哥举行协定签字仪式，虽然CPTPP产生的影响因美国的退出而黯淡不少，但是本书研究的主要内容——TPP第17章“国有企业和指定垄断企业”，除了涉及美国和马来西亚等提交的附件清单内容被暂停适用外，其他条款均被CPTPP第17章完全承袭。[①] 可以说 TPP 协议文本所确立的高标准自由贸易投资规则，代表今后的国际经贸投资规则的走向，TPP（CPTPP）国有企业规则，是当前国际协议中将竞争中立原则首次引入的多边条约，其中的非商业援助、非歧视待遇大大限制了国有企业受到政府补贴支持，上下游国有企业之间相互给予优惠待遇也受到限制，这些规则给中国国有企业所带来的冲击并不会因为 CPTPP 协议文本的影响力稍弱而减轻，竞争中立原则将通过 CPTPP 国有企业规则，甚至其他方式持续重新塑造国际经贸投资秩序。我们需要对经济全球化发展态势及 TPP（CPTPP）国有企业规则属性、内容及未来走向有精准的把握和预判。[②]

其次，美国等在市场经济地位、产业补贴政策、外资审查等方面针对中国的措施相继出台，表明 TPP 国有企业规则已经全面升级为对中国政府主导经济模式的限制性规则。

当前国际经济形势处于百年未有之大变局。2018 年 3 月 22 日，美国总统特朗普宣布依据“301 调查”结果对中国进口商品大规模加征关税，并限制中国有企业对美投资并购，此后中美之间经贸摩擦全面升级，美国将中国的国有企业问题与产业政策、非市场经济地位、市场准入、对外高新技术投资等诸多问题综合起来，指责中国实行非市场导向的经济政策，是政府主导经济模式。在美国看来，国有企业是中国实施非市场导向经济政策的一个重要工具，美国认为中国整个经济体制对市场干预过多、扭曲市场资源配置，对美国企业造成不公平的负担。

事态发展表明，自美国政府于 2017 年 12 月发布的《国家安全战略报告》将中国和俄罗斯作为美国的主要战略竞争对手之后，美国不再仅仅限于通过类似 TPP 国有企业规则来限制中国国有企业在国际市场上的竞争力，而是逐步在经贸投资领域乃至高科技交流等方面动用各种力量和手

---

① Comprehensive and Progressive Agreement for Trans-Pacific Partnership（CPTPP），Article 1：Incorporation of the Trans-Pacific Partnership Agreement，Article 2：Suspension of the Application of Certain Provisions.

② 众所周知，TPP 第 17 章是在美国极力推动下针对中国国有企业模式所打造的高标准国有企业新规则，时势变迁，CPTPP 取代了 TPP，TPP 第 17 章的内容整体并入 CPTPP，而本书是以 TPP 产生的政治经济背景研究该国有企业规则的影响，TPP 国有企业规则更因美国继续推动对中国国有企业乃至中国国有经济体制的打压、限制持续发挥影响，因此本书在后续研究中仍采用“TPP 国有企业规则”等用词进行分析讨论。

段对中国实施全面遏制和“规锁”,[①] 并且美国意识到中国的国有企业问题只是所谓“非市场导向”的政府主导经济模式的一环，美国需要在贸易摩擦谈判中不断极限施压，逼迫中国进行结构性调整。为此，美国否认中国为市场经济国家，联合欧盟、日本推动新的反补贴规则和推动投资安全审查新立法来强化对非市场导向经济政策、产业补贴政策、国有企业的限制。

可以预见，中美之间在高新科技领域的追赶与竞争、中美在全球经济秩序中的发展模式和经济制度之争短时间难以停止，也将使得以 TPP 国有企业规则为基础限制中国模式的规则不断演进。

从本质上而言，TPP 国有企业规则是美国“规锁”中国模式或所谓“政府主导经济模式”的初级版本，美国退出 TPP，从现有的全球化贸易体系中倒退，表明国际经济规则已经进入重构时期。美国推动 WTO 框架下反补贴规则的修改、在美国—墨西哥—加拿大协定（简称美墨加协定或 USMCA）中继续完善国有企业规则、限制《中国制造 2025》产业补贴政策是对 TPP 国有企业规则的进一步发展，美欧等对我国非市场经济国家地位的认定，USMCA 对中国市场经济地位的排斥，新通过的美国《外国投资风险评估现代化法案》对外资审查的范围由中国国有企业泛化至民营企业，表明未来美国推动的国际经贸投资规则不仅仅限于对国有企业立“规矩”，而且是要在市场准入、产业补贴、反倾销、投资，乃至“一带一路”主权贷款领域全面推动针对中国经济体制及发展模式的约束性规则。从美国政府商务部、贸易代表办公室等针对中国非市场经济地位、中国经济模式所发布的公开文件中，有些美国意图推动的规则已经大约成型，如对补贴、产业政策的限制等，有些则是从美欧等西方媒体、智库不断散发的报告中可初见端倪，需要中国未雨绸缪，及时研究应对之策。

二 研究目标和主要内容

（一）研究目标

由于本书在申报并获得立项时美国尚未退出 TPP，因此立项时的研究

① 张宇燕、冯维江:《从“接触”到“规锁”：美国对华战略意图及中美博弈的四种前景》,《清华金融评论》2018 年第 7 期。

目标主要是剖析 TPP 国有企业规则的内容，探究 TPP 国有企业规则会给中国国有企业海外投资乃至中国国内政策带来哪些不利影响和冲击，分析这些影响的方式和途径。但是国际经济形势风云突变，TPP 协议因美国退出影响力大减，本书并不因为 TPP 影响力变弱而丧失研究价值，因为 TPP 内容不仅为 CPTPP 所完全承袭，TPP 国有企业规则所体现的核心理念——美国等限制以国有企业为基础的“政府主导经济模式”的战略意图并未因此沉寂和消减，反而后续不断发展演进。因此本书所确立的研究目标：首先，剖析 TPP 国有企业规则的内容及产生原理，揭示国有企业规则的本质是美国意图推动新一代经贸投资规则限制中国国有企业国际竞争力，梳理并揭示在美国退出 TPP 后国际经贸投资规则剧变并充满不确定性的背景下国有企业后续发展演进的形式与内容。其次，探究国有企业规则及其演进会给中国国有企业海外投资乃至中国国内国有企业改革带来哪些不利影响和冲击，分析这些影响的方式和途径。最后，提出在界定中国对外投资利益基础上通过博弈化解国有企业规则的不利影响，以及中国参与国际规则博弈的应对方案。

（二）主要内容

对 TPP 国有企业规则产生的理论和国际经贸投资规则重构的原理进行阐释，并对以 TPP 国有企业规则为基础限制中国模式的规则演进内容和形式进行研究，即美墨加协定（USMCA）国有企业条款、美欧推动反补贴改革方案和加强外资审查等不仅强化 TPP 国有企业规则对中国国有企业限制，还意图限制中国政府支持的产业升级能力，此外美国意图通过非市场经济问题、美墨加协定的“毒丸”条款将中国排斥在美欧等推动的新一代国际经贸规则体系之外；分析这些规则及其演进对中国国有企业经营模式和产业政策带来的影响和冲击；针对中国在“一带一路”基础设施投资中采取政府主导模式，美国等西方国家有可能采取的阻碍性规则进行前瞻性讨论；最后提出中国在国内层面和国际层面的应对措施。全部内容共计分为五章。

第一章“国有企业规则的产生与演进：理论解读与分析框架”。本章首先从经济学理论和国际政治经济学理论阐释 TPP 国有企业规则产生的原因；然后针对国际经贸投资规则重构过程中的重大事件——美国推动对中国政府主导经济模式的“规锁”进行政治经济分析，指出在国际经贸规则重塑的博弈中围绕国有企业规则及中国模式将发生激烈的规则博弈；最后提出中国应对“规锁”中国模式的国际经贸规则的分析框架，即应准确界定中国国有企业对外投资利益，基于多元、包容、公平、务实、开放的原则参与多层面规则博弈。

第二章“TPP 国有企业规则核心条款及后续发展”。本章通过比较欧盟、OECD 文件、美国—新加坡 FTA 以及 TPP 第 17 章对国有企业的界定，分析国有企业界定中几个重要因素对适用范围的重要意义，并解析 TPP 国有企业规则的适用范围、豁免例外和排除条款；通过对 TPP 国有企业规则的核心条款——非歧视待遇和商业考虑、非商业援助（反补贴）、透明度、不利影响和损害解读，阐释 TPP 国有企业规则核心条款如何实现对 WTO 补贴规则的制度性变革，以及这些条款对国有企业商业活动所带来的影响。本章对美墨加协定和欧盟—越南协定国有企业条款的变化进行了分析研究，特别分析了美墨加协定第 22 章国有企业章节在国有企业定义、非商业援助上的新发展，力求在最新资料上把握 TPP 国有企业规则的变化方向。本章最后一部分是对国内研究竞争中立和国有企业条款的深化和突破，该部分详细分析竞争中立原则的起源及其内涵，通过比较 TPP 第 17 章核心条款与 OECD 文件关于竞争中立原则的表述、各国立法实施竞争中立原则的实践，认为多国实践以及 TPP 等协议的国有企业条款表明，大部分国家和 FTA 都只是部分引入竞争中立原则。

第三章“后 TPP 时期国有企业规则的演进”。本章分析了美国等通过国有企业规则无法限制中国政府主导经济模式带来的不公平竞争，决定将目标由针对中国国有企业泛化至中国的政府主导经济模式。第一节分析欧盟、美国认定中国为非市场经济国家的判断标准，国有企业因素的作用及影响，指出对中国非市场经济地位认定的影响将溢出反倾销法领域，带来对中国政府主导经济模式的全面否认，美墨加协定第 32 章第 10 条“非市场经济国家”歧视性条款更加重了中国政府主导经济模式面临的国际经济规则压力。第二节分析美国在贸易战中意图“规锁”中国的规则，将美墨加协定国有企业规则与美国对中国产业补贴的立场综合，对 WTO 补贴规则的改革方案和可能发展提出了前瞻性预测。第三节分析最新美欧外资审查立法，体现为西方国家为保持对先进技术的占领和优势地位，纷纷修改外资法限制对高新科技产业的外资并购。第四节研究中国“一带一路”大型基础设施投资因具有政府主导特点所带来的问题，主要是中国对国际主权贷款责任规则的软约束及美国可能推动的相关法案应采取的应对方案。本章针对近两年来以限制中国国有企业为基础的规则，逐步升级对中国政府主导经济模式的限制性规则和做法展开研究，研究内容具有前瞻性。

第四章“中国国有企业及对外投资政策面临的挑战”。本章首先详细分析了中国国有企业市场化改革目标与竞争中立原则要求存在的差异，以及以 TPP 第 17 章国有企业规则为基础的某些竞争中立规则对中国国有企业在经营采购、补贴、信息披露带来的改革压力。其次聚焦受到美国极限施压的中国产业补贴政策，总结梳理了中国产业政策的框架、特点以及在 WTO《补贴与反补贴措施协定》下的合理性、负面效应，深入研究中美贸易摩擦中美国提出的“结构性改革”要求、国家安全审查制度等方面对中国产业补贴政策施加的规则限制。最后分析中国“一带一路”投资面临的风险问题以及围绕“一带一路”建设面临的规则博弈。

第五章“国际经贸投资规则重塑背景下的中国立场与对策”。第一节首先分析了中国国有企业深化改革与融合竞争中立原则之间的关系，即国有企业改革首先要体现发展和完善以公有制为主体，多种所有制经济共同发展的基本经济制度，竞争中立原则的某些内容有助于推动国有企业的市场化改革，中国可以引进并吸收加以实施；然后提出中国国有企业分类改革、市场准入、采购等如何引入竞争中立推动进一步改革。第二节对中国对外投资利益评估存在的问题及原因进行分析，提出将维护中国世界产业链地位及升级能力作为对外投资的核心战略利益，视“一带一路”沿线国家在中国安全战略上的重要性将相关援助项目分类定性，按照“共同有区别”原则遵守政府主权贷款的国际规则，但避免大包大揽、不顾国力过多承担对外援助的责任，并对中国如何参与多层次规则博弈提出建议。第三节对中国缔结国有企业相关规则时的立场与方案，即在投资条约中强调国有企业的中性定位和投资保护；力争 WTO 框架下产业补贴政策的空间，在 FTA 中推动中国市场经济地位的确认；强化“一带一路”建设债务处理的国际合作，构建区域性金融预警系统。

三 研究方法

尝试将公共选择理论关于国际规则制定的双层博弈理论与海外投资母

国利益分析结合，并对中国国有企业对外投资的特质进行分析，以之作为确定中国海外投资利益的基础，提出中国参与国有企业国际规则博弈的分析框架。这一研究方法和研究视角能够改变以往中国应对国际规则研究侧重从阐释国际规则到国内被动适用的路径，而转变为从中国国内利益评估到参与国际规则博弈的视角，是对中国特色国际关系理论研究方法以及研究视角的新探索和尝试。

四　本书的创新与不足

（一）本书的创新之处

首先，研究视角创新：不仅解析了 TPP 国有企业规则及后续演进，还另辟蹊径提出应根据中国国有企业对外投资的特质审慎评估中国海外投资利益参加规则博弈。此外，本书根据形势发展不局限于对国有企业规则本身研究，而是将视野放宽至对政府主导经济模式的限制性规则研究上，从而能揭示 TPP 国有企业规则发展的本质及深远影响，有助于中国对国际形势充满不确定背景下国际规则发展趋向有明晰的预判。

其次，研究观点创新：本书许多观点为国内研究首次提出，一是从宏观上揭示了国有企业规则发展的本质和趋势，即针对国有企业的限制规则，已全面升级为对我国政府主导经济模式的限制性规则；以 TPP 国有企业规则为基础，美国等发达国家对外签订的 FTA 中含有国有企业规则将成为常态；TPP 国有企业规则并非对 OECD 文件的“竞争中立原则”内容复制。二是对国有企业规则最新内容和影响等进行研究，提出美墨加协定第 22 章国有企业规则在国有企业定义、非商业援助上有新要求，如果这些推广为普遍适用的 FTA 条款，将极大地限制中国对国有企业的补贴措施和中国政府支持的产业升级能力。将美墨加协定国有企业规则与美国对中国产业补贴的立场综合，对 WTO 补贴规则的改革方案和可能发展提出了前瞻性预测。提出美国意图通过非市场经济问题、美墨加协定的“毒丸”条款将中国排斥在美欧等推动的新一代国际经贸规则体系之外。三是对中国“一带一路”投资面临的规则进行前瞻性分析，提出中国“一带一路”大型基础设施投资因具有政府主导特点，面临国际主权贷款责任规则的软约束，中国更需要警惕美国推动不利于中国贷款安全的

《中国债务陷阱法案》。四是对策具有创新性，提出应对 TPP 国有企业规则及演进，应确立中国国有企业改革的底线思维：确保中国社会主义公有制体制前提下按照市场化方向对国有企业进行改革，力争 WTO 框架下产业补贴政策的空间。

（二）本书的不足

本书因国际经济局势发生剧变并充满不确定性而不得不数易其稿。笔者按照原计划开始书稿写作半年后，研究对象太平洋战略经济伙伴关系协定（TPP）尚未生效就遭遇美国退出的重大“生存危机”，中美贸易摩擦的爆发和美方在非市场经济问题、反补贴、外资审查等方面针对中国的最新做法和措施，表明以 TPP 国有企业规则为基础的限制中国模式的规则不断演进为针对中国整个经济体制。因此，再将研究内容局限于本书原计划的 TPP 第 17 章规则及参与国的特殊条款已经完全与当前局势脱节，为此不得不大幅删减原有已经成稿的某些章节，重新梳理 TPP 国有企业规则的内容和发展脉络，决定以 TPP 国有企业规则所体现的核心理念——美国等限制以国有企业为基础的“政府主导经济模式”的战略意图为线索，探究和揭示美国退出 TPP 后国际经贸投资规则剧变背景下国有企业后续发展演进的形式与内容，以作为国际经贸规则发生重大变局时中国进行战略预判的依据。

由于中美贸易摩擦加剧和美国等将目标针对中国产业政策和政府主导的经济制度，事涉中国核心利益不容退让，而且国际经贸局势剧变、存在高度不确定性，因此相关针对国有企业规则提出的应对措施和建议对中国参与国有企业规则和反补贴谈判与保障海外投资利益方面有参考意义，但某些对策研究如产业政策等还需要日后针对实际情况进一步完善、调整。

此外，对“一带一路”投资面临的规则博弈方面：中国对外投资的重点领域“一带一路”建设，特别是“一带一路”重大项目和基础设施建设，国有企业起到至关重要的作用，虽然目前“一带一路”建设尚未直接承受来自国有企业规则的限制，但笔者认为在主权贷款规则方面将出现博弈的态势，不过本书对主权贷款规则的研究稍嫌薄弱，还需要继续收集文献，进一步深入研究。

第一章　国有企业规则的产生与演进：理论解读与分析框架

第一节　TPP 国有企业规则产生的理论阐释

TPP 国有企业规则建立在经济合作与发展组织（OECD）和众多资本主义国家推崇的竞争中立原则理论基础之上，而竞争中立原则是奉行市场经济理念的新自由主义思想对竞争政策的基本立场；从国际政治经济学理论角度，TPP 国有企业规则的产生不仅是成员国之间反复博弈之后的结果，也与美国的巨大影响密不可分，西方国际政治经济学中的霸权稳定论能够帮助我们更加深入理解 TPP 所确立的国际经贸投资新规则的形成与演进。

一　TPP 国有企业规则的经济学理论基础

20 世纪 70 年代初期，由于经济发展要素供给存在不平衡状态、经济过度开发引起石油等原材料短缺，资本主义国家出现了失业率高居不下和通货膨胀持续的滞涨现象，对此采取国家干预的凯恩斯主义束手无策，因此新自由主义取代凯恩斯主义占据西方主流经济学的地位，并在全球范围内推动了市场经济改革、私有化浪潮。在新自由主义思想的自由竞争、反对公有制的主张影响下，以澳大利亚为代表的资本主义国家在国内竞争政策中确立了让国有企业与私营企业平等竞争的竞争中立原则，并被 OECD 奉为指导成员国国内竞争政策的基本纲领，成为 TPP 国有企业规则的理论基础。

（一）新自由主义思想对政府与市场关系的论述

新自由主义思想体系存在许多学派，虽然各流派之间的观点存在一些差异，但是在涉及政府与市场的关系问题时均主张政府应该放松对经济的管制，让市场要素自由流动、竞争；鼓励自由贸易和经济全球化，对公有制持批评态度。

首先，新自由主义思想反对国家干预市场，主张市场主体在自由秩序中充分竞争。

哈耶克是新自由主义的著名代表，他以自由秩序及其原理构建了他的新自由主义理论体系。他认为，由于人类的理性有限，不能设计能够考虑所有人偏好的市场规则，而必须遵循自发生成的市场秩序。自发形成的市场秩序也必须有充分自由的竞争，自发的秩序同样需要法律和制度提供保障，才能够确保竞争是公平的。

哈耶克从四个方面解释了政府依靠人类理性干预市场不可行的原理：首先，理性本身是有限度的。其次，人的理性是有限的，建立在有限理性之上的人的知识自然也是有限的。再次，自由竞争的市场使得信息和资源分散，政府无法有效获得和利用这些信息。最后，市场的高度变化性使得预先的设计无法适应千变万化的市场。因此哈耶克指出市场竞争才能够实现最优的经济效率，在对待国家干预时，国家干预必须是适当的，但是国家干预必须保持在最低限度，过度就会破坏市场运行的效率，而市场本身具有自行调节功能，能够以无形之手实现繁荣。①

总之，以哈耶克为代表的新自由主义思想家认为减少干预才是维护公平市场、竞争秩序的有效方式，在竞争政策领域方面，国家应维护各市场主体的公平参与机会，不应该对某一类企业厚此薄彼，否则就会扭曲资源配置，损害自由竞争的市场秩序。政府补贴国有企业是政府直接干预经济的一种方式，政府在贷款、税收、债务担保、土地使用方面给予国有企业以特殊政策优惠，甚至直接投入资金进行补贴扶持；上述种种政府给予国有企业的显性、隐性支持都在国有企业和私营企业之间营造了不公平的竞争环境，破坏了自由竞争的秩序，最终会极度扭曲市场、危害经济发展。

① ［英］哈耶克：《自由秩序原理》（上册），邓正来译，生活·读书·新知三联书店 1997 年版，第 281 页。

其次，新自由主义主张私有制，反对公有制。

因为新自由主义认为在自发秩序中个人拥有很大的自由选择生产和销售，从而使社会效率得到极大释放，而个人的自由是建立在私有制基础之上的，在市场这一“看不见的手”的调节下，私有制经济能够自动实现经济的均衡。如果采取公有制，即使表面上任何个人都是公有制财产的所得者，但是个人的权利在现实中不能完全由一个个的个体实现，最终将被一些有权势的人侵占。哈耶克指出：“正是由于生产资料掌握在许多个独立行动的人的手里这个惟一的缘故，才没有人来控制我们的全权，我们才能够以个人的身份来决定我们要做的事情。如果所有的生产资料都落在一个人手里，不管它在名义上是属于整个‘社会’，或是属于独裁者，谁具有这个管理权，谁就有全权管制我们。”①所以，哈耶克是反对采取公有制的，认为公有制会破坏个人财产权利，侵害公平竞争。当然，哈耶克的论断也过于极端，绝对的个人主义同样会带来垄断，侵害的将是绝大多数个体的利益。总之，新自由主义思想的精髓就是不能让公有制损害竞争的公平性。

基于上述精神，OECD 在其报告中，将竞争中立原则的目的和作用表述为：“竞争中立意味着企业实体不能因为其所有权而处于优势（或劣势），所有国有企业都有机会或动机进行反竞争的行为；竞争中立性要求政府的商业活动不应仅仅凭借政府部门的所有权而享有相对于私营部门竞争对手的竞争优势。实施竞争中立政策的目的是消除公有制在重大商业活动中所造成的资源分配扭曲，并改进竞争效率。竞争中立要求政府不应利用其立法或财政权力使政府企业优于私营部门。如果政府确实以这种方式为企业提供优势，就会扭曲竞争过程，降低效率。”②

最后，新自由主义主张政府适度干预市场、强调通过法律规则建立公平秩序。

哈耶克在《自由秩序原理》提出，政府也不能对市场放任不管，有

① ［英］哈耶克：《通往奴役之路》，王明毅、冯兴元等译，中国社会科学出版社 1997 年版，第 101 页。

② Capobianco, A. and H. Christiansen, *Competitive Neutrality and State - Owned Enterprises: Challenges and Police Opinions*, OECD Corporate Governance Working Papers, No. 1, 2011, p. 26.

限的政府干预也能够增进市场经济的效益。[①] “为了保障市场自发秩序稳定，必须尽力发现一项规则所具有的实际功用。”[②] 可见，哈耶克认为国家干预是有一定合理性的，自由市场与政府干预不是截然对立关系，政府所应该做的是通过制定合适的法律规则和经济政策，为维护市场的自由竞争以及公平的市场秩序提供良好的条件。

（二）新自由主义经济思想影响下公平竞争理论及竞争中立原则的演进

在新自由主义经济思想影响下，20 世纪 50 年代西方经济学主要流派哈佛学派和芝加哥学派的一些经济学家与法学家围绕美国的反托拉斯政策竞争理论进行论战，由此形成和丰富了现代竞争力理论。这些理论从不同角度论证政府干预市场带来竞争效率的降低，这些理论对西方竞争规则的形成和发展产生了重大影响。在这些理论流派中，最终占据主导地位的是芝加哥学派的竞争理论，其理论核心要点就是政府要减少对竞争过程的干预，市场本身具有调节功能，只有在垄断和市场集中程度过高损害市场效率的时候政府才应采取干预措施，这样才能实现资源的最佳配置，促使整个社会福利的提高。芝加哥学派作为新自由主义思想的代表学派，对里根政府推行自由资本主义政策起了极大的影响，也使里根政府得以采取减少政府干预、更多通过市场干预调节的竞争政策。[③]

虽然芝加哥学派的竞争理论过于追求效率，而没有考虑国有垄断以及私人资本盲目追求经济利益给整个社会公平、普通人福利带来的损害，完全以芝加哥学派竞争理论指引政府的竞争政策存在一定的风险和缺陷，因此哈佛学派主张的一定程度下政府介入干预维护市场的公平性延伸为竞争法上的公平竞争理论，这些理论成为竞争中立原则的理论基础。竞争中立原则在西方国家的实践过程中，深受公平竞争和自由价值的理念影响，自竞争中立原则诞生，就具有强烈的反对公有制和政府过度干预市场、扭曲市场给社会资源带来破坏的观念，在推崇竞争中立原则的立法者看来，只有建立所有制平等

---

① ［英］哈耶克：《自由秩序原理》（上册），邓正来译，生活·读书·新知三联书店 1997 年版，第 281 页。

② ［英］哈耶克：《法律、立法与自由》（第一卷），邓正来等译，中国大百科全书出版社 2000 年版，第 196 页。

③ 陈秀山：《芝加哥学派竞争理论评析》，《经济学动态》1995 年第 1 期。

竞争的市场才是消费者的福祉，才能有效整合各种资源，竞争中立原则追求的目标、价值在这个方面与整个新自由主义思想是契合的，即使我们不能完全推断竞争中立一定是哈佛学派或芝加哥学派的某位学者所提出的，但是该原则在自由资本主义的西方国家得以适用并推广，无不表明，竞争中立原则是结合了哈佛学派和芝加哥学派的竞争学说而逐步在实践中发展起来的，其最终目标是要达到这些学派所倡导的充分自由竞争、反对政府过多干预的境界。公平竞争就是要在私营企业和国有企业之间公平地竞争，而只有公平竞争，才能在市场主体之间塑造自由的秩序，让各种市场要素得以真正自由流动，高效率地组织起来。综上所述，竞争中立原则吸取了芝加哥学派追求市场自由充分竞争的内核，将公平竞争理论对主体的要求延伸至国有企业，其理论是自由主义思想在竞争领域不断演进的结果。

（三）竞争中立原则的国际立法进程

英国保守党领袖撒切尔夫人于 1979 年当选为英国首相之后，哈耶克及新自由主义的声望和影响随之急剧升高，与此同时，哈耶克和美国著名新自由主义学派的代表米尔顿·弗里德曼也成为影响美国总统里根经济政策的重要人物。进入 20 世纪 80 年代之后，一些接受了美国新自由主义思想的拉美经济学家回国后身居要职，传统的两个拉美大国墨西哥和阿根廷进行了经济结构改革，民主德国、匈牙利、捷克斯洛伐克乃至苏联的经济政策也在向新自由主义方向改变。为了让更多的国家接受自由主义经济改革的思想，1990 年美国国际经济研究所在华盛顿主持召开国际会议，这次会议主要议题是对拉美的市场经济结构改革的进展进行总结，并将经济自由化理论归纳为进行经济结构改革的纲领性文件。这次会议达成了以贸易经济自由化、私有化为原则的“华盛顿共识”，成为美国政府和国际金融机构向尚未进行改革国家推行新自由主义改革的范本。华盛顿会议之后，“华盛顿共识”成为新自由主义改革的代名词，许多中小国家因为经济困境在接受世界银行、IMF 贷款时不得不接受体现美国新自由主义思想的华盛顿共识中的各项改革方案。新自由主义在世界的泛滥带来了对凯恩斯主义影响下兴起的国有企业态度的修正。

自 20 世纪 70 年代以来，西方发达国家陷入第二次世界大战之后的第二次经济危机，石油价格上涨推高了物价，资本主义国家纷纷陷入滞胀，深入分析滞胀的原因，除了石油价格上涨这一表层原因之外，更主要的还是各资本主义国家采取凯恩斯主义刺激需求的政策，扩大财政支出，通过政府采购、国有企业投资等拉动经济增长，但是不断刺激的政策终于到了临界点，国有企业本身效率不高，亏损严重，物价上涨更带来本国产品的国际竞争力低下，如果放弃刺激政策和改变对国有企业的扶持，经济紧缩又会带来失业，诱发更深的危机。对此凯恩斯主义者束手无策，拿不出相应的解决办法，以撒切尔夫人、里根总统为代表的新自由主义旗手先后成为政府首脑，大刀阔斧推行自由主义的经济政策，削减政府开支，对国有企业大规模实行私有化政策。澳大利亚虽然置身于欧美大陆之外，但是滞胀的危机同样降临在这个资本主义大国，由于各联邦州高度自治，经济分割形成了众多的公有制企业，享受了更多的政府政策的倾斜和扶持，例如，澳大利亚小麦局就是典型的政府垄断企业，通过把持对小麦出口的专营权攫取高额垄断利润，但是小麦局的垄断并未带来全民利益的分享，而是成为一些政客以及资本家攫取利益的工具，2006 年小麦局被爆出利用联合国“石油换食品”计划，采取提高运费的形式向萨达姆政权支付回扣，此次事件最终导致小麦局被取消出口专营权。[①] 小麦局事件也说明澳大利亚政府曾经采取了对经济过度干预的政策，舆论对政府干预意见很大，但是澳大利亚国有企业、垄断企业所带来的扭曲竞争，社会经济增长质量下降才是引发竞争中立改革最主要的原因。

在美国、英国纷纷推行私有化政策、提高市场竞争水平的国际大背景下，澳大利亚各州领导人在一起开会决心改变这种效率低下、竞争环境扭曲的局面，打破各州经济隔离，建立统一的、国家层面的竞争政策，对公有制阻碍竞争的行为进行限制。为此，澳大利亚在竞争政策中引入竞争中立原则家，在 1995 年《贸易行为法》的基础上颁布了全国性的一揽子政策，包括《竞争政策改革法案》《行为法协议》《竞争原则协议》和《实现全国竞争政策和处理与竞争支付及相关改革协议》等，以一整套规则体系规范了公有企业的竞争行为。[②] 澳大利亚在竞争政策上的成果使得其他欧美等发达经济体纷纷采纳竞争中立原则，效仿澳大利亚建立健全自己的竞争法规则体系。根据 OECD 的一份调查报告显示，已经有超过 3/4 的

---

① 高瑛、童葶:《澳大利亚小麦局出口专营权取消的政治经济分析》,《世界经济与政治论坛》2010 年第 1 期。

② 李晓玉:《“竞争中立”规则的新发展及对中国的影响》,《国际问题研究》2014 年第 2 期。

成员国接受了竞争中立原则，在其国内法上给予私营企业与政府企业以平等的市场地位，并建立了一系列的竞争中立的竞争法体系。

但是这个时期的竞争中立原则仅仅停留在各国的国内法律制度层面，随着近年来国有企业在国际市场上的竞争实力不断加强，美国在与拥有较多国有企业的国家进行经贸往来时，迫切需要将竞争中立原则扩大到那些还没有确立竞争中立原则的国家。例如，在美国—智利 FTA（2004年）中，国有企业仅仅成为该 FTA 第 16 章竞争政策的一个组成部分，含有规范国有企业、垄断企业的条款仅有第 16.3 条指定垄断、第 16.4 条国有企业和第 16.6 条透明度要求三个条款，说明智利的经济体量和国有企业的分量不足以让美国在双边 FTA 中纳入专门的竞争中立条款，但是在 2004 年美国与新加坡签订的《美国—新加坡自由贸易协定》(*United States-Singapore Free Trade Agreement*) 第 12 章“反竞争商业行为、指定垄断和政府企业”的规定中，第 12.3 条指定垄断和政府企业就明确出现了对商业考虑、非歧视待遇等含有竞争中立原则的更详细的规则要求。此后美国加大了推广竞争中立原则的力度，OECD 成为美欧推广竞争中立原则的重要平台，OECD 发布的一系列文件、报告，例如《竞争中立原则的国家实践》(2012 年)、《竞争中立原则——维持公营及私营机构之间公平竞争的环境》(2012 年)、《经合组织关于国有企业公司治理的指南》(2015 年)、《竞争中立和国有企业：挑战和政策选择》(2011 年) 等，对推动其他国家接受竞争中立原则起了积极作用。随着中国经济高速增长以及中国国有企业体量和竞争实力不断增长，美国政治精英认为中国国有企业的竞争实力来自政府的各种扶持政策，对世界经济威胁太大，也使得中国具有了挑战美国的实力，为此美国致力于打造一个限制国有企业接受政府支持的国际规则，终于促使了 TPP 协议文本的达成，第 17 章国有企业规则正式成为第一个对国有企业有约束性的国际规则。

二 霸权稳定论对 TPP 国有企业规则的解释及局限性

国际政治经济学理论的新现实主义流派表罗伯特·吉尔平提出了霸权稳定论，对霸权国如何影响国际贸易规则作了详细的阐述，认为霸权国通过在国际条约或国际协定嵌入有利于自己利益的条款实现对国际秩序的掌控，尤为重要的是霸权国要确立有利于自己的经济贸易规则体系。该理论认为，霸权国致力于在世界市场上获得经济优势，并通过国际经济规则和制度为霸权国获取经济力量提供保障。依据霸权稳定论的逻辑思路，国际体系的稳定是通过多边规则以及双边、区域性的条约规则体系来确立并保障的，霸权国只有掌握了规则的议题和内容的话语权，才能有效对国际社会施加影响，国际规则也给霸权国统治世界提供了一层合理、合法的法治外衣。

（一）霸权稳定论视角下的TPP国有企业规则

上述霸权稳定论的观点能够恰当地阐释美国推动、主导TPP国有企业规则的形成过程。概言之，就是美国要在全球范围的区域经济合作中占据主导地位，并通过在新一代区域贸易协定谈判中获得新一代国际经贸投资规则的制定权，将潜在的对霸权国地位构成威胁和挑战的力量通过新规则压制下去。

首先，美国想通过主导TPP谈判占据在亚太区域乃至拉美的贸易合作的主动权。从亚太领域区域贸易协定的发展来看，美国感受到亚太区域内部不断加强的经济贸易，甚至安全合作日益排挤着美国的战略空间。继中国—东盟2002年11月签署了《中国—东盟全面经济合作框架协议》以来，中国—东盟之间相继确定了《中国—东盟全面经济合作框架协议货物协议》(2004年签订）和《中国—东盟争端解决机制协议》，2007年1月和2009年8月双方又签署《服务贸易协定》和《投资协定》，中国—东盟自由贸易区于2010年1月1日正式全面启动。日本、韩国也纷纷效仿中国，与东盟10国进行“10+3”的自由贸易协定谈判，中日韩三国+东盟10国的自由贸易区将发展成亚洲内部巨大的贸易合作联盟，这也意味美国主导的WTO和APEC论坛对亚洲国家的影响将受到这些国家内部结盟、贸易合作的强有力挑战。因此美国总统奥巴马于2009年11月的亚洲之行高调推出了TPP战略，战略目标首先是将TPP协定视为美国经贸开拓海外市场的重要途径，对于美国而言，加入并重新构建TPP议题和内容，不仅使得美国和亚太地区的经济交往更加紧密，而且能够让美国在亚太地区具有更强的分量和更大的话语权。① 因此美国将TPP作为配合

① 王霞:《美国TPP战略的主要特点——基于美国“巧实力”战略的解析》,《世界经济与政治论坛》2011年第6期。

“重返亚太战略”的重要组成部分，使美国得以名正言顺将亚太地区未来经济规则走向纳入自身设计的轨道，同时彰显美国力量在亚太地区不可忽视的存在，分化瓦解中日韩与东盟国家日渐形成的亚洲同盟，夺回美国因关注伊拉克、叙利亚等中东问题而在亚太消减的影响力。

在美国的区域战略发展目标之中，拉丁美洲一直被视为美国的“后院”，不容他国染指，而且美国的大资本家在拉美拥有巨大的投资，拉美受到美国在政治经济方面的全方位影响。但是2001年“9·11”事件使得美国将全球战略重心转向反恐，美国无力再维护对拉美的政治经济影响，而拉美国家的民族主义和民粹政治在拉美经济忽上忽下的背景下推动了左翼政府上台执政，其中以委内瑞拉查韦斯政府为代表的反美政权大大加剧了拉美对美国的离心力；但是美国毕竟是全球最大的经济体，美国给世界众多国家提供了广阔的市场，同时也输出了大量的资本和技术，即使像委内瑞拉这样极端反美的国家，也与美国保持着重要的石油贸易关系，所以即使美国全球战略重心有所东移，美国也绝不会放弃对自己有巨大地缘政治利益的拉美，美国通过加强与拉美的经贸关系，为自己全球战略建立稳定的支点。所以美国政府采取新的对拉美经贸战略——以建立美国主导的美洲自贸区为目标，并通过TPP向外扩编来聚集能量，以稳定美国构建的21世纪全球经贸体系。对于拉丁美洲诸国家而言，加入TPP就可以与美国建立长期稳定的经济合作关系、为稳定经济增长提供可靠的预期。智利、秘鲁、墨西哥就先后成为参加TPP谈判的拉美国家。可见TPP在当时扮演着美国拉美战略重要抓手的角色。

其次，美国要通过TPP、TTIP等新一代贸易投资协定，打造符合美国利益的贸易投资新规则。2013年6月，美欧正式宣布启动“欧美跨大西洋贸易与投资伙伴协议”（“Transatlantic Trade and Investment Partnership”，TTIP）谈判，最终目标是建立美欧自由贸易区，包括欧盟有27个成员国，TTIP谈判将重点致力于解决市场准入和监管法规、非关税壁垒以及市场规则三个关键性问题。[①] 由于欧美在技术标准上的话语优势，新

① ［美］约瑟夫·E. 施蒂格利茨等：《跨太平洋自由贸易假把戏》，何金娥译，《英语文摘》2015年第12期。

的标准无疑将成为未来全球标准的基础，而且美欧市场化程度比较高，达成的贸易、投资、知识产权规则甚至将高于 TPP 的规则，进而影响未来全球经济规则的走向。此外，2013 年 1 月 15 日，美、欧、日等 21 个成员启动谈判《多边服务业协议》(*Plurilateral Services Agreement*，PSA)，力图在服务业打造另一个引领全球的高标准开放的国际规则，美国等经过 20 世纪末的全球化之后，大量制造业外包，而服务业一直占领全球高端服务产业链顶端，鉴于 WTO 的服务贸易协议规则未能对成员国的服务业市场提出较高的开放要求，需要一个系统、规范的国际规则来满足美国等西方大国占领全球高端服务业的需求，而且随着新形态服务业日新月异的兴起，必须制定新的游戏规则。因此，美国雄心勃勃，希望通过主导 TPP、TTIP、PSA 来获得全球经贸规则制定权。

最后，美国极力推动并主导 TPP 国有企业规则，反映了美国力图通过引入竞争中立原则为美国企业获得竞争优势地位，打压中国国有企业在国际市场中的竞争力的战略企图。

从国有企业在国际经济市场的发展和影响来看，众所周知，21 世纪以来中国、俄罗斯、巴西等新兴经济体采取控制或扶持国有企业和一些核心支柱产业，促使它们在国际贸易投资市场的份额持续增长，这种国有经济模式不断增长引发美国商界、政界的关注和担忧。2011 年 10 月中美经济与安全审查委员会发布了一份针对中国国有企业的调查及分析报告，[①] 该报告认为在中国特色社会主义下的市场经济中，国家所有权作用突出，中国的国有企业以及国有企业控制的企业的规模已经占中国国内生产总值大约 40%，法律还确定给国有企业“维持领导地位”的授权。根据该报告，中国经济的核心是由中国政府和中国共产党通过对重点行业进行国家所有和政府指令等方法控制的。总之在中国的经济框架中，特定行业，特别是那些被视为战略性和基础性的行业都是由国家控制或所有的，在中国，主要的金融机构和制造业、能源和基础设施领域的龙头企业，都是政府通过所有权或其他间接方式控制的。

在美国看来，自中国加入 WTO、深度融入经济全球化以来，中国经济获得巨大成功，中国大型国有企业的实力日益强大构成了对美国经济实

---

① 陈曦:《美国给国有企业定规矩》,《中国新时代》2012 年第 1 期。

力的威胁，像中国和俄罗斯这样一些国家所实施的政府主导经济模式，对美国建立的自由国际贸易体系构成了极大的伤害，中国等这种政府主导经济模式有选择地使用国有企业和市场供需中的关键要素等控制手段来影响供求的相互作用，从而扭曲了市场资源配置，这种体制对市场竞争造成了严重扭曲，政府支持创建某些企业或行业是对私营企业的不公平竞争。[①]

从更深远的政治、体制等层面考虑，西方学者认为这属于国家资本主义经济发展模式。约书亚·科兰兹克、布莱恩·布莱默认为这种模式将对英美等国的所谓“民主资本主义模式”构成威胁。在西方学者看来，中国这种“国家资本主义”，将在三个方面给西方民主自由资本主义构成威胁：第一，中国采取国家资本主义是为了获得国家力量强大，对外采取国家推动的占领国际市场政策，对内实行对外资限制、控制的政策，导致西方企业最终在中国难以获得足够的市场和利润；第二，中国的国有企业对外投资贸易听从政府的命令，服从国家的政治经济战略，西方企业以个体力量难以竞争受到政府大量资金支持的国有企业；第三，中国对外输出政治经济影响主要依靠国有企业来实现。因此西方学者及政治精英认为，中国的国家资本主义已经成为西方自由资本主义的最大经济威胁。[②] 因此美国强推 TPP 国有企业规则的意图极为明显，就是在国有企业规则里引入竞争中立框架对国有企业及垄断性企业的竞争行为进行规制，能够确保有利于美国进而获益。为此，奥巴马在重返亚太的战略思想下竭力推动主导 TPP 谈判进程和议题，奥巴马经常说，“我们不能让中国这样的国家来书写全球经济规则”，“如果我们在 TPP 谈判中选择一些议题，例如投资、知识产权、国有企业、劳工权益、环境保护等，确立一些高标准的规则，TPP 在泛太平洋形成了一个庞大的经济圈子，对中国来说，如果不接受并遵守这些规则，它就不得不接受被排除在外这个事实，否则中国就会利用自己的实力强迫其他国家”[③]。

---

① 陈曦：《美国给国有企业定规矩》，《中国新时代》2012 年第 1 期。

② 郑永年：《美国拿什么对中国发动冷战？》，http：//www. kejiwang. cn/pit/zjgd/20180628/1525440. html，2018 年 6 月 28 日。

③ 陈季冰：《TPP，奥巴马买来鞭炮给中国放？》，https：//www. sohu. com/a/128782440_405849，2017 年 3 月 14 日。

（二）霸权稳定论阐释 TPP 规则形成、影响及对策存在不足

首先，霸权稳定论有助解释 TPP 规则的形成，但是不能指导中国国有企业应对、化解 TPP 国有企业规则所带来的不利影响。

霸权稳定论从沿着国家—国际规则的路线阐释霸权国如何推动国际规则，主导有利于自身的国际规则形成，TPP 规则当初是智利、新西兰、新加坡和文莱四个小国家达成的小型经济贸易合作协定，但是 2009 年 10 月美国正式宣布加入后决定把 TPP 打造成新一代国际贸易投资新规则，在美国的鼓动和主导下，日本、越南等纷纷加入 TPP 谈判，最终 TPP 按照美国的意图纳入了国有企业规则、知识产权、劳工权益，达成的 TPP 规则清晰地体现出霸权国美国主导规则的模式、路径。

但是霸权稳定论显然只是能够阐释 TPP 规则的成因，对 TPP 国有企业规则内在的含义、影响并无很强的解释力，更为重要的是，该理论没有办法为我国国有企业走出去、应对 TPP 规则所带来的不利影响提供有力的理论指导。

其次，霸权稳定论强调霸权必然衰落不符合国际政治发展的现实情况，对霸权国美国滥用霸权废弃 TPP 规则的情形无能为力。

当前国际政治经济军事格局表明，美国力量虽有所削弱，但仍然是唯一的超级大国。近年来美国由于经济复苏不如预期，失业率不断高升，金融危机之后，美国经济始终没有恢复过来。受 2007 年开始的席卷美国的房贷危机和经济衰退影响，2001—2013 年，美国中产阶级家庭的中位数家庭收入下降了 28%，而华尔街金融精英却从美国经济的缓慢复苏中受益匪浅。2015 年，美国的最低收入人口比率增长到 20%，高收入人口比率也从 1971 年的 4%上升至 9%。[①] 日益扩大的贫富矛盾与美国多移民社会所带来的族群矛盾夹杂在一起，使美国的民粹主义得以滋生和蔓延。在这种背景下特朗普竞选团队将矛头直指市场自由主义的核心原则，特朗普政府当政之后，美国政府认为自己对盟国和世界秩序付出太多，因此不再强调多边谈判，转而采取利用自身实力单边迫使谈判对象接受美国开放市场和保护美国利益的要求，所以美国采取的是通过双边 FTA 战略牢牢把

---

① 郝栋：《特朗普现象背后的民粹主义》，http：//news. ifeng. com/a/20160406/48366541_0. shtml，2019 年 3 月 21 日。

控国际经济规则的主导权。美国已经与澳大利亚、巴林、多米尼加、智利、哥伦比亚、以色列、约旦、新加坡、韩国等国家签署了跨区域的双边FTA，这些国家很多都是位于美国政治战略布局的重要地域。[①] 在谈判、缔结 FTA 中，美国就注意 FTA 中要体现和反映美国利益与偏好的议题和规则，如在美国—新加坡 FTA 中，关于国有企业的内容就比美国—智利FTA 中的内容大为增多。

在 TPP 的谈判过程中，美国发挥霸权国在经济、军事上实力超强独霸的优势，将自己中意的知识产权、劳工标准、国有企业纳入谈判议题，力推高标准规则的形成，这些高标准规则无疑将极大提高美国产品的竞争力，为美国产品打开其他成员国市场提供极大的便利。这些事实当然验证了霸权稳定论提出的霸权国主导国际经济规则以实现霸权的观点，但是霸权稳定论只论证了霸权国对国际规则的形成和稳定具有积极作用，但没有解释霸权国滥用霸权地位破坏规则以及如何应对这种破坏行为。自特朗普上台之后，美国开启了各种“退群”模式，美国不仅退出了 TPP，还相继退出了《巴黎气候协定》《全球移民协议》《伊朗核协议》，在经济规则领域，美国无视 WTO 多边贸易规则，多次单方面对欧盟加征关税，成为国际经济规则的破坏者。

特朗普竞选及上任后的言行，确实说明了霸权国衰退后，仅仅将国际经贸规则视为实现自身战略的工具，霸权国会随时根据自己利益需求随意改写、变更国际规则，美国的行为表明规则仅仅只是实现霸权利益的工具，有用则遵守，无用则废弃，但是如何应对霸权国滥用霸权随意废弃规则，霸权稳定论显然无能为力。

最后，霸权稳定论过度强调霸权国对国际规则形成的作用，对霸权国破坏国际秩序之后中国等大国如何发挥作用和影响没有解决方案。

霸权稳定论过于强调霸权国在国际规则形成、运作、维系、变更和消亡中的地位和作用，在解读英帝国的特惠制，关贸总协定所代表的国际自由贸易法律规则的产生、变更等方面具有极强的说服力，霸权稳定论认为

---

① 孙玉红：《跨区域双边自由贸易协定的政治经济动机分析》，《世界经济与政治》2008 年第 3 期。

国际机制的运作完全由霸权国的实力强弱决定。① 但是霸权稳定论显然否定了霸权衰退之后国际经济秩序得以维系、国际经贸规则得以保持的可能性，因此对当前逆全球化思潮在美国、欧盟的兴起以及 TPP 最终被特朗普政府所抛弃后，其他 TPP 成员国继续为 TPP 规则发挥效力而努力的现状没有解释力。

虽然 TPP 作为新一代国际贸易投资新规则是特朗普前任奥巴马总统代表美国所极力推动的，特拉普上任后因为 TPP 含有的零关税等条款会带来其他成员国产品大肆占据美国市场的恶果而不顾他国反对执意退出，但是 TPP 并非霸权国所独自制定掌控的，对特朗普上台后国际治理所面临的困境，国际社会并没有无所适从，一些国家正通过小范围的区域合作以走出经济低迷的泥潭，TPP 智利峰会不仅向中国发出邀请，期望中国承担起拯救 TPP 的重任，而且 TPP 成员国在智利峰会上表达了要继续推动 TPP 生效的愿望。此外中国推动的“一带一路”进展超出预期，而且习近平主席在达沃斯论坛上明确表明了中国捍卫经济全球化的态度，这说明，即使霸权国在特定时期衰退了，但是国际规则仍然有自身的发展规律，并非完全掌控在霸权国手中。

第二节　后 TPP 时期国际经贸投资规则的重塑

霸权稳定论或许能在一定程度上阐释美国在推动 TPP 国有企业规则出台的作用和机理，对我国认清 TPP 国有企业规则所蕴含的国际政治经济背景并采取相应对策有一定指导作用，但不足以作为我国对外投资应对 TPP 国有企业规则以及西方国家推动的竞争中立原则等对策研究的理论依据，更无法作为我国在“一带一路”倡议背景下发挥国际经贸投资规则制定话语权的理论支撑。美国退出 TPP 之后，逆全球化现象成为当前国际政治经济一股潜流，并极大地影响了原有的国际经济规则，TPP 国有企业规则改头换面以反对产业政策、公平贸易规则等方式出现，目标直接针对中国，新式全球化规则隐约成型，国际经贸规则面临改写重塑的重大变

① 门洪华:《和平的纬度：联合国集体安全机制研究》，上海人民出版社 2002 年版，第 97 页。

革，更给中国海外投资、贸易等活动带来极大的不确定性。

一　逆全球化下多边国际经贸投资规则的失灵与重塑

（一）逆全球化国际经贸投资规则面临失灵的危险

经济全球化让发达国家的富豪和精英阶层得到丰厚回馈，也加剧了产业空心化、贫富差距，在发达国家富者愈富、贫者愈贫的现象更加突出；与此同时那些经济结构单一、经济自主能力差的发展中国家，更无力在国际贸易、金融、投资等领域应对经济全球化挑战，从而与发达国家、抓住全球化机遇奋起崛起的新兴经济体国家之间拉开了巨大的经济差距。这些问题在全球经济衰退时使得反全球化成为一种思潮和一场运动得以逆袭成势。作为经济全球化最大牟利者的美国，也正是西方国内贫富差距最大的国家，利益受到损害的下层民众与同样在经济全球化冲击下失落的中产阶级夹杂其他各种“反全球化”力量汇成洪流，将偏好封闭、孤立、民粹与保护主义的特朗普推上美国总统席位。

特朗普上任伊始就宣布退出泛太平洋战略伙伴协议（TPP），让逆全球化思潮得以在政策层面显现破坏性威力。在美国反 TPP 的各界人士及劳工、企业看来，TPP 无疑是又一次剥夺美国工人岗位和制造业生存空间的自由贸易协定。例如，在关税方面，TPP 要求百分之百废除关税，所有商品关税必须立即或者分阶段降为零，没有谈判空间；它原则上不承认任何例外商品（除因宗教等原因而不得不特例对待的极小一部分商品之外）。TPP 在削减关税方面相较于以往的区域性自由贸易协定更为彻底，对该协议中发展中国家制成品进入发达国家的市场提供了更大便利。[①] 因此受到损害的各种势力纠集起来通过各种途径表达反对进一步自由化的意愿，并成功使得特朗普的贸易政策开始全面转向。

逆全球化背景下，全球经贸规则已经陷入混乱无序的窘境。美国贸易谈判代表办公室在特朗普上任不久就发布报告声称美国将会不再遵守现有的 WTO 规则，后续事态的发展不出所料。2018 年 3 月，美国决定

---

① 陈季冰：《TPP，奥巴马买来鞭炮给中国放?》，https：//www. sohu. com/a/128782440_405849，2017 年 3 月 14 日。

对欧盟、日本、加拿大、墨西哥等国加征钢铝产品关税，在激起相关国家强烈反弹威胁报复之后，美国仍执意不再延长对欧盟、加拿大和墨西哥的钢铝关税产品豁免期限，于2018年6月1日开始对这三个经济体的钢铝产品分别征收25%和10%的关税。对美方决定，法国总统马克龙、欧盟委员会主席容克和加拿大政府等都表达强烈不满，并随之采取了报复行动。而2018年最令全球经济面临不确定性的事件莫过于美国对中国商品发起大规模的贸易战，对中国商品征收范围之广，征收税率之高都是史无前例的。可以说2018年世界经济因特朗普政府采取的贸易保护主义行为而阴云密布，自由的全球化国际贸易秩序也因此面临分崩离析的威胁。不断的贸易保护措施和反报复措施的出台对全球经济带来了严重的损害，更严重影响了WTO的权威，对此G20也承认对贸易保护主义无能为力。

（二）美国推动国际经贸投资规则重塑

当我们为逆全球化、贸易保护主义所带来的关税升级感到不安的时候，美国通过与各发达国家结盟、重新签订新的贸易协议展开谈判，开始打造新版国际经贸投资规则。所谓公平、对等、限制对高科技的外资投资、强化知识产权保护等规则隐约成为新的国际经济规范。

首先，作为全球化时代的霸主，美国仍具有主导国际规则的能力。在国际经济规则制定过程中，决定一个国家影响国际规则能力的因素有："第一，市场规模，或者说，一国能够向国际市场提供多大的出口市场；第二，贸易政策的自由度或市场开放程度；第三，国际竞争力；第四，国际经济协调能力；第五，参与区域合作经济的程度；第六，政治军事霸权。"① 美国作为全球化时代的霸主，在上述六个方面均属于影响力在当前国际社会数一数二的大国，自第二次世界大战之后，主导了国际货币秩序、GATT/WTO贸易规则，对制定国际经济规则发挥了无法替代的作用和影响力。虽然2008年金融危机爆发，美国实力有所下降，无法在多边规则体系WTO发挥绝对主导优势，WTO多哈回合谈判程序需要协商一致才能达成协议，众多小国参与规则制定意识日渐加强并结成集团以增强谈判实力，这些阻碍了美国意志写入WTO新规则中，美国参与全球经贸规

① 李向阳：《国际经济规则的形成机制》，《世界经济与政治》2006年第9期。

则谈判的意愿有所降低。但是美国现在显然改变了改写贸易规则的方式，不再谋求推动多边谈判，改为通过贸易保护主义加征关税先行打击贸易对手，利用进口大国的超强经济实力逼迫对手让步以获得最大利益，以双边和区域谈判方式加速对新国际贸易规则的推动。现在美国已经与加拿大墨西哥签订了《美墨加贸易协定》(*The United States - Mexico - Canada Agreement*，USMCA)，替代《北美自由贸易协定》，美墨加协定开启了以美国为主导的国际双边贸易体系的开端。可见，美国在国际规则制定权方面仍具有极大的影响力。

其次，特朗普时代对国际经贸投资规则进行修订，以更符合美国利益。不管是从就业、消费、企业竞争力，还是从经济生产率及美元霸权地位等角度来看，美国都是现有全球贸易框架的受益者，在没有任何紧迫理由的情况下，美国不会破坏对自身有利的全球贸易体系。特朗普上任以后的贸易政策主线在于，对前任通过和准备通过的贸易协定按照更加有利于美国的方式进行“建设性重新定义”，特别是要打破更多的非关税壁垒，为美国产品出口开道。在这个思路指导下，美国从两个方面重构国际经贸规则：一是以退出 WTO 进行威胁，要求对 WTO 进行改革，要求现行国际贸易规则实行公平贸易规则；二是重建体现美国利益、以美国优先的双边（或区域）贸易体系。美国重构现行国际经贸投资规则时利用自身超强实力处处要求体现美国利益，这一点在 2018 年 9 月 30 日达成《美墨加贸易协定》的过程中得到充分体现。美国利用墨、加经济依赖美国市场的软肋，以加征钢铝、汽车关税为手段不断施压要求墨、加作出妥协，迫使加拿大对美国进一步开放乳制品和酒类市场，同时采用了大量的排斥第三方的条款，严格的原产地规则迫使制造业回归美国。从正在谈判的美日协议内容来看，美国在双边（或区域）贸易体系推进的目标是谋求与欧盟、日本等发达地区和国家之间达成“零关税、零壁垒”的贸易规则，并将中国等所谓“非市场经济国家”排除在发达国家的经贸体系之外或者降于次要地位。

（三）美国意图通过重塑国际经贸投资规则“规锁”中国

1. 中国在全球产业链上不断攀升，对美国形成全方位追赶

近年来美国由于经济复苏不如预期，贫富阶层加剧分化，中产阶级

不断萎缩，蓝领工人的工作受到外国制造业的冲击和威胁，收入也不断下降。①

而中国基于良好的基础设施、廉价的人口红利和庞大的市场成为全球化产业链上的重要组成部分。中华人民共和国成立70年来，中国工业产业门类齐全，是世界少有具有完整的产业链生产结构的国家，中国以拥有41个工业大类、207个工业中类、666个工业小类，成为全世界唯一拥有联合国产业分类中全部工业门类的国家。② 同时近年来中国作为新兴大国在全球产业链不断攀升，学者研究表明，中国高技术产业国际竞争综合绩效和规模绩效大幅提升，展现出较强的竞争力，特别是在电子计算机、办公设备制造业、电子及通信设备制造业方面，中国正在快速追赶美国，但是中国的自主竞争力仍然较弱。③ 从高技术产业增加值占世界总量比重、高技术产品出口额占世界总量比重、高技术产业出口增加值占世界比重来看，中美之间差距逐渐缩小。例如，2000年中国高技术产业增加值占世界比重为3.16%，美国为37.75%，到了2010年中国为17.92%，美国为31.38%，2014年中国继续升至27.10%，美国为28.69%，二者差距已经大幅缩小甚至拉平。从中美高技术产品出口额占世界比重来看，2000年中国占世界比重为3.60%，美国为17.05%，到2010年中国为22.81%，美国为8.20%，2014年中国为26.01%，美国为7.25%。中国高技术产业出口增加值也超过美国，这种方法克服了按出口总额不容易反映在产业链的实际增值的弊端，从2000年的8.33%升至2014年的24.04%，美国则从2000年的17.76%降至2014年的12.36%。④

近年来在技术领域或技术密集型产业中国与美国等工业化国家的竞争性明显增强。未来的国家实力竞争将体现为以半导体和芯片产业为核心的高科技产业领域，为了夺取未来产业发展的战略制高点，中国大力推动高

---

① 郝栋：《特朗普现象背后的民粹主义》，http://www.cssn.cn/dzyx/dzyx_llsj/201604/t20160404_2949981.shtml，2019年2月21日。

② 央广网中国之声：《经过70年发展 我国成为全世界唯一拥有联合国产业分类中所列全部工业门类的国家》，http://china.cnr.cn/news/20190921/t20190921_524786466.shtml，2018年3月17日。

③ 吴灼亮：《中国高技术产业国际竞争力评价》，经济科学出版社2009年版，第35页。

④ 胡鞍钢、任皓：《中国高技术产业如何赶超美国》，《中国科学院院刊》2016年第12期。

端制造业发展。2014 年 6 月工业和信息化部、国家发展改革委、科技部、财政部等部门编制了《国家集成电路产业发展推进纲要》，着力推动中国集成电路产业做大做强；① 2015 年 5 月 8 日国务院印发《中国制造 2025》，提出规划到中华人民共和国成立一百年时，把中国建设成为引领世界制造业发展的制造强国。中国专门设立了集成电路产业投资基金，首轮基金约为 200 亿美元，加上当地政府与国有企业的投资总额首轮将超过 1000 亿美元。

在政府支持下，中国半导体和芯片企业产业布局和整合能力得到极大提高。作为国有控股公司，紫光集团实行企业战略与国家战略相结合，还通过频繁的整合并购，搭建了“从芯到云”的泛 IT 产业链条，形成了以集成电路设计（展讯、锐迪科……）、存储（紫光国芯、长江存储……）、IT 信息系统（新华三）为主的高科技企业雏形。我国民营企业在高科技领域的进步也是异军突起，华为海思发布的麒麟 970 芯片的整体性能已经十分接近美国高通骁龙芯片，深圳民营企业大疆公司生产的无人机、海康威视生产的监视器等高科技产品已经在世界市场上成为优质优价广受欢迎的产品。中国在高科技产业上对美国追赶速度加快。

2. 中国国有经济体制及发展模式威胁到美国利益使得美国将中国定性为战略竞争对手，美国决定对中国采取“规锁”和遏制

经济层面的纷争是中美双方不同经济体制甚至意识形态不同的产物和体现。中美之间的经贸关系由合作共赢、接触合作发展到美国对中国的极限贸易施压，反映了随着中国经济不断发展壮大，美国对中国经济发展和不同于西方自由资本主义经济制度所采取的态度和战略也在不断变化。

在美苏对抗的冷战后期，中国实行了改革开放政策，中国当时国力弱小，能够在对抗苏联的地缘政治中发挥重要作用，因此这一时期美国对中国持积极态度，鼓励支持中国融入美国主导的现行国际秩序，鼓励中国成为全球化工业产业链中初级加工者。苏联解体之后，美国仍希望在美国主导下中国逐步自由化并在政治经济体制上接受西方的民主自由制度，但是中国的实际发展进程并没有按照美国政策制定者的规划蓝图进行，中国坚

① 《国家集成电路产业发展推进纲要》正式公布，http：//www.gov.cn/xinwen/2014-06/24/content_2707360.htm，2018 年 3 月 17 日。

持了以中国共产党领导的社会主义经济制度，在不断的改革开放中，民营企业、外资企业在国民经济的比重虽然不断增高，但是国有企业及国家控股的企业仍牢牢把握了中国的经济命脉和战略产业。从表 1-1 可以看出，中国国有企业虽然在利润总额、主营业收入和雇用人数均不如私营企业和外商投资企业（包括港澳台企业），但是资产总计比私营企业和外资企业的总和并没少多少。这在很大程度上印证了我国国有企业在控制社会资源（以资产形式体现）上所具有的优势。

表 1-1　　2016 年工业企业主要经济指标

	企业单位数额（个）	资产总计（亿元）	主营业务收入（亿元）	利润总额（亿元）	平均用工人数（万人）
国有控股工业企业	19022	417704. 16	238990. 23	12324. 34	1695. 93
私营企业	214309	239542. 71	410188. 06	25494. 90	3397. 76
外商投资和港澳台投资	49554	212744. 42	250392. 99	17597. 47	2182. 42

资料来源：根据 2017 年《中国统计年鉴》进行整理。

由于中国的发展越来越不符合美国政策制定者的预期，美国需要重新评估对华政策。奥巴马政府时期推出的 TPP 国有企业规则为限制中国国有企业经济体制的影响确立了较为完整的规则体系，但因作为 TPP 协议的主导国，美国要在市场准入、贸易投资等方面对其他成员国作出大幅开放承诺，这无疑是奉行美国优先政策的特朗普及其所代表的被贸易自由化损害的中下层选民所不能接受的。行事风格激进的特朗普不能耐心等待 TPP 国有企业规则体系生效而缓慢地发生影响。

中国经济近些年的快速发展更使得美国精英阶层产生了战略焦虑。今天的中国已经是世界经济的重要一员，是最大的贸易国和世界第二大经济体，从 GDP 总量来看，根据世界银行公布的数据，按现价美元计算，2017 年中国的 GDP 为 122377 亿美元，位居世界第二，美国为 193906 亿美元，尚有 7. 15 万亿美元的差距。[①] 学者们预测中国的经济总量将在十年左右赶上并超过美国。中国的“一带一路”倡议、亚洲基础设施投资

① World Bank, *World Development Indicators Database*, 1 July, 2018, http://data.worldbank.org/data-catalog/world-development-indicators.

银行（AIIB）和“人类命运共同体”等，都让美国异常忧虑甚至恐惧，因为这些意味着中国已经具有开始改写或者重新制定国际规则的能力。2008 年金融危机暴露了西方资本主义经济制度的根本弱点，使得中国更加自信自己的中国特色社会主义制度，中国共产党的十九大报告指出，中国特色社会主义进入新时代，中国有能力按照自己的模式走出自己的发展道路，同时也给那些经济还未发达的国家提供了不同于西方自由资本主义的经济模式和发展道路。这更加让美国恐惧，认为中国将要在世界重新构建一套新的价值观和经济体系，对美国主导的国际政治经济秩序进行挑战。

经过美国政治与知识精英的反思辩论，美国各界逐渐达成共识，美国对中国的接触政策是失败的，中国的实际发展与美国的预期不符，美国应该改变对中国的政策。[①] 美国特朗普总统于 2017 年 12 月签署《国家安全战略报告》，随后为了落实《国家安全战略报告》，美国国防部 2018 年 1 月发布《国防战略报告》，这两份报告将中国和俄罗斯作为美国的主要战略竞争对手，这两份文件代表美国对中国的战略已经从“接触”转向为“遏制”，在报告中美国声称将动用相当力量应对中俄的挑战。

2017 年年底美国发布了《总统贸易政策议程》，与《国家安全战略报告》一脉相承，认为：中国和俄罗斯企图塑造一个与美国价值观、利益相对立的世界。中国在与美国贸易往来中运用对国有企业的补助、强制技术转让等获得了大量的利益，使中国获得了前所未有的对世界的影响力，中国利用这些经济利益发展军事力量，通过经济利益输出和军事威胁不断在其他区域扩充势力范围。中国和俄罗斯加入了 WTO，但并没有遵守市场开放的义务，中国的政府主导经济越来越偏离市场原则，中国经济规模意味着其经济实践日益影响美国和全球经贸体系。作为世界的第二大经济体，中国具有扭曲全球市场的巨大能力。中国的政策导致全球资源的大量错配，中国希望通过国家主导的投资和贷款，扩大其国有经济模式的影响

---

① 史蒂夫·班农 2017 年 12 月 17 日在日本东京的一次演讲《中国摘走了自由市场的花朵，却让美国走向了衰败》对特朗普对华贸易政策有重要影响，美国对中国应该持何种外交政策的辩论一直持续到 2018 年，美国外交关系协会旗下杂志《外交事务》曾于 2018 年 3/4 月刊发表了美国负责亚太事务的前助理国务卿库尔特·坎贝尔和前副国家安全顾问伊莱·拉特纳的文章《思虑中国》，引起中美政治学和国际关系学界强烈反响和积极讨论。

范围，重建这一地区的秩序使之有利于自身发展。为此，美国在《国家安全战略报告》中认为：美国重新思考过去 20 年对中国的接触是基于能够将中国纳入美国主导的国际机构和全球贸易，使得中国能够遵守美国确立的国际规则并按照美国设计的模式发展。但是中国发展局势表明美国的设想是错误的。美国决心使用所有可用工具阻止中国破坏真正的市场竞争，在必要时将抵制中国或任何其他国家躲藏在国际组织背后妨碍美国采取强有力行动能力的一切努力，以回应国外的不公平做法。①

2018 年 3 月 22 日，美国贸易代表（USTR）公布《中国贸易实践的 301 条款调查》报告指出，中国侵犯美国知识产权的行为包括对外资持股比例限制、强制要求将关键技术转让给中方合作者、利用其审批程序迫使美国企业对中国进行技术转让、国家支持到境外投资收购技术、网络侵权、窃取商业秘密、执法不严等。许多美国公司报告面临模糊和不成文的规则，以及与国家规则不一致的地方规则，这些规则是由中国政府官员以有选择性和不透明的方式应用于强制技术转让。② 美国认为，中国国有企业和国家控制的企业在经济生活中发挥着极为重要的作用，因而被视为一个国家主导经济，国家主导经济使中国的贸易者和投资者获得的市场竞争条件不同于自由市场经济环境下的条件，对中国政府鼓励支持的产业，贸易者和投资者与美国等相关市场参与者不能在公平的条件下竞争，并处于竞争劣势；同时中国对外贸易采取重商主义模式，依赖出口促进经济发展，向外倾销中国过剩产能，进而扭曲全球市场资源的配置，例如，在汽车、化工、建筑、电子信息、设备制造、钢铁、有色金属等领域，特殊的大型国有企业在获取银行贷款等方面的条件极其优厚，能够有效执行海外并购及“走向全球”的政府指令。对内，中国没有真正奉行 WTO 的不歧视、市场准入、互惠、公平和透明的基本原则，对外国投资和商品存在诸多限制。上述不公平的贸易条件带来了中美贸易不平衡，为此，美国认为除非中国像发达国家一样行事，中国经济体制所产生的十分严重且有害的

---

① Weaver, John, “The 2017 National Security Strategy of the United States”, *Journal of Strategic Security*, Vol. 11, No. 1, April, 2018, pp. 62-71.

② USTR, *Findings of the Investigation into China's Acts, Policies, and Practices Related to Technology Transfer, Intellectual Property, and Innovation Under Section 301 of the Trade Act of 1974*, March 22, 2018, p. 35.

问题可能就会持续下去。

可见中美贸易摩擦爆发的一个重要原因在于中国的政府主导经济模式为美国所不容，认为这种模式扭曲的市场秩序，给美国的企业、商品以及美国的战略利益带来威胁。2018 年 11 月 7 日，保尔森基金会主席及美国第 74 任财政部部长亨利·保尔森在彭博创新经济论坛发表讲话，再次明确无误地表达了美国政治精英和美国智库对中国国有经济体制的不满。在其演讲里，他指出中国政府通过党委对国有企业和民营企业的控制更加增强了，民营企业除了市场或商业考虑，还要支持政府的战略目标，中国没有对外资给予对等的开放，合资和股权比例的限制依然存在。除此以外，在贸易和外商投资领域还有技术标准、政府补贴、办理许可证和管制等非关税壁垒，对华贸易损害了部分美国工人的利益。可见美国政治精英、商界已经达成了共识，中国的经济实力及发展趋势将形成对美国的强大挑战，中国的经济发展模式和经济规模已经损害美国利益，因此，美国有一些人主张冷战式的全面对华技术封锁，美国政府可能会禁止中国学生在美国任何科技领域学习，如果在货物、资金、技术和人员四方面的脱钩持续下去的话，经济铁幕有可能降临。

总之，美国政治精英已经达成共识，要重塑国际规则，限制所谓“中国模式”的发展空间，使得中国无力挑战美国的世界霸权地位。

二　国际经贸投资规则制定权的博弈：投资利益论和双层博弈论

在国际政治经济学理论话语下，国有企业规则实质上是以美国为代表的自由资本主义的模式对抗以中国模式为代表的所谓“国家资本主义”模式（或被称为政府主导经济模式），但是 TPP 国有企业规则并未成为各国普遍接受的国际性规则，更何况 TPP 国有企业规则的某些内容是中国深化改革的方向。中国是美国主导的现行国际经济体系和全球化的受益者，中国并没有打算根本否定现行国际经济体系。在国际经贸投资规则重构的大背景下，作为新崛起国家积极争取国际规则制定权，需要找到可行的理论和途径，修改不合适的规则或者争取最优的规则架构。将美国著名国际政治经济学罗伯特·吉尔平的海外投资母国利益分析与国际规则制定的双层博弈论结合起来，可以为我们提供一条争取国际规则制定权的路径。

（一）跨国公司海外投资动因具有阶段性，母国利益与公司海外投资利益有时并不统一

跨国公司到海外投资对母国的政治经济有何影响？美国著名国际政治经济学罗伯特·吉尔平的著作《跨国公司与美国霸权》详细分析了美国跨国公司和美国权利扩张之间的关系。这本书是罗伯特·吉尔平阐述霸权稳定论思想的经典文献，核心思想就是霸权国对外投资行为是基于成本收益分析之后的国家利益决定国家的对外行为。虽然该书内容研究跨国公司海外投资行为与美国利益是霸权稳定论的一个组成部分，但是该书的一些观点、研究视角仍可以为我们思考中国国有企业海外投资与国有企业规则提供一种思路。

1. 跨国公司海外投资的经济学解释

经济学理论认为跨国公司对外直接投资是当代经济和技术发展的必然结果。交通通信领域发生了革命性变化，加上现代通信技术的进步，为发达国家制造业向外投资、实现经济全球化创造了可能性。

按照雷蒙·弗农的产品周期理论，一个产品在其生命过程中会经历三个阶段：初创阶段、成熟阶段和标准化阶段。在新产品的发展和生产阶段，即初创阶段，美国公司凭借技术优势占据垄断地位，在此阶段，美国公司通过出口外国市场就能够满足当地需求，但是随着外国市场对产品需求增加，特别是生产该产品的技术扩散到国外潜在的竞争者手上之后，产品周期进入成熟阶段。

在产品周期的成熟阶段，美国公司开始丧失依靠技术领先获得的竞争优势，随着技术通过扩散或模仿发展变为更加可得时，优势就开始向外国生产转移，因为产品在当地制造生产的劳动力成本更低，当地市场销售更便利。因此，美国公司如果试图继续维持市场份额，就必须建立外国分支机构或子公司以预防竞争。

最后在产品周期的标准化阶段，生产已经常规化以至于比较优势完全转移至低技术、低工资和劳动密集型的经济体。

此外，组织理论认为，公司的主要动力是生存，生存的前提是持续增长，到海外投资的初始资本比在国内的投资收益率低，但保护了公司的既

有投资，同时也为最终获取海外收益奠定了基础。资本市场理论则从对外直接投资关键性因素包括资本市场关系、汇率风险以及持有相关外币资产的市场偏好来介绍美国企业对外投资的利益，由于美元比较安全，美国企业就比外国企业在进行借贷时拥有更多的优势，它们可以较低的利息借入，又比外国竞争者向国外资产支付更多，因此美国对外投资，得益于美元的国际地位。而国际垄断理论认为，美国巨型公司走向海外建立子公司是源于较大规模的寡头垄断地位，这一优势使这些公司的子公司能够比东道国当地的竞争者获得更高的利润。

上述多种经济理论从不同角度，解释美国公司对外投资的动因和利益所在：扩大公司的成长、阻止国内外的竞争。

2. 公司对外投资与美国政府利益

第二次世界大战后的前 20 年中，美国依靠巨额的贸易剩余维持了在全球政治经济的霸权地位，但随着欧洲复兴和日本经济的崛起，1965 年之后，美国贸易利润开始缩减。依靠美元为国际货币体系的美国霸权受到影响，美国需要增加国际收入平衡国际收支，于是美国政府开始把跨国公司以及它们的海外收益当作维系美国霸权地位的手段。

因此第二次世界大战后美国推动了马歇尔计划，鼓励美国的跨国公司对外投资，美国开始将对外投资作为一项国家战略，相继出台了一些激励跨国公司走出去的政策，比如，税收饶让和迟延税收，以此促进西欧地区的经济复兴。① 美国跨国公司海外扩张在创造自由国际经济和政治秩序中起到了推动美国意识形态的作用；海外石油公司确保了美国获得廉价、安全的能源供应；美国自 20 世纪 60 年代后期以来对外直接投资的收益已经超过新资本的流出，而且利润日渐增多。通过对外直接投资，美国不仅获得足够多的外来收益以抵消经常项目支出，而且为美国的全球政治和军事地位提供了资金。

但是美国跨国公司的发展既体现了美国权力也会威胁到美国实力，很多例子表明公司利益和美国政府的对外政策是完全对立的。例如，美国石油公司长期以来就反对美国对外政策支持以色列的立场。出于提高增长能

---

① 钟飞腾:《对外直接投资的国际政治经济学：一种分析框架》，《世界经济与政治》2010 年第 12 期。

力和没有政府干预之下的利润最大化目的，跨国公司会利用东道国反对母国政府。

3. 产品周期成熟、标准阶段的对外投资与母国利益

罗伯特·吉尔平在书中认为，美国跨国公司对外投资战略，是一种应对外国竞争者和美国经济相对衰落的次优方案。因为，当美国公司越来越多将生产基地转移出去，依赖在国外的子公司和分支机构的利益时，会引发下列几方面问题：第一，依赖投资收益的社会要比其他社会有较低的生产能力。第二，对外投资更有益于资本所有者以及一些特定的白领阶层，而蓝领工人收益一般。即使出台一些补偿措施，美国比较优势出口到国外仍然会夺去蓝领工人的工作，相当于把收益转移到其他国家的劳工精英手中。第三，鼓励对外投资意味着美国经济和工业权力不断集中，有利于既有的大型寡头垄断者。第四，依赖对外投资意味着忽视了国内投资机会和社会需求。①

应对外国竞争者和美国经济相对衰落的最佳方案，应该是改革美国的产业结构、资本市场和税收体系，以此推动新的生产能力和资源进入美国经济和社会中“投资不足”的部门。这一解决方案意味着一项国家产业战略，强调提升国内竞争、发展新技术和产业进程，而不是防御性对外投资。

上述观点所论述的事实，即对外投资导致实体经济外溢，美国国内产业空心化的现象，已经在美国出现并引发了民众特别是美国蓝领阶层的强烈反对，并导致代表美国反全球化势力的特朗普击败希拉里当选为美国总统，特朗普上任伊始，将竞选时提出的口号“美国第一”付诸实施，具有明显反经济全球化和贸易自由化的政策次第出台，通过大规模降税刺激鼓励制造业重返美国，不断声称要退出 WTO 多边贸易体系，阻挠 WTO 上诉机构法官人选任命以图瘫痪 WTO 争端机制，利用美国的经济优势地位在双边贸易谈判中压迫谈判对手屈服于美国的贸易霸凌要求等，也表明美国在逐步修正鼓励对外投资的政策，不断采取措施吸引外资回流。

同样，对外投资利益直接决定中国对外投资政策，中国自 2015 年起

① ［美］罗伯特·吉尔平：《跨国公司与美国霸权》，钟飞腾译，东方出版社 2011 年版，第 135—150 页。

对外投资总额超过吸引外资总额，对外投资驱动因素复杂，评估中国对外投资的动因存在许多困难，但唯有如此，才能确立中国参与相关国际规则博弈时的基本态度和立场。

（二）国际经济规则制定过程中的双层博弈

1. 公共选择理论提出利益集团游说影响了政策（规则）的制定

在国际规则以及制定一国对外经济政策的现实中，政府并不是抽象的组织和机构，政府需要平衡社会各种利益，甚至政府本身制定政策是为了追求政治利益或是社会某些利益集团游说的结果，因此政治因素、游说的利益集团所代表的经济利益等也是决定经济政策的重要因素。自 20 世纪 80 年代以来，研究经济政策、规则与某种政治利益、利益集团的关系的新政治经济学开始兴起，其中公共选择理论被引入国际贸易领域，成为人们更全面、科学认识、分析贸易政策及贸易规则的有效工具。

公共选择理论的创始人为美国经济学家詹姆斯·布坎南。布坎南将经济部门分为“私人部门”和“公共部门”两大类，并假定私人部门提供私人物品，如个人消费品等，公共部门提供公共物品，如国防、道路、治安等社会基础性设施。由于公共物品具有非排他性，任何人都可以免费获得公共物品，当对公共物品的利用大于公共物品的供给时，就会产生搭便车的现象，为此国家和政府部门要采取措施，通过公共投资直接提供公共物品，以满足需求，但是要设计好制度和规则，防止公共品被人滥用。[①]

由于传统经济学理论无法为现实生活中大量的贸易干预政策提供科学的解释，经济政策的新政治经济学理论将公共选择的政治经济方法引入贸易理论，将贸易政策作为“公共物品”，认为作为公共物品的贸易政策在产生过程中同样存在“搭便车”问题，而贸易政策干预、扭曲市场行为必须从政治市场中寻找答案，必须以政治经济学分析方法来分析贸易政策决策的“内生”过程以及结果，才能诠释现实中贸易扭曲的存在、形式、结构和演变。

按照公共选择理论，公共政策的选择，就是决定公共物品的供应和维持问题，包括解决“搭便车”现象。布坎南认为，在公共政策抉择过程中，政府和政治家负责提供公共物品和公共政策，但是他们将根据自己的

① 张键:《布坎南与公共选择理论》,《经济科学》1999 年第 2 期。

利益和目标来决定政策，这种利益和目标未必与国家利益一致；选民和纳税人希望政府采取符合自身利益的政策，在“博弈规则”下通过选举制度投出能够符合他们意愿的政府，因此选举的过程就是供需双方讨价还价。在这个公共政策决策过程中发挥更大作用的是不同形式的利益集团，政府政策不是一个同质统一体的产物，而是通过其各个利益集团矛盾、斗争演变而得出的，因此新政治经济学十分重视利益集团对公共政策影响的研究。

新政治经济学在分析利益集团影响贸易政策时提出了不少分析模型，其中影响较大的有 Hillman（1982）构建的政治支持模型、Grossman 和 Hellman（1996）所建立销售的贸易保护模型（政治捐献模型）和 Becker-Olson-Stigler 游说的集体行动模型。这些理论模型在一定条件下验证了特殊利益集团对政策的制定起着很大作用，例如，发达国家和发展中国家均对农业采取贸易保护措施，但发达国家贸易保护的程度要远高于发展中国家，而在发达国家农业利益集团在贸易政策上的游说能力绝对不可以小觑，这些模型曾经验证了美国对农产品的保护性关税以及其他保护性贸易措施是各类农产品利益集团游说的结果。

2. 国内政策与国际规则的关联：双层博弈论的观点

如前文所述，一国利益集团对本国的贸易政策有很大影响，公共选择理论能够解释一国贸易政策内生化的政治过程，但是在面临如何解释国内贸易政策与国际贸易规则之间的“关联”时，公共选择理论就无能为力了，而这一直是新政治经济学学者们长期以来探索的目标。1988 年，美国学者罗伯特·帕特南提出了双层博弈理论，虽然该理论并非专门针对贸易谈判，而是对一般国际谈判的国内外政治因素之间的相互作用进行分析，但是该理论对解释国内贸易政策与国际贸易规则之间的“关联”同样具有普遍意义。

该理论将谈判分为国内、国际两个层次，它把国际谈判分为两个层次：第一层次为国际谈判，第二层次为国内选民通过正式或非正式的方式批准国际协议的过程；两个层次是通过“获胜集合（win-set）”和“批准”而建立联系。

“获胜集合”（win-set）就是指在国际谈判参与者人数确定的情况下，谈判国国内能够接受的利益与在国际谈判中获得的利益相重合的部分。在双方开始谈判时双方还没有利益交集点，因此也就没有获胜集合，但是如果谈判过程中一方国家说服另一方，或者另一方本国利益集团愿意接受一些让步，这样双方存在一些获胜集合的重合，最终谈判才能成功。双方存在获胜集合的关键在于双方对谈判的协议方案都能达成共识，双方共识越多，或一方让步越多，双方的获胜集合重合越多，协议就越有可能达成；如果双方在谈判中的共识越少，或者任何一方让步越少，获胜集合的重合就越少，协议就越不可能达成。获胜集合的大小由三个因素决定：第一个因素是国内选民对达成协议的态度，对于某些选民来说协议达成会导致利益受损，对另一些选民来说则可能从中获益；第二个因素是国内反对协议和赞同协议的利益集团之间的力量对比；第三个因素是在国际层次谈判时谈判者对本国利益所持的态度。谈判一方为了增加本国的利益，一般采取以下措施：谋求本国利益集团的利益统一，或者采取措施扩大对手的国内赢集，比如增加如果谈判破裂对他国的国内利益集团带来的损失，在谈判各议题间建立联系，以获得更多的交集点，改变对手对自身利益的看法，等等。

"批准"是第二层次中连接国际规则与国内贸易政策的概念，即在国内层面对在国际谈判中取得的结果能否接受并使之成为有效的协议，取决于国内各方对国际谈判成果所带来的后果的评估和算计。在这个阶段，国内利益集团纷纷利用各种形式游说立法机构，施加影响，尽量使国家采用反映自身利益的政策。

值得指出的是，国际谈判需要进行多回合，不断反复，因此上述两个层面对谈判结果和规则的形成需要不断地来来回回进行反复拉锯和争取利益。[①] 在国内批准层次，国内不同利益集团通过各种途径向政府部门游说，谋求有利于自己的贸易政策最终成为条约文本的内容，在国际层次，各谈判方则要确保自己国内的利益不被侵害，实现本国利益最大化。

双层博弈理论突破了以往研究中或者仅仅强调国内因素对国际谈判影响，或者只强调国际因素对国内影响的局限性，对参与谈判的整个国家的国内政治作出了有机的一体解释。但是有些学者认为，该理论在解释国际经济贸易谈判及其规则的形成时，与国际经济谈判的实际情况并不符合。

① 贺平：《规制缓和中的双层博弈——以日本大店法为例》，《日本学刊》2009 年第 3 期。

在实际国际经济谈判中，一国内部各部门之间存在不同的贸易政策取向，负责外交和商务事务的部门往往愿意接受自由贸易的协议，而农业等部门则往往偏向于制定保护主义的贸易规则，因此一国愿意接受什么样的贸易政策取决于上述各种势力的角逐。有鉴于此，弗里德里克·W. 迈耶（Frederick W. Mayer）提出将普特南提出的“获胜集合”的概念替换为“谈判集合”的概念，他指出，在某些情况下，最终达成的协议对部分国内利益集团和机构而言是“获胜”的表现，但对国家整体而言却未必是获胜。再有，即使谈判各国的“获胜集合”重合部分很多，也不一定双方能达成协议，有时候，相对狭窄的、明确的“谈判集合”更有助于双方达成协议。

还有学者对双层博弈理论进行了补充，认为在多边贸易谈判中，随着国家利益集团的出现，成员间的博弈关系更为复杂，出现了第三层次，集团层次的博弈。在多边贸易谈判时，如 WTO 多哈回合谈判，许多发展中国家由于在谈判博弈中处于弱势地位，因此开始通过联合成一个个具有共同利益的小集团，如 G20、G33、G90 和非洲集团等，形成集团之后，集团内国家在谈判时不仅仅要关注国内利益集团的利益，与国内利益集团进行博弈，同时还要参与集团利益的协调与博弈，这些国家在多边贸易谈判中的博弈重点由国际层次转为集团层次。总之，对于形成了集团的成员国而言，参与集团博弈之后以集团身份再参与多边层次的博弈大大提高了自身的实力，从而能够更有效地维护自身利益。学者对集团形成之后的博弈分析认为，强势集团在多边贸易谈判时较弱势集团更易获得较大利益；在多边贸易规则形成过程中，集团能够形成的主要原因在于集团成员国的谈判主张具有共同点；成员间所能够接受的贸易规则越多和越相同，集团的效率就越高，集团就能够稳定地在贸易谈判中统一行动，最大效率地发挥作用。

综上所述，在一国大量输出投资的情况下，输出投资国政府需要考虑的是海外投资的利益是一把双刃剑，完全市场经济条件下对外资本输出也存在损害母国长远利益的情况，因此在不同经济发展时期母国针对跨国投资应该采取不同的政策。在西方国家的利益游说集团推动下，资本输出国对国际投资规则的态度需要进行国内利益协调和国际利益协调等多重博弈。

三　逆全球化背景下国际经济规则的重构与双层博弈

（一）逆全球化国际经济规则碎片化趋势

众所周知，逆全球化带来美国的一系列“退群”行为，加上英国退欧、法国黄马甲运动等一系列事件，使得全球经济规则，特别是在经贸投资方面的规则（以后简称经贸投资规则）重构的方向开始走向迷茫期；同时经贸投资规则呈现出新特征：“一是跨域区的 FTA 进展迅速；二是经贸投资规则谈判形式变化，很多是在全面的自由贸易协定框架下达成，投资协议的内容也不再局限于待遇制度、投资保护，而是扩大，甚至与环境保护、劳工问题合并进行规定；三是国际经贸投资规则不再完全由某一国家主导，而是因为跨区域 FTA 增多，谈判国家经济发展程度不一，投资规则在不同国家的谈判中呈现不同的发展。”① 如此一来，国际经贸投资规则不再呈现以美式 BIT 和欧式 BIT 等范本为代表的规则，将因在空间和谈判主体上发生分化而以碎片化的方式缓慢地向自由化迈进。

那么未来国有企业规则会否纳入相关碎片化的经贸协议中呢？这个就需要判断哪些国家有强有力的动机和内在利益需求要通过国有企业规则满足自己的诉求，可以预计有关规则的博弈将同时在多个层面展开，现在已经在区域协议和国内法构建了贯穿国有企业规则内核的竞争中立原则的发达国家，在与国有企业含量较多的国家进行投资条约或者自由贸易协定谈判时，会强推包含竞争中立原则内容的规则以管制国有企业。而且这些国家会继续强化自己的反竞争法和国家安全审查制度等国内法对外国国有企业的投资行为进行管制。

（二）国有企业规则的地位和属性

TPP 国有企业规则要求各缔约国政府取消对国有企业的一切补贴以及对国有企业海外投资所给予的特惠融资措施、保护外国私营企业经济活动、取消政府采购的优惠偏好等，体现的是竞争中立原则的内核，目标是

① 盛垒：《疲弱复苏的世界经济：新变量、新趋势、新周期——2017 年世界经济分析报告》，《世界经济研究》2017 年第 1 期。

建立公平竞争的市场秩序，是一种完全市场经济规则，从本质而言属于经济全球化更高层次所要求的规则。TPP 国有企业规则的内容不会对美国制造业带来威胁，反而因其倡导的公平竞争理念更有利于以私有公司为主的美国企业。

未来大国之间的竞争将在高科技产业展开，中国等后发国家必须采取国家加大投入的方式全力保持自身的实力，不被牢牢困在产业链的下游，成为国际分工链条的初级打工者，而发达国家势必对中国等后发国家国有企业所获得的各种政府支持不遗余力地进行钳制。因此，国有企业规则的价值在美国退出 TPP 之后一定会为特朗普团队所重新认识。观察特朗普后续的政策，在 2018 年 3 月对中国发布 301 调查报告并对华加征高额关税，表明美国已经把国有企业规则泛化为对整个中国经济体制结构性的指责，中国政府对企业的扶持、中国经济体制中的金融信贷政策、劳动力价格等都被美国视为不符合市场经济规则，需要改变。美国推动的与发达国家之间的“零关税、零壁垒、零补贴”确立了未来美国重构国际规则的基本原则，美国将继续遵循新自由主义思想所倡导的小政府、大市场的道路，TPP 国有企业规则将被美国升级为对“非市场经济国家”的一揽子结构调整要求。

从经济全球化发展的前景来看，促使全球经济向纵深发展的动力仍然存在。由于全球分工的复杂性和资本追求效益的本性，已经形成的国际加工产业链把世界各国技术、设计、金融投资、加工生产、商业销售、终端消费紧紧联系在一起，这种紧密程度不是逆全球化能够短期得以消除和变更的。① 因此未来国际社会迫切需求更好的治理机制，从某种意义上而言反全球化逆流是经济全球化治理机制不合理的反映，从这个意义上，国有企业规则符合了更高层次的经济全球化理念，势必在随后进行调整的国际经济秩序中成为一个重要选项。

（三）围绕国有企业规则及中国模式将发生激烈的双层博弈

具体而言，在国内层面，中国国有企业应确保海外投资与政府的利益一致，这一点在中国特色社会主义市场经济环境下比较容易做到企业与国家利益的相对统一；但是在对外投资，根据双重博弈理论影响东道

① 梅林德:《全球经济一体化的未来与中国的作用》，《中国经济报告》2017 年第 4 期。

国的利益和政策，就复杂得多。因为在对外直接投资中，外国投资者首先面临的是东道国地方政府，可能地方政府会较为欢迎外来投资，因为投资一般都集中于某个地方，地方上可以获得税收和提高就业率的机会，但地方政府对外资冲击国内市场、垄断相关产业以及对东道国国家安全的不利影响往往不太关心，这些最终需要中央政府基于国家安全或者经济安全全盘考虑，采取措施限制某些外资进入特定产业，这样对东道国的利益游说就会面临不同层级政府在政策工具上供给不同所带来的复杂性。①

由于前述利益集团—贸易政策的公共选择理论本身也存在一定问题：第一，已有的研究成果都是对某一具体案例进行微观和局部分析，即对某一产业或某一部门的贸易政策进行研究，与该产业或某一相关的利益集团较为集中，数据易于获得，但是这一研究往往只能针对某具体案例，不能对宏观、整体的贸易政策有非常精确的解释。第二，由于公共选择理论是运用数据模型进行定量分析，通过引入利益集团、政策对经济的影响等作为变量，变量的选择对分析结论至关重要，但是贸易政策的后果往往非常复杂，有时候很多因素难以量化，对那些难以量化的因素就可能排除在外，因此该研究方法在数据获得或某些要素难以量化的情况下就难以得出科学结论。第三，利益集团分析研究方法大都以美国作为研究范本，因为美国的政策形成与利益集团的游说具有极大相关性，美国的政治体制形成与发展过程中利益集团游说一直是一个显著的存在，但是不实行代议制的广大发展中国家与美国的选举制度和利益集团游说方式差距很大，许多发展中国家政治权力高度集中，能够对贸易、投资政策施加影响，作出决策的主要是领导人、主管部门的官员和专家等，运用公共选择理论的分析方法对发展中国家的贸易、投资体制进行研究可能出现偏差甚至错误。第四，双层博弈理论乃至国家集团多层博弈最终的结论仍将与霸权稳定论趋同，大国在博弈中将获得更多的话语权。

因此，最终我们在海外投资与东道国利益乃至东道国政策、双边、多边与国有企业相关的规则之间确立对策研究时，应该针对不同类型国家采

① 钟飞腾：《对外直接投资的国际政治经济学：一种分析框架》，《世界经济与政治》2010年第12期。

取不同的博弈政策，而且应该在宏观的框架下构建我国国有企业海外投资与东道国利益的协调，最终形成我国与东道国之间相关国有企业规则的协调。

第三节 建立应对国有企业规则的分析框架

霸权稳定论能够揭示TPP国有企业规则产生的动因和机理，公共选择理论的利益集团分析方法和双层博弈理论提供了解释国内政策、海外投资利益与国际规则之间互动的理论架构，因此我们可以借鉴上述理论结合中国在对外投资政策和我国国有企业海外投资利益，从中国新时期在国际经济中的地位和作用挖掘出中国特质，建立一个基于中国特质的国际政治经济学（IPE）理论来分析跨国公司海外投资的利益和制度（投资政策）之间的关系，将之作为应对中国国有企业海外投资面临不利国际规则时的理论基础。

一 应对TPP国有企业规则需要创新IPE视角

（一）中国传统应对国际规则的对策研究大都遵循由国际到国内的被动路径

根据宋国友的分析，中国在贸易、投资、金融等领域以及政府对外政策的IPE研究，存在较为突出的脱离中国现象。例如，在分析某项国际规则、某项重大的贸易、投资政策的产生形成时，学界主要是选取美国或者欧盟的案例，而较少采取从中国自身的贸易、投资政治研究的方式，这说明IPE研究实证中存在大国导向，而且特别集中在对美国贸易政治中的利益集团、政治制度以及美国贸易政策制定过程等的研究阐释。[①] 这样导致的后果是即使我们对贸易、投资规则产生的背景和内涵有了深刻的理解，但是从中国立场出发，就只能在已有的国际规则、大国政策环境下寻找有限的出路。

---

① 宋国友：《基于中国的国际政治经济学研究：问题领域、理论突破和学科弥合》，《世界经济与政治》2011年第1期。

例如，中国作为经济全球化的受益者，一直坚定维护、支持诸如WTO多边规则以及中国参与缔结的双边或区域性贸易和投资规则，在发生针对中国产品的大量贸易壁垒措施以及针对中国投资的不友好法律审查时，中国涉事企业主要采取的是到相关国家应诉，在采取措施的相关国家法律框架下尽力争取维护自身权益，同时中国也逐步学会在国际层面运用国际经济规则反击一些国家对中国产品采取的贸易壁垒措施。例如，针对美方采取的中国对美出口的油井管、太阳能电池、暖水虾等产品13项反倾销措施，2013年12月3日，中国将13件反倾销案件“打包”起诉至WTO争端机构，2016年10月19日，世界贸易组织公布了中国诉美国反倾销措施案专家组报告，专家组支持了中方主要诉讼请求。① 上述应对都是在现有法律框架下进行的，应对措施相对而言较为简单，就是要熟悉并善于运用他国贸易、投资规则和相关的国际规则。这种应对方法和思路不合适照搬于我国国有企业海外投资以应对TPP国有企业规则所带来的规则溢出效应，或者说，TPP国有企业规则与中国现有的某些国有企业政策存在某些不可能调和的冲突，即使对国有企业规则的产生、内容本身进行精深的研究也无法摆脱该规则一旦推行会给中国国有企业所带来的负面影响。因此，除了在市场化方向中国国有企业主动按照TPP国有企业规则进行适度的市场化调整之外，中国应对战略需要转换思路，建立起中国国有企业海外投资与国家利益的联系，最终打通投资利益与国际规则之间的连接通道。

从研究路径来看，目前关于中国问题进行IPE研究有内部路径、由国际到国内、由国内到国际、双边互动四个方面的研究路径，与侧重双边贸易互动相比，国内学界关于投资、金融等核心议题，沿着国内路径、从国际到国内、从国内到国际三条路径展开的学术研究显得相对较少。对上述问题之所以国内研究或关注较少很大程度上还是长期以来大国导向的IPE研究所形成的被动应对思维模式所致，随着中国对外投资不断增加，中国将具有更多的国际规则上的话语权。因此，需要转变研究视角和研究路径，从国内到国际等多种路径研究中国在国际投资、贸易规则上的影响及

① 商务部条约法律司负责人就世界贸易组织公布中国诉美国反倾销措施案专家组报告发表谈话，http：//www. mofcom. gov. cn/article/ae/ag/201610/20161001413016. shtml，2016年10月19日。

作用力。

（二）以中国国有企业对外投资特质及利益作为应对国际经贸投资规则重构的分析框架

中国国际关系理论学者在构建中国特色国际关系理论方面已经卓有成效，但距离严格意义上的理论体系仍有较大距离。中国学者主要从中国古代或现代中国思想提炼出具有中国特色的对世界关系的看法、观点。秦亚青将“中国和平融入国际社会”作为建构中国国际关系理论的核心问题，并吸取中国传统文化熏染下中国人的中庸辩证思维方式，强调中国对外关系的灵活性，即既要坚持我国对外战略的基本方向，又要因国际情势变化适当改变我国对外关系的某些政策；① 此外清华大学阎学通教授提出的道义现实主义理论认为，中国应以“公平”“正义”“文明”的价值观指导建立国际新秩序，但在可以通过增强实力以及更有效的政治领导力而实现权力在国际体系中的重新分布。② 以笔者看来，目前中国国际关系理论仍具有典型的中国实用主义价值取向，显然这是当前中国还不具备全面担当构建国际经济规则体系能力下的务实选择。中国国际政治经济学学者也认为，中国对国际前沿的 IPE 理论还处在评价和消化状态，创新中国 IPE 理论需要在中国问题基础上识别出不同于西方的中国特质，此外还需要构建出新的概念以及相关假设来推动中国特色 IPE 理论的创新。③

由于创新中国特色 IPE 理论任务艰巨，本书也无力承担实现对理论突破的创举，但是试图尝试通过分析中国对外投资的特质，以及在评估中国对外投资利益基础上参与国际规则博弈，找到中国主动应对或“塑造”国际经贸投资规则的方式，作为研究方法或研究视角创新的一种努力。

---

① 秦亚青:《国际关系理论中国学派的可能与必然》，《国际展望》2006 年第 4 期。

② 阎学通、张旗:《道义现实主义与中国的崛起战略》，中国社会科学出版社 2018 年版，第 35—40 页。

③ 宋国友:《基于中国的国际政治经济学研究：问题领域、理论突破和学科弥合》，《世界经济与政治》2011 年第 1 期。

二 中国国有企业海外投资中的中国特质

（一）中国政府主导资源配置下国有企业与政府存在特殊关系

自中国共产党的十一届三中全会以后，中国的经济体制改革就一直在探索中不断深化，传统计划经济体制的缺陷和弊端也促使中国政府从高度集中的管理体制改为以间接管理为主的宏观调控管理体制，政府与国有企业的关系也开始逐步围绕两权分离、扩大国有企业经营权，建立现代企业制度等市场化方向进行调整。

但是纵观多年的国有企业改革进程，虽然中国国有企业建立了现代的股份制经营模式，政府也不再以指令性计划约束国有企业，但是中国并没有完全建立符合西方“华盛顿共识”那样的自由的市场经济体制。但是令人瞩目的是，我国经济实现了长达 40 多年的高速增长，由此带来的是人民生活水平全面提高以及国家经济总量上升到全球第二的位置，在亚洲金融风暴和 2008 年美国次贷危机引发的世界金融危机时，中国经济也仍经受住了考验。

因此人们用中国模式这一概念来探讨中国经济高速发展的奥秘，认为中国经济高速发展走的是一条独特的发展道路，而这一模式独特性的核心特征是政府与企业之间的独特关系，而不是政府与市场之间的关系，这一模式可以简单概括为“资源国有，中央集权，地方分级代理，官员任命制”，使国家具有“天下为公”的性质，中央掌控地方官员的升迁，地方官员升迁主要依据 GDP，为了促进地方经济发展，地方政府建立起与企业的合作关系。①

与新自由主义思想和西方社会认为政府干预具有恶性不同，中国传统文化一直认为政府是社会经济的自然管理者，是人民的监护者，发展经济是政府天然的职责。中国特色社会主义市场经济体制就是将政府干预和市场经济进行有机合理的结合，政府将促进经济发展和地方利益作为重要目

① 杨春学：《中国模式的独特性：基于政府竞争与企业之间关系的一种考察》，《财经问题研究》2012 年第 10 期。

标。具体而言，中央政府为了有效治理幅员辽阔、人口众多的国家，在中央集权的基础上对各级地方政府进行了分权改革。中央政府决定省级地方官员的任命，省级官员决定下一层级地方官员的任命，以此类推，一般而言，各级官员升迁的基础来自上级对其任内经济发展的绩效，这样就带来各级地方政府与同级其他地方政府的经济绩效竞争关系，地方政府有强烈的欲望和动机推动当地的经济发展。为了有效地激励地方政府，中央政府采取了行政分权和财政分权的治理办法，基础性经济政策由中央政府决定，但是地方政府可以向中央政府争取更多的经济决策权，根据各地实际情况对经济政策进行调整，获得工商管理、税收、发展与改革等经济职能部门的管理权限；1994 年的分税制改革也促使地方政府努力拓展税收来源，履行地方社会经济管理职责。① 这种分权与竞争模式相当于在中国 3000 多个县级及县级以上政府以政治企业形式进行着纵向和横向的竞争，不可否认这种独特的治理模式促使地方政府在推动我国经济发展方面起到了重要作用。

这种竞争是通过与企业合作方式进行的，由于地方政府直接控制着能源、金融、土地等主要生产资源，同时还掌握着大量的行政资源，包括投资审批权、税费优惠政策、自然资源的开发权、优惠贷款的权力等，这些促使企业主动寻求与政府合作，而政府需要企业在经济上取得成功，为地方经济获得竞争力助力。这种合作带来的制度创新成为推动投资和经济的强大动力。中国模式带来的是经济高速增长，这些是由政府主导资源下的高投资率所推动的。

政府在推动企业投资时，国有企业在获取各种政府扶持措施时具有得天独厚的优势，虽然通过国有企业股份制改革等实现政府与企业经营权分离，政府不再干预企业的具体经营，但是在中国国有企业天然具有其他形式企业所不具备的政治优势：《宪法》第 7 条就明确规定国有经济即社会主义全民所有制经济，是国民经济中的主导力量，国家保障国有经济的巩固和发展。国有企业在建立中国特色社会主义中具有基础性的地位，是中国国民经济的支柱，国家引导、推动、调控经济和社会发展都依靠国有企

① 周黎安：《晋升博弈中政府官员的激励与合作——兼论我国地方保护主义和重复建设问题长期存在的原因》，《经济研究》2004 年第 6 期。

业。总之，国有企业作为社会主义国民经济的主导力量，在稳定宏观经济、调整经济结构、保障社会公平、维护经济安全、弥补市场失灵、推动自主创新以及实现科学发展和促进社会和谐等方面都起着关键作用。

因此，基于国有企业在中国的地位和功能，在 2016 年 7 月 4 日全国国有企业改革座谈会上，中共中央总书记、国家主席、中央军委主席习近平作出重要指示强调，国有企业是壮大国家综合实力、保障人民共同利益的重要力量，必须理直气壮做强做优做大。

根据最新发布的《2016 年中国统计年鉴》显示，国有部门占工业资产的比重增长了，结束了近 20 年的下滑趋势。而国务院国资委网站数据也显示中国国有企业无论是在世界 500 强占比还是资产总额等都有不少增长，2016 年进入世界 500 强的国有企业有 83 家。至 2018 年 12 月末，全国国有及国有控股企业的国有企业资产总额 1787482.9 亿元，同比增长 8.4%；所有者权益合计 631008.1 亿元，同比增长 9.0%。从具体数据看，2018 年全年国有企业营业总收入 587500.7 亿元，同比增长 10.0%，营业总成本 570431.9 亿元，同比增长 9.8%，国有企业税后净利润 24653.7 亿元，增长 12.1%。[①] 总体来看，中国国有企业资产总额持续增长，营收效益也在不断提高。

可见，国有企业在中国的经济主导地位是由中国特色社会主义经济体制决定的，政府对国有企业的控制与扶持将继续集中在基础设施建设、能源资源保障、国防军工和战略性新兴产业等领域。相对于美国等自由资本主义市场经济条件下跨国公司海外投资时存在公司利益和美国政府对外政策完全对立的情形，在中国国有企业海外投资方面，基于国有企业的特殊地位，中国应该能够掌控国有企业与政府的基本利益保持一致，政府更能够避免国有企业海外投资不发生罗伯特·吉尔平分析的美国跨国公司对外投资带来美国产业空心化的局面。

（二）中国对外大型基础设施投资采取政府援助贷款+商业经营特殊模式，与东道国政治外交关系的关联度较高

自 2002 年中国建立对外直接投资统计制度以来，中国对外直接投资

① 国务院国有资产监督管理委员会：《2018 年 1—12 月全国国有及国有控股企业经济运行情况》，http：//www.sasac.gov.cn，2019 年 8 月 23 日。

流量持续快速增长14年，截至2016年，年均增速高达35.8%。2017年，对外直接投资流量位居全球第三。① 在中国对外投资项目中，大型基础设施和能源、自然资源投资曾经是中国“走出去”过程中的首要投资目标，以2016年的数据来看，从中国境外并购投资的行业分布来看，2016年中国跨境并购流向服务业970.5亿美元，占比升至71.7%，位居首位。② 因对外大型项目，包括基础设施投资、自然资源、能源投资资金巨大，中国主要采取由中国进出口银行给予东道国优惠贷款，项目指定由中国大型国有公司承建的方式。例如，中国在“一带一路”倡议中，就提出道路相通、民心相通、文化相通，把基础设施建设作为拓展“一带一路”的基础和桥梁，在第二届“一带一路”国际合作高峰论坛成果清单中，国家开发银行、进出口银行继续设立“一带一路”专项贷款和中国政府与“一带一路”沿线国家签署的经济合作框架协议成为成果清单的主要内容。③

在中国对外基础设施投资过程中，曾经采用过将能源开发与基础设施建设相结合的安哥拉模式，该模式起源于2003年中国商务部与安哥拉财政部所签署的合作框架协议，在之后双方的正式双边贷款协议中，由中国进出口银行向安哥拉政府提供总额为20亿美元的商业贷款，中国贷款项目只限于中国公司招标。④ 上述协议中采取的就是双方政府部门出面先行确定好合作贷款及投资项目事宜，指定中国公司承建贷款所指定的基础设施或资源开发项目，之后在两国政府部门安排下双方国有公司或指定的公司再签订按市场价格的能源或基础设施建设合同，实现了投资（贷

① 商务部、国家统计局、国家外汇管理局:《2017年度中国对外直接投资统计公报》，第3—4页。

② 服务业包括2016年中国跨境并购涉及的信息传输/软件和信息技术服务业、交通运输/仓储和邮政业、电力/热力/燃气及水的生产和供应业、金融业、租赁和商务服务业、房地产业、住宿和餐饮业、文化/体育和娱乐业、批发和零售业、科学研究和技术服务业、卫生和社会工作、教育、水利/环境和公共设施管理业、居民服务/修理和其他服务业、建筑业等行业，其中基础设施投资和能源电力大型项目都在该大类之中。商务部:《2016对外投资展望》，第8页。

③ 外交部:《第二届“一带一路”国际合作高峰论坛成果清单》，https://www.fmprc.gov.cn/web/zyxw/t1658760.shtml?from=timeline&isappinstalled=0，2019年8月12日。

④ 曹海丽:《中国携20亿美元商业贷款走进安哥拉》，http://business.sohu.com/20060321/n242398146.shtml，2019年8月25日。

款）与能源买卖、基础设施建设一条龙的合作方式。对中国而言，项目风险完全在可控范围之内，因为贷款的后续发放是需要以安哥拉方出售石油作为履约保证的，这一方式确保了国内建设公司开展基础设施建设项目有稳定的收入来源，因此中国公司在安哥拉模式下承建了修缮或新建医院、学校、供水、输变电线路等众多项目。①

这一方式在之后的中国对外基础设施投资中得以推广，由于作为贷款一方的中国进出口银行和中国国家开发银行是具有政府开发性质的非商业银行，对外贷款利率一般较商业贷款利率优惠，所以很多学者认为这种基础设施投资具有援助和开发性质。② 由于双方企业层面的协议与两国政府之间的框架协议密切相关，企业层面的合作合同条款仍然以商业考量作为主要指标，因此也有学者认为中国对外基础设施投资是集援助、投资、贸易一体化的新模式。③ 显然，这种集援助、投资、贸易一体化的新模式的成功或者顺利进行，前提条件是中国必须与东道国政府之间存在良好的政治经济外交关系。之后因为基础设施投资要与东道国的能源开发、买卖捆绑在一起，也遭到其他国家的所谓“贷款殖民主义”的批评，之后中国更多的基础设施投资采取了政府优惠贷款与基础设施建设相结合的方式，不再与能源销售合同捆绑，但是这又带来贷款能否收回的风险控制问题。

三　以中国特色的 IPE 分析框架确立中国应对 TPP 国有企业规则的立场

综上所述，中国特色的社会主义市场经济条件下使得中国海外投资主体和投资模式带有政府主导方向、多方市场力量参与的混合模式特点，特别是在重大项目和基础设施建设投资上，政府推动的作用体现更为鲜明。在当前国际经济规则复杂多变、美国对中国政府主导经济模式发起挑战的

① 余莹：《我国对外基础设施投资模式与政治风险管控——基于“一带一路”地缘政治的视角》，《经济问题》2015 年第 12 期。

② 在中国—刚果基建项目协议中，这些贷款将按固定利率 4.4%，低于国际商业利率 6%左右的水平。

③ 余南平：《一种新的国际援助混合模式——以华刚公司在刚果金项目为分析视角》，《华东师范大学学报》（哲学社会科学版）2015 年第 1 期。

背景下，应对 TPP 国有企业规则将变得更为困难、复杂，采用西方国际关系理论只能解读、被动适应美国等西方国家主导的国际规则，而在 TPP 国有企业规则及美国发起挑战对中国政府主导经济模式进行结构性改革要求背景下，已经无法简单、全面被动、全盘接受美方要求，因此要用中国对外投资特质分析中国海外投资利益，参与国有企业规则多重博弈。

（一）界定中国国有企业海外投资的利益

中国国有企业对外投资利益其实也是中国模式在投资领域的呈现，基于投资利益是影响、主导国际规则形成的重要因素，因此，我们要考虑如何通过评估中国对外投资的利益，通过投资利益施展中国对外投资在规则形成上的影响力。

界定中国国有企业海外投资的利益对中国参与国际经贸投资新规则博弈非常重要，这里涉及两个内容：一是中国国有企业对外投资时，特别是进行大型项目建设投资时，政治利益与经济利益发生冲突该如何协调；二是国有企业对外投资，企业自身的独立利益与国家利益是否应该统一，如果不统一、不一致的情况下，中国应持何种态度。只有将中国对外投资利益梳理厘定清楚，中国才能确立我国参与规则博弈的立场。

（二）参与以 TPP 为代表的国际经贸投资规则博弈时应考虑的因素

竞争中立原则从西方国家国内法到国际立法进程加快，并以 TPP 国有企业规则形式出现，主要就是中国国有企业的规模和数量，对国际市场竞争产生的影响巨大，超出了美国等西方国家主导国际经济规则时对中国作为转型国家的预期。现有的国际经贸规则多数是在中国崛起之前形成的，或者没有充分考虑中国国有企业进入国际市场后带来的独特问题，当美国发现通过反倾销法上的非市场经济问题、反补贴法上对公共机构认定的扩大都不能解决中国有企业不断扩大在美国市场以及国际市场上的影响力时，美国退出 TPP，以激烈方式对抗中国模式，这表明中国国有企业在国际市场发展的机遇期已经基本结束，我们期望通过产业补贴政策鼓励高新科技制造业将遇到贸易伙伴强烈的抵制。

但是中国已经深度融入全球市场，中国经济的转型升级需要国际市场，在如何运用竞争中立原则对待国有企业的问题上，政府高层一直没有明确表态，毕竟竞争中立原则的实施会牵涉国内财政、税收、竞争政策、金融政策的重大变革，对此中国只能采取渐进式方式推动，在 2018 年 G30 国际银行业研讨会上，中国央行行长易刚第一次表态，提出为解决中国经济中存在的结构性问题，考虑以“竞争中性”原则对待国有企业，同时易纲行长也强调要对内改革和对外开放。易刚行长的表态在当时的情势下被解读为缓和与美国的贸易摩擦压力所释放的一种姿态，但是我们也可以理解为中国政府正在认真考虑引入竞争中立原则，促进国内改革开放。

因此，中国现阶段面对来自以美国为首的西方国家在国际经贸规则方面的压力时，必须采取建立长远但务实的对策，公平、务实、开放、包容应该成为应对 TPP 国有企业规则分析框架的基础。

（三）以中国对外投资利益为基础参与国有企业规则的多层博弈

中国国有企业对西方发达国家尤其对美国的投资利益已与它们作为东道国利益开始冲突，需要确立多元、包容的原则参与规则博弈。中国政府主导战略资源和战略产业，国有企业、公有制在国民经济中的主导地位，决定了中国模式与西方国家新自由主义思想所推崇的市场经济模式存在差异。随着中国改革开放进程和加入 WTO 融入全球化之后，中国模式在带来经济高速增长、国家工业体系在政府主导下逐步完善、产业不断升级的显著进步之外，也留下了产能过剩、原创驱动不足的弊端。在西方国家特别是美国鹰派代表眼里，中国模式利用了西方主导的自由市场经济规则的漏洞，中国并没有对自身体制和模式进行改革，反而不断在全球化进程中抢了西方产业工人的饭碗，壮大自己的实力，因此西方国家应该对 WTO 国际贸易秩序和投资秩序进行改良，TPP 国有企业规则显然是这一想法的现实成果。

这表明在当前全球化格局中，中国特色的经济模式与西方自由市场经济模式的矛盾开始尖锐起来，并且体现在未来国际经济规则的制定和走向上。中国模式的经济体制和对外基础设施投资模式都是具有鲜明中国特点，是中国在从计划经济逐步改革转型过程中不断摸索形成并不断发展的，对后发国家具有启迪和示范意义，它在中国经济建设中获得的成就表明该模式契合了一定发展阶段和具有大一统文化传统国家的现实需求。美国排斥甚至敌视中国模式是零和博弈思维与霸权思想下的做法，诚然中国模式也存在许多不足，但是根据现实不断调整自身更是中国模式的特点和生命力所在。

所以，考虑到西方国家也不是铁板一块，中国特色的经济模式并不与所有西方国家的利益存在直接冲突，中国对外投资和开放也是符合西方发达国家利益的，市场化改革也是中国经济体制改革的目标，所以，面对正在调整、变更的国际经贸投资新规则，中国应该积极参与新国际规则的谈判构建。国际经济规则不应该是唯一的、排他的，而应该是反映不同发展阶段国家利益的不同诉求，在以往国际规则和国际经济秩序体系中，西方国家建立的是以西方国家利益和价值取向的中心—边缘体系，通过西方国家在国际经济秩序的中心地位，向边缘国家输出带有经济殖民取向的规则体系，而不是兼容并蓄，建立多元的规则体系。

因此，中国要发挥在国际规则的建设性作用，就要根据中国对外投资与本国、东道国利益的布局和分配，建立多维的规则体系，也就是说，不同发展程度国家之间应该允许有不同的规则体系，以融合、包容、多元化作为中国参与、调整国际经济规则的理念，参与国际规则的博弈。

首先，对于美欧等发达国家和地区，要适时调整我国相关制度，与西方国家坚持和新构建的资本主义市场经济规则接轨。

不可否认，西方国家仍主导国际经济规则制定，按照霸权稳定论的观点，国际规则是由霸权国主导制定的，当然在复杂的国际经济规则实际制定过程中，不同实力的国家会通过不同方式影响国际经济规则的制定。决定一国在国际规则制定过程中影响力的因素主要有以下几点：第一，市场规模，也就是一国能够从其他国家进口货物、服务等的市场规模；第二，贸易政策的自由度或市场开放程度；第三，国际竞争力；第四，国际经济协调能力；第五，参与区域经济合作的程度；第六，政治与军事霸权。① 从上述因素来看，拥有巨大进口能力并开放市场的，深度融入全球或区域经济一体化的国家无疑在国家规则上有更多的话语权。从国际规则的形成机制来看，在以国际组织为依托建立的国际货币秩序——布雷顿森林体系和早期的GATT/WTO多边贸易体制中，美国都主导了规则的制定过程，但是由于多哈回合之后一揽子谈判规则使得小国话语权上升，美国

① 李向阳:《国际经济规则的形成机制》,《世界经济与政治》2006年第9期。

开始质疑并意图逐步放弃 WTO 多边体制。因此，美国转而谋求在双边机制中，利用自己的市场规模、国际竞争力、政治军事霸权获取最大的话语权，以使得国际规则按照美国的意图书写。

目前我国对外投资合作的产业特征主要体现在高科技、与消费相关和媒体及娱乐行业吸引了大量资金。越来越多的企业开始将对外投资的行业重心从自然资源领域转向具有高附加值的高科技行业与消费品行业领域（如通信业、传媒业、电子信息产业等），并逐步布局投资收购海外企业的技术、商标、品牌与分销（渠道）网络，开始走上对海外战略性资产的并购之路，但是高附加值的高科技产业领域集中在西方国家，在政府扶持的产业政策下对外投资近年来遭遇越来越多的阻力，而且对中国模式的资本输出已经开始逐步形成不利的规则体系。

面对这一困境，必须转换思路，考虑如何化解来自以美国为首的西方国家构建不利于中国经济体制的规则压力。其一，中国市场经济体制改革仍在进行，与西方主导的市场经济规则并不存在全面的冲突和对立；其二，中国政府主导的社会主义市场经济模式使得中国工业体系逐步完善并构成对西方发达国家高科技产业的追赶和挑战，才带来西方国家对中国模式的质疑。所谓中国模式并非固化的模式，中国正在处于结构转型的关键时期，中国要走向可持续发展道路最终需要建立在创新型经济基础之上，而这又需要有完善的法制和知识产权保护、更开放的市场经济规则，因此中国除了战略性产业由国家主导扶持之外，大部分产业将通过深化改革最终经过市场机制进行调整，因此中国要在新时代国际经贸新规则对中国形成压力的背景下，转换思维，将之视为倒逼国内改革的时期，与符合中国经济发展阶段的规则进行接轨。

其次，对“一带一路”沿线国家，要分析中国在沿线国家投资利益的不同，主动构建多元、务实规则体系。

“一带一路”许多基础设施投资是基于中国政府主导模式的投资，“一带一路”倡议提出以来，许多重大基建合作项目得以圆满完成，据统计，2017 年 65 家中国有企业业国际营业额接近千亿美元，中国工程企业已经成为国际基建市场的一支重要力量，截至 2017 年年底，中国对外承包工程业务累计签订合同额 2.09 万亿美元，七成已经完成，2017 年 65 家中国国有企业国际营业额达 987.2 亿美元，占全球最大 250 家国际承包商总国际营业额的二成还多，2013—2017 年，中国国有企业在“一带一路”沿线国家新签对外承包合同总额累计 3629.9 亿美元，完成营业额累计 2307.6 亿美元，分别占同期总额的 50.5%和 47.9%。[①] 我国与“一带一路”沿线各国的经济交往将向更深方向发展。“一带一路”沿线国家都是处于发展阶段的中低收入国家，中国在与这些国家推进交往的同时互通有无，共利互赢，双方对彼此的经济体制、政治制度都予以尊重和理解，在互信基础上继续进行基础设施建设并带动经贸合作全面开展。因此在大型基础设施建设方面，中国政府主导投资的特色并没有危及所在国经济利益，是双方充分协商的投资方式，有些巨额投资具有援助开发性质，中国还承担了巨大的风险。因此对这些国家的投资规则应该根据中国对“一带一路”沿线国家战略轻重决定采取不同博弈策略，可以不同国家实行不同的合同条件，以务实的合同构成合作持续的保障。

① 央广网：《第九届国际基础设施投资与建设高峰论坛在澳门召开》，http://www.sohu.com/a/234397944_362042，2018 年 6 月 8 日。

第二章 TPP 国有企业规则核心条款及后续发展

本章将对 TPP 第 17 章核心条款的内容进行分析，并对美墨加协定（USMCA）和欧盟—越南协定的国有企业条款新内容进行分析，提出美国等发达国家对外签订的 FTA 中含有国有企业规则将成为常态。TPP 国有企业规则并非对 OECD 文件的“竞争中立原则”内容复制，OECD 国家实践表明，认可竞争中立原则与全面实施竞争中立原则之间有较大差异。

第一节 TPP 国有企业规则的体系、概念界定与适用

TPP 国有企业规则是迄今为止第一次在影响较大的区域性多边自由贸易协定中专门针对国有企业的约束性规则。目前 TPP 因美国宣布退出未能发挥新一代国际经贸投资规则的巨大冲击力和影响力，但是 TPP 国有企业规则的影响力不容忽视，美国退出后 TPP 其余 11 个成员国在 2018 年 3 月正式签署了“全面且先进的跨太平洋伙伴关系协定”（“Comprehensive and Progressive Agreement for Trans-Pacific Partnership”，CPTPP），决定除了暂停适用 TPP 附件中的一些条款之外，将 2016 年 2 月 4 日签署的规则整体并入 CPTPP，附件暂停适用条款不包括 TPP 第 17 章。可以说，超过 95%的 TPP 协定内容得以原样保留，而 TPP 国有企业规则完全为 CPTPP 所承袭。[①] 2018 年 10 月 31 日，新西兰贸易和出口增长部长戴维·帕克（David Parker）召开记者会宣布，已接到澳大利亚政府的通知，

---

① CPTPP 第 1 条合并 TPP 协议条款：双方同意，根据本协议条款，纳入 2016 年 2 月 4 日在奥克兰签署的《跨太平洋伙伴关系协定》(以下简称“TPP”）的条款，除第 30.4 条（加入）、第 30.5 条（生效）、第 30.6 条（退出）和第 30.8 条（正式案文）外。见 CPTPP Article 1：Incorporation of the Trans-Pacific Partnership Agreement。

澳方已经完成了国内审批程序，成为继加拿大、日本、墨西哥、新西兰、新加坡批准之后的第六个国家，因 CPTPP 生效需要 6 个以上（含 6 个）成员国完成国内审批，澳大利亚的批准宣告于 2018 年 12 月 30 日正式生效。在规则标准上，CPTPP 仍是全球迄今为止标准规格最高的一项自由贸易协定，研究的意义自不待言。CPTPP 第 17 章的概念界定、适用范围、核心规则、例外等条款，几乎原文保留了 TPP 第 17 章的内容，分析解构 CPTPP 国有企业规则自然仍对我们把握国际投资规则的动态具有前瞻性的引导作用。

基于 CPTPP 国有企业内容完全承袭 TPP 的内容，仅仅因美国退出在相关涉及美国的程序性规则上作了微调，而本书是基于美国推动 TPP 规则重构国际经贸投资规则，并以 TPP 形成对中国规则压力的背景下构建框架结构的，而且还基于美国仍然具有的对国际经济秩序巨大的影响力，美国在其他领域推动类似 TPP 国有企业规则的行动仍将对中国产生深远影响，因此在后文论述中，仍以“TPP 国有企业规则”进行解析分析。

一 TPP 国有企业规则的体系

（一）TPP 国有企业规则从竞争政策中独立出来，是竞争中立原则影响力扩大的体现

TPP 是迄今为止包含议题最多、篇幅最长的自由贸易协定，包括 30 章正文、众多附件，成了规则最为复杂的自由贸易协定，主要包括货物贸易、服务贸易、投资、竞争政策、劳工、环境、合作与能力建设等。TPP 国有企业规则是第 17 章，标题为“国有企业和指定垄断企业”，与第 16 章“竞争政策”衔接。TPP 国有企业规则独立成章，是对美、欧传统 FTA 将国有企业纪律涵盖在竞争政策里面的体系安排的突破。

在美国、欧盟以往订立的 FTA 中，国有企业通常只被简单地提及，是与垄断企业、具有特殊或专有权的私营企业一起在竞争政策中受到管制。例如，美国—秘鲁 FTA 第 13 章标题为“竞争政策、授权垄断和国有企业”，其中关于国有企业的规定也仅仅只有短短的 1 条，内容是要求成员国确保国有企业不构成贸易和投资的障碍，国有企业在进行某些行政管理、政府授权的权威行为（征收、授予许可证、许可商业交易、实行配

额等）时应以不违反成员国条约义务的方式行事，在出售货物和服务时对其他成员国有企业应遵循不歧视原则。相较之下，该章对指定垄断的规定要详细一些，要求指定垄断不构成贸易和投资的障碍，在进行政府授权的垄断行为（如授予进口或出口的权力、许可商业交易、实行配额等）时应以不违反成员国条约义务的方式行事，在出售货物和服务时应对成员国企业遵循不歧视原则，这些规定其实是与约束国有企业的纪律相同的，授权垄断企业除了遵循上述与国有企业相同的纪律之外，在相关市场购买、出售垄断货物或服务时应完全基于商业考虑，不得利用其垄断地位，在一个非垄断市场直接或间接从事反竞争的行为，包括不得与母公司、下属公司或者与其他共同拥有股权的公司进行反竞争行为的交易。① 美国—智利 FTA 第 16 章的标题与美国—秘鲁 FTA 第 13 章标题相同，条款内容几乎完全相同。

2015 年生效的欧盟—韩国 FTA 第 11 章“竞争”也涉及公共企业、委托特别权利和专用权企业，国家垄断的纪律，但是欧盟—韩国 FTA 第 11 章主要是管制反竞争行为，涉及的内容也仅限于国有企业等不得从事反竞争行为。

总之，在美国、欧盟传统的 FTA 中，国有企业规则与指定垄断一道合并在竞争政策章节里，管制国有企业和指定垄断的目的主要是限制它们滥用市场优势地位从事反竞争行为，或者在出售、购买货物和服务时偏袒本国的提供者。这并不奇怪，美国、欧盟本身是实行充分市场经济的国家和地区，它们的国有企业一般限定于特定公益性行业，国有企业不是参与市场竞争的主要力量，而与美欧缔结 FTA 的秘鲁、智利等也不是公有制国家，国有企业不是它们 FTA 要重点管制的对象，因此，上述 FTA 将国有企业与某些垄断企业纳入竞争政策章节顺理成章。而且在一些发达国家国内立法中，如澳大利亚也是在国内竞争法体系纳入竞争中立原则，确保私营企业和国有企业处于公平竞争的环境，政府不得利用其立法或财政权力扭曲资源配置，使国有企业比私营企业获得竞争优势。

但是，当美国等与国有企业占经济总量比较大的国家签订 FTA 时，国有企业的内容在竞争章节中的比例大大提高，如美国—新加坡 FTA 第

---

① The United States-Peru Trade Promotion Agreement, Article 13.6: State Enterprises.

12 章标题就已经把指定垄断和政府企业（在美国-新加坡 FTA 中，政府企业就是国有企业）与反竞争的商业行为并列了，突出了对指定垄断和政府企业规则的重要性。从内容上看，美国—新加坡 FTA 第 12 章大大强化了对新加坡国有企业的纪律，在不歧视待遇、对国有企业的股权减少预期要求、国有企业透明度方面要求都十分详细。新加坡应确保政府企业在购买、出售货物或服务时基于商业考虑，对美国投资者的商品、服务提供不歧视的待遇；不管是直接的还是间接的，包括通过与其母公司、子公司或其他拥有共同所有权的企业从事反竞争协议行为，新加坡不应直接或间接地采取任何行动或尝试对其政府企业施加影响或直接决定，新加坡应根据新加坡法律以实质上大幅减少国有企业的所有权为目标，该章对新加坡国有企业提出了很高的透明度要求。

（二）TPP 第 17 章的架构

TPP 第 17 章标题为“国有企业和指定垄断”，共计 15 款，6 个附件；内容包括定义、适用范围、国有企业实质性规则、技术合作及信息交流程序性规则、例外等内容。CPTPP 第 17 章的架构完全没有任何变动。

在国有企业规则中，定义条款（第 17.1 条）、适用范围（第 17.2 条）、例外（第 17.13 条）三个条款决定了国有企业规则约束对象和约束范围，非歧视待遇和商业考虑（第 17.4 条）、非商业援助（第 17.6 条）、不利影响（第 17.7 条）、损害（第 17.8 条）、透明度（第 17.10 条）是国有企业规则中体现竞争中立原则的核心条款，法院和行政机构（第 17.5 条）对核心条款得到履行提供司法和行政管辖权，技术合作（第 17.11 条）、国有企业和指定委员会（第 17.12 条）、信息形成过程（第 17.15 条）则是一些推动第 17 章实施的程序性规定。定义条款、适用条款、核心条款是 TPP 第 17 章需要重点研究的内容。

二　TPP 第 17 章对国有企业的界定

由于 TPP 是首次全方位对国有企业问题进行管制，界定受 TPP 管制的国有企业的范围自然十分重要。通过综合解读 TPP 第 17 章第 1 条的定义和第 2 条范围、例外规定等相关条款，可以认为，国家占有绝对控股权的中央企业及获得政府授权垄断的企业是 TPP 国有企业规则的主要管制对象。

(一) 强调政府拥有绝对多数股权或对董事会的控制权

TPP 对国有企业的界定是采用多数股权和国家掌握重要控制权标准，这个定义认定国有企业是指政府持有企业 50%以上股权或者通过所有者权益控制 50%以上投票权，或者拥有任命大多数董事会或其他同等管理机构成员的权利。从上述定义来看，国家或政府机构如果采取协议控制或者仅以多数股权而非绝对控股权实现控制的企业不包含在 TPP 国有企业章节约束的范围之内。

这个定义强调政府的控制权是通过绝对多数股权或者对董事会成员任命权实现的。强调政府对企业具有控制权是很多推行竞争中立原则的国家立法、条约实践或国际组织报告在界定国有企业时所共同采取的标准，不同国家做法存在差异的地方在于“应该达到什么程度才能认为政府控制了该企业”。

例如，澳大利亚《联邦机构及联邦公司法》对“控制”的阐释就是从股权和董事会任命权两方面进行的。根据 1997 年《联邦机构及联邦公司法》，澳大利亚联邦企业（国有企业）包括：联邦机构（公共企业）、联邦公司与联邦独资公司（政府投资控制的公司）。“联邦机构”类似于公益企业，是根据联邦法律基于公共目的具有独立地位的法人团体。联邦公司与联邦独资公司，作为政府控制的公司，受到《公司法》规制，联邦独资公司的所有权完全为联邦政府独有，而联邦公司的股权则是政府享有绝对股权和对董事会的控制权，绝对控股权强调政府拥有超过 50%的投票权或股份，对董事会的控制权强调对多数的董事会成员的任命权。如图 2-1 所示。

《联邦机构及联邦公司法》对“控制”的阐释如下。

OECD 在使用“国有企业”一词时，指的是“国家通过完全多数或少数股权拥有重大控制权”，可见 OECD 判定国有企业的主要标准依旧是所有权与控制权，在 OECD 发布的《OECD 国有企业公司治理指南》中，国有企业是指国家拥有重要控制权的企业，这种控制权是通过拥有全部、多数所有权，或者政府的所有权比例为少数但是该比例很重要来实现的（虽然国家所有的股权比例为少数但能够控制该国有企业）。[①]在 OECD 另

① OECD, *OECD Guidelines on Corporate Governance of State-Owned Enterprises*, 2015, p. 14.

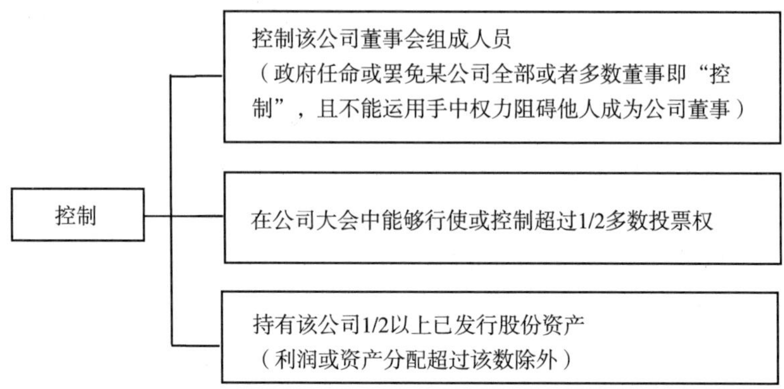

图 2-1　澳大利亚框架下“控制”释义

一份报告中提到界定国有企业可参照 2008 年联合国国民账户体系的指标，如图 2-2 所示。①

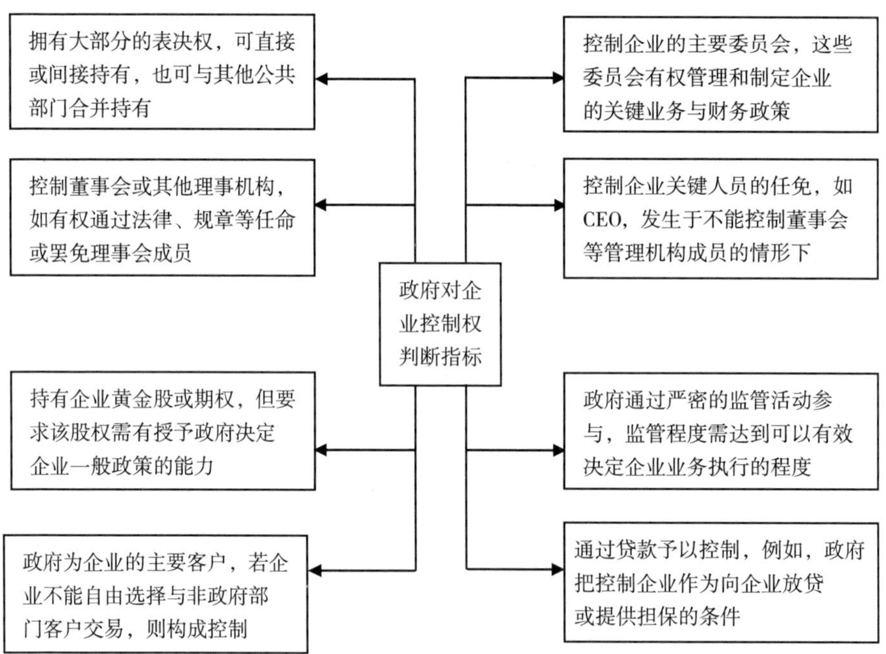

图 2-2　2008 年联合国国民账户体系中界定政府控制权的考虑因素

在 OECD 报告中，界定政府控制权的因素不仅仅是绝对多数股权和董

① UN/OECD, System of National Accounts 2008, United Nations, 2009, pp. 71-72.

事会等高级企业管理人员的任命权，还包括政府通过监管活动、贷款、与企业控制性交易等行为。OECD 报告仅仅是在列举众多国有企业界定的情况下提及了联合国国民账户体系中的政府对企业实现控制权的情形，不代表 OECD 主张并推广这种对国有企业界定方式的扩张，但是它揭示了在不同国家，基于政治经济制度等差异，对国有企业实现控制的方式可以是多样化的。可能由于这种控制方式过于复杂甚至隐蔽，在界定时会存在很多困难，因此连澳大利亚等国家也不主张采用这种定义方式。

美国—新加坡 FTA 就针对新加坡国有企业中政府控制权问题作出了极其详尽的规定，可以作为国有企业界定的另一个样本。美国—新加坡 FTA 为国有企业设置了单独的章节，该 FTA 第 12 章“反竞争商业行为、指定垄断和政府企业”对“政府企业”的行为作出了具体规定。第 12.8 条将“政府企业”定义为：（1）在美国是指由政府拥有或通过所有权权益控制的企业；（2）对于新加坡来说，政府企业是政府具有决定性影响的企业。美国—新加坡 FTA 中对美国和新加坡的国有企业分别界定，美国的国有企业定义方式并无特殊之处，但是对新加坡的国有企业定义则蕴含更灵活的因素，即政府对一企业即使没有通过所有权进行控制，但是有决定性影响即可，可见“决定性影响”是针对新加坡国有企业的一个重要判断标准。该协定第 12 章附录 12A 用结构图的形式详尽地勾勒出了政府部门不同比例持股情况下“决定性影响”的认定，十分详尽，概括如图 2-3 所示。[①]

从图 2-3 中可发现美国—新加坡 FTA 将“决定性影响”主体扩大为政府及政府企业，这样国有企业的控制者不仅有政府，还可以是一家或多家国有企业，即国有企业的子公司也可以被认定为国有企业。

由于上市公司存在股权分散或者股东结构复杂等情况，该 FTA 还构建了一套控股公司控股权比例架构图，界定在股权复杂、多重控制下国有企业国家控制的股权比例认定标准。对美国而言，并未强调政府企业拥有所有权的企业是否也应该界定为政府企业，但是对新加坡而言则把政府或政府企业合并控制超过 20%股权的企业均认定为国有企业（前提是政府或政府企业合并的股权在它们持股的企业中属于控制权地位）。具体情况

① The United States-Singapore Free Trade Agreement, Article 12.8, 5.

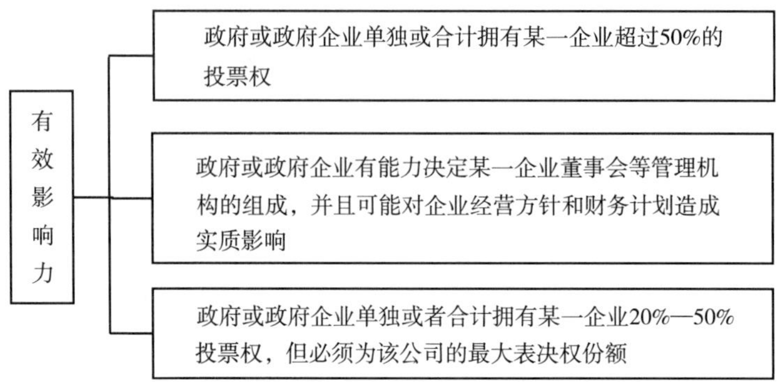

图 2-3　美国—新加坡 FTA 框架下“有效影响力”释义

就是：（1）政府对一控股公司拥有 100%股权，该控股公司持有另一公司 51%的股份（绝对控股权），或者持有一公司 20%以上的股份（是该公司最大股东），这些受到控制的公司都应该被认定为国有企业。（2）当两个国有企业合并对某一企业持股超 20%时，如果构成最大股东，则该被合并持股的企业同样可以被认定为国有企业，不构成最大股东时（两个国有企业合并持股达到 33%，但是持有 67%的股东不是国有企业），那么即使两个国有企业合并持股比例超过 20%，被持股企业也不能被认定为国有企业。（3）如果两个国有企业合并持股未达到 20%，该被合并持股企业不能认定为国有企业。可见在美国—新加坡 FTA 中，把对新加坡国有企业中 20%股权作为界定国有企业的临界值。

但是，美国—新加坡 FTA 对国家拥有 20%股权即认定该企业为国有企业的认定比例显然过低，如果这种界定方式扩大普及，受到竞争中立原则约束的企业将大大增加。TPP 成员国中如越南、马来西亚、新加坡等国有企业较多，它们自然无法接受对国有企业宽泛的界定；再说这套股权认定标准在现代公司日益复杂化的股权设置情况下，在实践中操作起来并非易事，而国有企业规则的主要政策目标是防范中央政府所有的大型国有企业获得不公平竞争优势，这些中央政府企业的股权结构一般比较清晰，而那些国有股权被稀释或者国家通过各种复杂股权结构控制的国有企业，在政策法规透明度原则约束下要通过获得国有企业的优惠补贴、特殊支持从而具有不公平竞争优势并非易事，对股权复杂不易认定为国家控制权的企业，TPP 成员国大可采用反补贴法甚至国家安全审查制度来加以管控。

因此，TPP 国有企业定义吸收了 OECD 指南的内容，采用的是 50%

以上绝对控股权比例标准，还补充了控制董事会任命权标准，相较之下，TPP 的定义较为精准地把握了国有企业的内涵，董事会作为现代企业的最高权力机构，有权任命董事会大多数成员意味着对该企业的绝对控制力，比其他以合同或者合同以外潜在的方式控制该企业要容易，更易于判断该企业的国家属性，也有利于国有企业规则的日后执行。

（二）强调国有企业的商业性

许多国家国有企业负有实现所在国的产业政策、公益事业等公共政策目标的任务，还负责提供一些不能完全市场化的产品和服务，因此它们生产产品及提供服务价格并不是完全依据市场经济规律进行，这也是这些国有企业能够享受国家金融、税收、垄断授权、信息优惠等多方面支持和补贴的重要原因。因此，应准确界定不同国有企业的功能，对其进行分类管制，以判断其是否应该遵守竞争中立原则。一种常见的分类是将国有企业分为公益性国有企业和非公益性或竞争性的国有企业，按照这种分类，公益性国有企业是指为了弥补市场失灵，提供公共产品、帮助政府完成一定特殊职能的企业，显然应该得到政府的支持。但是，公益性是一个很模糊的概念，从不同角度可以有不同界定，许多公益性国有企业的某些经营活动明显具有经济利益驱动，例如，某些养老机构也要收取费用实现盈利，所以 OECD 国家就以经营活动是否具有商业性作为判断国有企业和政府活动是否应遵守竞争中立原则的标准，而不考虑它们的法律形式或者利润目标。

但是，对什么是政府商业活动，以及判断标准，无论是 OECD 文件还是各国的司法实践，都尚无统一标准。OECD 国家的政府商业活动形式和组织形式差异很大，差异在于政府参与经营的程度和该行为的种类，从气象服务到安全服务，甚至博物馆的礼品店都有可能被视为政府商业性活动。

澳大利亚在确定对政府商业活动实施竞争中立原则时首先要考虑该实体是否从事了商业活动，判断商业活动的标准是：（1）该活动因服务而收费；（2）有实际或潜在的竞争者；（3）经营者在确定产品、服务的生产、供应、价格方面有一定独立性。[①] 至于“非商业活动”，《澳大利亚联

---

① OECD, *Competitive Neutrality: Maintaining a Level Playing Field Between Public and Private Business*, 2012, p. 16.

邦竞争中立政策声明》(下文简称《声明》)中并未正面列举，根据澳大利亚—韩国 FTA 第 14 章规定“竞争中立不适用于国有企业的非商业、非营利活动，不得妨碍分配给国有企业的特定公共任务的执行”，可以推断非商业活动是国有企业为了履行公共职能而执行的活动。澳大利亚—美国 FTA 也有非商业活动不适用竞争中立原则的内容，澳大利亚—美国 FTA 第 14 章第 4 条就规定：“上述义务（特指竞争中立所要求的非歧视、不从事非竞争行为的义务）不影响澳大利亚现有的农业单一出口安排。”[①] 澳大利亚小麦局就是典型的获得政府授权的垄断企业，不过澳大利亚的标准并没有成为普遍接受的标准，但是财务账户、经营独立性活动的营利性质等都具有借鉴意义。

为了避免政府为达到其他更广泛的政策目的而给予国有企业以不公平竞争优势，欧盟 2011 年 11 月发布了国有企业援助规则，通过界定公共利益行为，以区分商业活动和非商业活动：欧盟委员会认为一项被认为是公益的服务必须考虑公民和整个社会的利益。委员会确定不能构成经济(商业性）行为的是：军队或警察；空中航线安全和管理；沿海交通安全和管理；反污染监管；监禁刑罚的组织、融资和执行。下列领域为非商业行为，但根据其组织的结构也可能被认为具有商业性：社会安全计划；健康计划；国民教育体系中的公共教育组织；限于当地人参与的文化事业。[②]

有鉴于在界定公益活动和商业性活动时存在的种种分歧，OECD 文件认为，纠结于区分何以构成“政府商业活动”这一含混不清的概念、形式，会给政策制定者试图划分竞争中立原则适用的界限领域带来挑战。但是美国—新加坡 FTA 第 12. 8 条第 8 款将“根据商业考虑”解释为“按照商业上的考虑，是指符合私营企业在相关行业的正常经营行为”[③]。也就

---

① Australia-United States Free Trade Agreement, Article 14.

② European Union (2011), *Communication from the Commission on the Application of the European Union State Aid Rules to Compensation Granted for the Provision of Services of General Economic Interest*, OJEU C 8 of 11. 1. 2012.

③ The United States - Singapore Free Trade Agreement, Article 12. 8 (8): in accordance with commercial considerations means consistent with normal business practices of privately - held enterprises in the relevant business or industry.

是说，政府企业在从事商业行为时必须同私营企业从事正常经营行为一样，在价格、质量、采购等方面不得享有任何优势。

基于区分国有企业公益性活动和商业性活动的具体标准存在歧义，TPP 第 17 章也没有提出公益型国有企业的概念，只是对“商业活动”进行界定。TPP 在第 1 条定义认为“商业活动”是指企业从事的以营利为目的的活动，该企业生产某种商品或者提供某种服务，并在有关市场上以企业决定的数量和价格出售给消费者。这个界定结合了营利标准和企业决策权标准，对公益型企业，TPP 国有企业规则采用排除法，把行使政府职能的行为，独立养老基金投资的企业所从事的养老、退休等公共事业排除在适用范围之外，这样相当于大大缩小了公益性企业范围，也在一定程度上避免成员国在何谓公益性企业问题上争论不休。

（三）重大性标准：国有企业规模和层级须达到“重大性”要求

在澳大利亚竞争中立框架中，适用竞争中立原则首要标准是国有企业从事了商业性活动，第二个标准是该商业活动具有重要性。也就是说只有被澳大利亚认为重要的政府商业性活动，才会受到竞争中立原则的监管，澳大利亚当局列举了下列实体所进行的交易活动被认为是重要的商业活动：（1）所有政府商业企业及其下属分支机构；（2）所有的联邦公司：它们由单独的立法授权和 1997 年联邦政府和公司法建立，这些公司董事要履行报告和受到审计；（3）事业单位：它们由政府的代理机构或部门通过行政安排设立，主要目的是在市场上交易货物和服务，以获取商业利润，这些单位的经营和账户结构都具有独立性；（4）年营业额超过 1000 万澳元的机构等。①

在美国—新加坡 FTA 中，对新加坡方适用的实体也要求该企业年收入或总资产超过 5000 万新元。“重大性”标准的设立是以便更好适用竞争中立原则，把不足以在市场利用政府优势地位进行不公平竞争的小型国有、政府企业排除在外。

TPP 国有企业规则也承袭了澳大利亚和美国—新加坡 FTA 中的做法，

---

① OECD, *Competitive Neutrality: Maintaining a Level Playing Field Between Public and Private Business*, OECD 2012, p. 16.

将不够规模和级别的小型国有企业排除在规则适用范围之外。适用对象的企业规模起点是年收入不低于 2 亿特别提款权。[1] 对文莱达鲁萨兰国、马来西亚和越南，但自本款生效之日起 5 年内，如果连续 3 个财政年，每年来源于企业商业活动的收入低于 5 亿特别提款权，则 TPP 的核心规则第 17.4 条（非歧视性待遇和商业考虑）和第 17.6 条（非商业援助）不适用。[2]

在一国的行政架构下，国有企业有中央（联邦）直属企业，也有各省、州及市一级的国有企业，这些不同层级政府所有的企业是否都应该受到国有企业规则的约束呢？澳大利亚重大性标准中将所有政府企业及其附属企业的商业活动均认定为具有重大性，在 OECD 一份文件中，国有企业被认为包括但不限于：（1）联邦、州或者市政府的代理机构；（2）联邦、州或者市政府的非法人企业；（3）联邦、州或者市政府拥有的公司。[3] 这意味着受竞争中立原则规制的国有企业是包括地方一级（至少到州、市一级）的国有企业。

但是在 TPP 谈判时，各国国有企业的规模和结构有所不同，澳大利亚在联邦及州一级有众多国有企业，因此澳大利亚很早就对联邦及州的国有企业一体适用竞争中立原则，而美国国有企业主要在州一级层面。新加坡的主权财富基金则是完全国家层面的投资基金，不过新加坡本身作为城市国家，不太可能还新建大型的地方层级的国有企业；越南作为转型国家，在能源（包括电力、煤炭及石油）、银行及电信业等重要经济部门大型国有企业（包括中央政府企业和地方企业）占据主导地位，所以国有企业规则无论适用于哪一层级都会给越南国有企业带来影响。因此，TPP 国有企业规则在附件 17-D 中，专门把次中央政府拥有或控制的国有企业，以及次中央政府指定的垄断按照各国最终的谈判所接受的情况区别对待，大部分的次中央国有企业等在一定条件下被排除适用 TPP 国有企业规则，这一规定反映出美国在谈判中施加的影响。

由于新加坡、马来西亚、越南等国的国有企业比重较大，这些国家在

---

① TPP：ANNEX 17-A. 1.

② TPP：Article 17. 13（5）Note 35.

③ OECD，*Competitive Neutrality：Maintaining a Level Playing Field Between Public and Private Business*，OECD 2012，p. 16.

TPP 谈判时就对美国的国有企业规则方案持谨慎态度。附件中越南的次级中央所有的国有企业几乎完全不适用国有企业规则，附件 17-E 则专门针对新加坡主权财富基金及其拥有和控制的企业作出例外规定，新加坡主权财富基金拥有或控制的国有企业虽然不受第 17.4 条第 1 款（非歧视待遇和商业考虑）和第 17.6 条第 2 款（非商业援助）的约束，但是该附件第 1 款规定了新加坡主权财富基金不能对这些企业的决策施加影响，以确保这些企业不受新加坡国家意志的影响。总之，从上述附件规则来看，次中央一级国有企业、新加坡主权财富基金拥有控制的企业，在一定范围内不遵守竞争中立原则，这个一方面反映出这是成员国经过激烈讨价还价谈判后能够接受的妥协成果，另一方面也说明次一级中央政府所有的国有企业垄断程度还不够强，对国际贸易投资领域还不具有足够威胁市场经济秩序的影响力，所以 TPP 国有企业规则针对的是中央层面的国有企业，更凸显了 TPP 在战略层面主要是防范和打击在国际市场上风头正健的中国中央企业。

（四）获得政府授权的垄断企业

国有企业规则适用的主体不仅仅是各缔约国的国有企业，还包括获得政府授权的私营垄断者和其他政府垄断者。国有企业规则的目标是确立公平的竞争环境，因此将获得政府授权的私营垄断者和其他政府垄断者纳入第 17 章是应有之义。从国际规则对国有企业管制的进程来看，只要获得政府授权的垄断企业，都要受到反竞争规则的约束。例如 1994 年关贸总协定（GATT1994）第 17 条对“国营贸易企业”的定义为“一个国营企业，不论在何处，以及任何正式或实际上被给予特权或特权的企业，包括营销局和进口垄断”。《关于解释第 17 条的谅解》中的“工作定义”比第 17 条本身的法律定义更为狭窄，规定了两项要求：被授予排他的或特殊的权利或特权；他们通过购买或销售来影响进口或出口的水平或方向。《服务贸易总协定》第 8 条的范围比《关贸总协定》的规定狭窄，因为它只适用于垄断供应商和排他性服务供应商，第 28 条（h）款阐述了“垄断供应商”的概念，指出服务供应商需要“由该成员作为该服务的唯一供应商正式或有效地授权或设立”，因此需要政府的直接参与。“专属服务供应商”的概念为成员授权或设立少数服务提供者的情况下的少数提供者之一，无论是正式的还是有效的，而且该成员实质上阻止了这些供应商之间的竞争。[①] 可见，在早期竞争中立原则还未普遍接受的时候，关贸总协定和 WTO 的协议涉及对政府垄断行为的管制时，并不仅局限于政府所有或控制的企业，而在于该垄断行为是否来自政府授权。后来，OECD 的 2012 年报告对竞争中立原则适用的范围开始扩大至受优惠的私营企业，政府指定垄断企业成为竞争中立管制的对象。所以，TPP 国有企业规则适用于指定垄断企业和授权垄断，不过是吸收了自关贸总协定以来的规定和 OECD 文件成果而已。

三 TPP 国有企业规则的适用范围

（一）对 TPP 各成员国国有企业在区域内乃至区域外的活动均产生效力

国有企业议题的产生乃至推行，是美国、欧盟构建新的国际经济规则以遏制国家资本主义经济发展模式战略思维的体现。因为美国等无法干预其他国家采取什么样的经济体制，只能通过双边、区域性多边协议来确立竞争中立原则，首先在自由贸易区内部建立对国有企业规则的认同，从而逐步推广至更多的国家和地区，使得那些给予国有企业优势竞争地位、拒绝实施竞争中立原则的国家面临强大的压力。基于此，TPP 目标不会仅仅是在成员国区域内部推行国有企业规则，还会尽可能让其影响力推及区域外部。从这一角度出发，自然很容易理解第 17.2 条第 1 款及其脚注内容的规定。

第 17.2 条第 1 款正文规定了国有企业规则适用的范围，即成员国国有企业和指定垄断在区域内部对缔约方之间的贸易和投资产生影响的活动，这是国有企业规则适用的应有之义，具体可以分为两方面：第一，成员国国有企业和指定垄断在本国领域的活动，必须遵守国有企业规则，不得对其他缔约方的贸易和投资产生不利影响；第二，成员国国有企业和指定垄断在其他成员国领域的活动，也应该遵守国有企业规则。

① Panel Report, *China-Electronic Payment Services*, (DS413), Par. 7. 587.

第 17.2 条第 1 款还有一个脚注，[①] 把国有企业规则对各成员国国有企业和指定垄断的约束，扩大至这些企业在非缔约国的活动，这意味各成员国国有企业和指定垄断在 TPP 范围内进行贸易和投资活动，即在本国或其他缔约方从事对贸易和投资产生影响的活动，既不能造成其他缔约国市场的不利影响，也不得对非缔约国市场造成不利影响。脚注的规定意味着国有企业规则的效力扩及区域外非缔约国市场，这种内外一体适用的做法既体现了对非歧视待遇原则的遵守，也能够迫使得成员国严格遵守竞争中立原则。

但是，该脚注内容也存在一些问题，就是没有解决来自非缔约国国有企业不公平竞争的问题，由于缔约国的国有企业受到国有企业规则的约束，不能得到政府的各种非商业支持和援助，它们在某些领域可能就与受到非缔约国非商业援助的国有企业和垄断性企业处于不公平竞争地位，成员国如果没有特殊政策的扶持，很有可能无法与这些非缔约国的国有企业竞争，对这一问题，成员国只能通过国内的反补贴、竞争法等制度来加以防范了。

（二）国有企业规则不予适用的情形

第 17.2 条从第 2 款到第 11 款规定了该章不适用的领域和情形。

第一类不适用的情形为成员国的货币、信贷、汇率政策，以及金融监管机构对金融机构的监管。由于国有企业规则的目标是确保成员国的国有企业与其他企业在公平的市场经济条件下竞争，因此第 17 章重点是针对国有企业进行的商业行为，要求国有企业商业性行为在非歧视待遇和商业考虑基础上进行，并不得受到政府直接或间接的非商业援助扶持。缔约方的中央银行或货币主管机关开展监管、执行货币和相关信贷政策及汇率政策，金融监管机构对金融服务提供者行使监管是政府行使宏观经济调控管理职能，这种经济管理职能不受国有企业规则的约束和影响，也就是说，国有企业规则并不限制在某种特殊情况下缔约国可能实施对本国国有企业、指定垄断企业的优惠货币政策，在内外资金融服务企业中的监管措施存在差别。因为货币、金融乃一国经济主权中最为核心的部分，各国无论

① 第 17.2 条第 1 款脚注的内容是：本章也适用于一缔约方的国有企业对一非缔约方的市场造成第 17.7 条（不利影响）所规定的不利影响的活动。

经济发展程度及发展规模，无不坚持本国的货币主权、金融监管主权不受干涉，因此，第 17.2 条第 2 款、第 3 款首先规定该章的规则不妨碍成员国实施货币政策、金融监管职能。

第二类不适用的情形是第 17 章主权财富基金、独立养老基金等特殊性基金，这类基金资金来源于国家外汇储备或专门的养老资金账户，由政府或特定主体拥有、控制和管理，投资目的是通过资金的全球优化配置实现增值。本质上主权财富基金和独立养老基金作为机构投资者，具有国有或专门政府授权的特征，属于国有企业范畴，但是该类基金与传统国有企业存在显著差别，以至于国际货币基金组织通过的监管主权财富基金的“圣地亚哥原则”把传统意义上的国有企业业务排除在主权财富基金定义之外。有学者比较了主权财富基金等与国有企业的不同，首先，二者的形式和受到监管的法律不同，传统国有企业是从事商业活动的实体，受公司法调整，而主权财富基金和独立养老基金是一种资产组合，一般不寻求对某个企业获得控制权，受特别法调整；其次，资金来源不同，主权财富基金来源于中央政府的外汇储备和出口收入，独立养老基金未支付退休收入而通过发行基金股份或受益凭证等筹集，或者是政府设立的专门养老资金账户上历年职工缴纳养老金累积而来，而传统国有企业则是由中央或地方政府通过财政资金、发债等方式设立；最后，宗旨不同，主权财富基金宗旨是为了更宽广的国家目标，例如，保护国内经济免受国际商品市场价格波动影响，养老基金对外也是长期性战略性投资，保值增值为主要目标，普通国有企业、指定授权企业从事的商业性活动，以营利为目的。[①] 基于主权财富基金、独立养老基金的特殊性，第 17.5 条和第 17.6 条规定该章内容不适用于主权财富基金、养老基金，但同时强调二者均不得作为对国有企业进行非商业援助的工具。

第三类不适用的情形是政府采购、政府行为（主权行为、非商业行为）。政府采购是行政机构或行使公共职能的单位基于公共管理职能或为实现社会公共政策目标，适用特殊的专门程序以公开招标、公平竞争与供货商订立合同，为政府部门或公共职能单位购买货物、工程、劳务的行为。虽然理论上有观点将政府采购视为普通的民事行为，但是政府采购在

① 缪因知：《国有企业视野下的主权财富基金法律规制》，《经济法研究》2014 年第 2 期。

资金来源、采购程序、采购的公共政策目标等方面的公共管理属性，使得大多数学者认为政府采购是一种政府行政行为，或者具有民事行为和行政行为的双重属性。[①] 总之，政府采购不同于普通民事行为，政府采购已成为各国政府通常使用的一种宏观调控手段，许多国家为了扶持本国产业、产品，往往会优先采购本国货物、服务。WTO《政府采购协议》希望缔约方开放政府采购市场，推动在政府采购领域的国际化、自由化，《政府采购协议》实行公平竞争、不歧视待遇，要求国有企业在采购过程中实行内外市场无差别待遇，与国有企业规则所要求的非歧视待遇内容是一致的，但是该协议并不是一个对所有 WTO 成员国发生效力的普遍性协议，而是仅对加入国生效的复边协议，至今有 42 个缔约方，一些发展中国家，如越南等并未加入《政府采购协议》，这说明政府采购领域的开放尚未成为普遍性规则。因此，这些国家的政府采购、政府行为不可避免地会存在保护本国企业的行为，自然不能将之纳入国有企业规则的适用范围。

（三）国有企业规则对未达标级别和规模国有企业的排除适用

在 OECD 关于竞争中立原则报告中，竞争中立原则不仅应该适用于国家中央政府层面的国有企业，也应该适用于地方政府这样的公共实体。因为地方政府也越来越参与重要的经济活动，地方政府设立的国有企业经常在关键行业如儿童保育、教育、卫生保健、住房和交通等领域与私营部门竞争。[②]

OECD 适用竞争中立原则的国内立法实践表明，竞争中立原则对国有企业是有适用范围的条件性规定的，例如，澳大利亚在确定对国有企业（包括地区层级的国有企业）是否实施竞争中立原则有两个标准：一是该实体是否从事了商业活动，二是该商业活动是否具有“重要性”。被认为符合“重要性”的企业包括所有的政府商业企业及其下属公司，所有的联邦公司，所有的以营利为目标的事业单位，上述企业之外从事商业活动年营业额超过 1000 万澳元的指定机构。综上所述，澳大利亚竞争中立原

---

① 胡伟:《政府采购的性质：一种经济法上的认识》，《高等函授学报》2008 年第 8 期。

② Capobianco, A. and H. Christiansen, *Competitive Neutrality and State-Owned Enterprises-Challenges and Policy Options*, OECD Corporate Governance Working Papers, No. 1, 2011, p. 12.

则的适用范围包括中央、地方层级的国有企业，对企业营业额有一个标准，是因为那些规模不够的企业对竞争和市场不会带来扭曲，所以小规模指定机构即使从事商业活动，也能够被排除在竞争中立原则适用范围之外。

在美国州和地方政府企业往往不受美国反垄断法的约束，所以美国—澳大利亚 FTA 专门针对美国的州和地方政府企业作了规定，要求美国有义务确保州和地方政府企业的反竞争活动被排除在美国国家反垄断法的范围之外。① 因为美国的国有企业主要集中在州政府层面，而只有少数联邦国有企业，但是在 TPP 谈判中，美国却希望国有企业条款仅限于规制中央政府一级的国有企业，美国以国有企业规则限制其他国家国有企业的意图和针对性在这里暴露无遗。最终 TPP 附件 17-D 对次中央国有企业和指定垄断的适用规定中，允许各成员国将国有企业核心规则，即非歧视待遇和商业考虑、非商业援助、透明度等不适用地区和地方层级的国有企业。

TPP2016 年文本显然实现了美国利益的最大化，由于新加坡、马来西亚等国家的大型国有企业，如新加坡的主权财富基金、马来西亚国民投资公司等都属于中央政府所有，不得不通过附件形式对这些企业的某些活动予以排除，这种做法是不利于这些成员国的，例如，越南就没有获得中央企业的豁免，而新加坡、马来西亚的上述大型国有企业被豁免 TPP 规则的范围是有限的，附件里面还规定了它们的国有企业必须接受非商业援助规则的情形。

国有企业规则也同样只适用大型国有企业和指定垄断企业，第 17. 13 条第 5 款纳入了适用国有企业核心规则的企业规模标准，即非歧视待遇和商业考虑、非商业援助、透明度不适用于在前 3 个连续的财务年度中商业活动获得的年收入低于 2 亿特别提款权的国有企业或指定垄断。2 亿特别提款权是决定国有企业是否适用国有企业规则的门槛标准，在任何一个国家，这个门槛标准都不低，达到这一标准的企业足以对市场竞争产生某些影响。

现在 CPTPP 已经生效，对适用中可能出现的问题应予以高度关注：一是对商业性国有企业的判断，这个是迄今为止 OECD 文件中也认为各国

---

① States Free Trade Agreement-Guide to the Agreement, Article 14. 4.

实践差异大难以形成简单统一判断标准的部分；二是成员中的社会主义国家越南同意就适用范围严格遵守规则，并且将本国的国有企业在非缔约国的境外活动纳入规则范围；三是如果围绕第 17 章适用范围发生了争议，争端解决机制对第 17 章适用范围的解释。

第二节　TPP 国有企业规则解析

TPP 国有企业规则建立了三大纪律：非歧视待遇和商业考虑、非商业援助（反补贴）、透明度，其中最根本性的制度变革在于创造了非商业援助（反补贴）规则，迫使政府与国有企业之间在公开透明的信息披露下按照市场经济规则（基于商业考虑）运作，极力消除国有企业接受补贴带来的所谓"不公平竞争"。

一　非歧视待遇和商业考虑

（一）基本内涵

第 17.4 条非歧视和商业考虑一共有 3 款，第 1 款针对的是成员国国有企业，第 2 款针对的是指定垄断，第 3 款是对第 1 款、第 2 款（b）（c）项的说明。总之，该款的主要内容包括两点：一是要求国有企业和指定垄断在从事商业活动、购买销售货物时，基于商业考虑；二是国有企业和指定垄断在购买货物、服务，销售货物、服务时，应该遵守不歧视待遇原则，给予所有企业以同等待遇。

1. 商业考虑的判断问题

商业考虑要求借鉴了 WTO 对国营贸易企业购买销售货物的规定，GATT 第 17 条（a）项要求缔约国应保证其国营贸易企业有关进出口的购买或销售行为应符合非歧视待遇的一般原则；第 17 条（b）项则规定，（a）项应理解为要求国营企业，在购买或销售时在适当考虑本协议的其他条款后，应完全出于商业上的考虑（包括价格、质量、可用性、市场性、运输和其他条件）进行购买或出售，并按照商业上的惯例为其他缔约国企业参与购买或销售提供充分的竞争机会。对于如何判断国营贸易企业在购买或销售时是否符合了商业考虑，GATT 第 17 条本身并没有给出明确标准。而且如果国营贸易企业在购买或销售时，履行了商业考虑，是否就符合了（a）项的不歧视待遇要求，GATT 原文并没有任何解释。

之所以 GATT 及 WTO 文件对国营贸易企业的规定较为含混，是因为关贸总协定及 WTO 建立的基础是市场经济，参与市场行为的主体主要是私营企业，GATT/WTO 规则并不区分私营企业和国有企业，国营贸易企业条款涉及的是国家授予特权的企业，其目的是防止从事商业活动的国营贸易企业成为成员规避义务的工具或渠道，也就是说，在 GATT 第 17 条的语境里，并不含有对国有企业或私营企业的任何歧视或优惠，国有企业也无须受到特别限制。

GATT 第 17 条国营贸易企业是 GATT/WTO 里面比较冷门的问题，迄今只有 2004 年美国诉加拿大小麦局关于小麦出口和进口谷物处理措施案，里面专家组裁决涉及对商业考虑的判断。

作为国营贸易企业，加拿大小麦局（CWB）拥有出口加拿大西部小麦的独家购销权，并可以在加拿大谷物法案的授权下以“合理”价格销售小麦，加拿大政府并不直接干预 CWB 日常经营管理，CWB 将买卖的主要内容如价格、质量等进行保密，从未向公众透露以表明其是基于商业考虑进行销售活动的。[①] 同时，加拿大对于进口谷物的处理采取诸如国产和进口谷物分离要求、分配国有铁路车辆，CWB 更倾向于国产粮食，因此美国于 2002 年 12 月向 WTO 起诉加拿大，认为 CWB 没有基于商业考虑从事销售活动，美国提出，“商业考虑”要求是为了确保 STEs 不使用它们的特殊和排他特权使商业行为者处于不利地位，违反了 GATT 第 17 条第 1 款规定的非歧视待遇要求。

这个案件涉及对商业考虑的判断，以及商业考虑与非歧视待遇原则的关系问题。因此在加拿大答辩中，加拿大就认为根据 GATT 第 17 条，WTO 成员有权建立或者维持国营企业，并给予这些企业和其他企业专有权或特权。加拿大认为 GATT 第 17.1 条要求国营贸易企业在涉及进出口的购销活动中，应遵循该协定规定的私营贸易商进出口应遵守的非歧视待遇，国营贸易企业从事商业活动时出于商业考虑就符合了非歧视待遇的要

① 纪文华：《WTO 加拿大小麦案：如何管理国营贸易企业》，《国际商报》2004 年 12 月 27 日。

求，也就是说，非歧视待遇包含国营贸易企业按照商业考虑从事经营活动。

在专家组对该案的裁决中，涉及“商业考虑”的解释，“商业考虑”一词紧接其后包括价格、质量、可得性、适销性、运输和其他条件“购买或出售”。“包括”这个词清楚地表明，价格、质量等都被视为“商业考虑”。在专家组看来，要求 STEs 进行购买或销售基于商业上的考虑必须暗示它们应该寻求购买或出售的条款经济上对自己或其所有者、成员、受益人等有利。国营贸易企业并不是天生的“商业参与者”，因此“商业考虑”的要求是为了让 STEs 表现得像“商业演员”。专家组否认了美国的观点，认为这只是了防止 STEs 像“政治演员”（political actor）一样行事，它并不像美国所指出的那样，把非商业行为者等同于政治行为者，非商业考虑包括但不限于政治考虑，专家组也没有按照美国所声称的那样，将 GATT 第 17 条第 1 款（b）项解释为，只要 STE 不受“政治”考虑的驱使，它就可以自由地以它喜欢的任何方式行事。① 最终专家组在裁决中认为，没有证据显示 CWB 出于非商业性原因而对不同的市场有所歧视。② 2004 年 6 月 1 日，美国不服专家组裁决上诉，2004 年 8 月 30 日，上诉机构的报告分发给各成员。上诉机构维持了专家组的结论，即美国没有证明 CWB 出口制度与 1994 年关贸总协定第 17 条第 1 款不一致。上诉机构认为尽管国营贸易企业必须按照“商业”的考虑行事，这并不等于完全禁止国营贸易企业，即使使用它们的特权可能会使得私营企业处于不利地位。

综上，在复杂的专家组分析报告中，专家组只是澄清了商业考虑是对价格、质量、可用性的评估，而且国营贸易企业有某种特殊授权的地位不意味其在销售购买行为时不进行商业考虑。如此的结果并不意外，本来商业考虑是个事实判断问题，除非明显地将竞争对手处于极其不利地位的行为，否则很难认定一个企业的行为没有基于商业考虑。在第 17.1 条（a）项与（b）项的关系这个重要问题上，也就是商业考虑与非歧视待遇原则的关系，国营贸易企业按照商业考虑行事是否就符合了非歧视待遇原

① WTO, *Canada - Measures Relating to Exports of Wheat and Treatment of Imported Grain*, DS276, WT/DS276/AB/R, Paras. 145-151.

② WTO, *Canada - Measures Relating to Exports of Wheat and Treatment of Imported Grain*, DS276, WT/DS276/AB/R, Paras. 214（a）（v）.

则，该案专家组、上诉机构都未作出分析和裁定。

这个问题在 TPP 文本中仍然没有解决，TPP 文本没有对“商业考虑”进行界定和解释。不过 TPP 第 1 条国有企业定义中，将受 TPP 国有企业规则约束的国有企业定义为“主要从事商业活动”，即潜在预设了将国有企业分为商业性国有企业和非商业性国有企业的分类管理模式，对那些基于公共利益、承担社会公共职能的国有企业，自然在行事时基于“非商业考虑”，而以营利为目的的国有企业应该在购销时基于商业考虑。

由于社会、文化的发展本身和商业有千丝万缕的关系，公益活动很难与商业活动完全隔离开来，加上国有企业存在目的的复杂性，即便是建立在商业运营模式上的国有企业，也有可能承担一定的公共职能，第 17.4 条第 1 款（a）项本身将会对承担混合职能的国有企业造成很大限制，而在具体实施过程中如何判断国有企业履行了商业考虑义务又将是费事费力的论证过程。

2. 非歧视待遇

第 17.4 条第 1 款（b）项和第 2 款（b）项要求国有企业、指定垄断购买货物或服务时，应给予本国企业、缔约国的企业、非缔约国的企业提供的货物或服务以同等待遇，对外国企业在本国境内投资的企业（外国企业在本国的子公司）所提供的货物或服务以本国企业、其他缔约国企业、非缔约国企业以同等待遇，即不歧视待遇。[①] 同样，第 17.4 条第 1 款（c）项和第 2 款（c）项要求国有企业、指定垄断在销售货物或服务时，也应给予本国企业、缔约国的企业、非缔约国的企业以不歧视待遇，对外国企业在本国境内投资的企业（外国企业在本国的子公司）以非歧视待遇。概言之，就是缔约国的国有企业在购买、销售时，应该对所有企业一视同仁，不得区别对待。

（二）影响

上述规定对国有企业的商业活动主要带来两个重要影响。

第一，确保了国有企业和指定垄断在购买和销售时对外开放，实质上扩大了政府采购协议的影响。

---

① 不歧视待遇一般而言，包括国民待遇和最惠国待遇，但是该款对不歧视待遇具体适用的范围并没有涉及，有待后续规则在实施或解释中细化。

一般而言，国有企业因为由政府出资设立，不同于私人实体，因此在经营过程中，或多或少会受到政府给予的某种干预或者基于国家政策的需要，在购销时不可避免地会考虑照顾本国产业、本国公司等，这样就会带来同等条件下优先本国企业，甚至会在购销时基于非商业因素选择产品和服务。非歧视待遇要求国有企业和指定垄断在购买和销售货物与服务时，不能偏好本国企业，不能实施贸易保护或本国产业保护，这种非歧视规则也意味着国有企业在购销时必须本着商业考虑原则行事。

那么国有企业对外开放、平等购买所有其他企业的商品或服务，意味着对国有企业购销行为的规制有等同于政府采购的效果。

在市场经济条件下，政府职能是提供公共产品和公共服务，因此政府购买性支出和消费支出应该建立现代的公共财政管理制度，政府采购通过公开透明的市场化操作来实现政府决策的公平性。但是国际经验表明，政府采购又具有干预社会经济活动的政策性作用，政府采购时通过某些政策偏好可以实现保护环境、支持不发达地区、支持国内产业、促进中小企业发展等政策性目标。所以现代法治国家为实现各方所接受的社会经济目标，兼顾公平和效率，都会对政府采购进行规范，通过公开透明的竞争性操作来实现政府采购的政策性目标。

在关贸总协定时期的东京回合，大多数发达国家签署了仅对缔约方之间相互生效的《政府采购协议》(*Government Procurement Agreement*, GPA)，让缔约国中央政府所进行的政府采购市场彼此相互开放，这也是贸易自由化进程加深的体现。1994 年 WTO 成立时签订的《政府采购协议》，将政府采购的范围由中央政府机构的采购扩大至包括地方政府和其他公共机构的采购，采购的范围不仅包括货物，还包括商业服务性采购（工程服务就是其中之一）。而发展中国家因为经济发展相对落后，特别是服务业不发达，国际竞争力较弱，如果加入该协议，政府通过政府采购促进本国工业发展的政策将受到极大限制，因此没有发展中国家加入《政府采购协议》。哪些实体的政府采购纳入《政府采购协议》的范围，1994 年版《政府采购协议》并没有进行明确的规定，根据学者分析，可以通过其他条款的规定得出提出了“政府对实体的控制或影响”是判断这一实体是否为政府采购主体的标准之一，此外为“政府目的”而进行的采购活动，采购活动的目的是判断某一实体是否为政府采购主体的另一标准。[①] 2007 年新版《政府采购协议》将上述标准表述为“政府对该实体的采购活动的控制或影响”，这样采购活动受到政府控制或者影响的主体，都应该成为受到政府采购竞争规则规制的主体。如此一来，国有企业因其行为受到政府控制和影响，如果在采购中有政府目的，体现政府的某种政策，就应该纳入《政府采购协议》的适用范围。

加入《政府采购协议》的西方发达国家，因为实行充分的市场经济体制，一些公共服务领域引入了市场机制或者市场体制，对某些提供公共服务的机构完全商业化，不再受到政府控制和影响，采购行为依据商业考虑原则行事，因此这部分机构不会成为政府采购的主体。但是如果该实体仍然受政府控制，为了政府目的行事，则应该属于政府采购的主体，例如，欧盟就规定，“受公法支配”的主体，包括国有企业，也包括某些执行公共职能的私有企业都被纳入政府采购实体范围。可见，在公共服务引入市场机制的条件下，国有企业或者私营企业本身并不能作为判断其为政府采购主体的标准。

2007 年 12 月中国向 WTO 秘书处提交了申请加入《政府采购协议》申请书和初步出价清单，正式启动加入《政府采购协议》谈判。在中国提交的初步清单中，国有企业是被排除在政府采购主体之外的。中国的立场是中国经过市场化改革，国有企业成为独立经营的主体，政府不再直接参与国有企业的生产经营活动，而是通过国有资产管理部门监督国有企业的资产投入、增值和收益，因此国有企业也不应该成为政府采购的主体。

综上所述，将国有企业纳入政府采购主体范围，在实践中存有很大困难，发展中国家都没有加入超出其经济发展水平的《政府采购协议》，即使中国在谈判时，也反对国有企业成为政府采购的主体，WTO 旷世日久的谈判历程也表明让国有企业采购行为公开、开放将是漫长的过程。

正因为多边框架下规制国有企业的非市场经济行为显得缓慢，没有效力，美国为首推出了高标准新一代国际贸易投资规则 TPP 协议，TPP

---

① 袁杜娟:《国有企业纳入 WTO〈政府采购协议〉问题研究》,《上海大学学报》(社会科学版) 2008 年第 9 期。

第 17 章第 17.4 条显然绕过了国有企业是否为政府采购主体这一棘手问题，避免对抽象的国有企业采购行为是否“受到政府控制”和“为政府目的”进行分析辩驳，而是采取釜底抽薪式地直接规定国有企业在购销时必须遵循不歧视原则，对所有企业一视同仁，从而在实质上达到了将政府采购协议纳入国有企业的效果。

第二，形成了对国有企业之间补贴的限制。

第 17.4 条第 1 款（c）项和第 2 款（c）项要求国有企业、指定垄断在销售货物或服务时，给予所有企业以同等待遇，且给予在本国境内的“外国子企”以国民待遇和最惠国待遇。该项规定对以国有企业为主的经济体影响重大，目的是限制一国的国有企业相互在原材料、能源、产品等方面优惠交易，互相补贴，主要调整上游国有企业向下游厂商提供产品的行为。

在美国反补贴实践中，美国一直试图将国有企业认定为提供补贴的公共机构，从而将国有企业对下游产业厂商销售货物的行为认定为违反 WTO 反补贴协定（SCM 协定）项下的补贴。因为，SCM 协定第 1 条中规定补贴的提供主体为一成员国的政府或任何公共机构以及受到政府或公共机构委托或指示的私营机构，其中对“公共机构”一词的理解存在不同观点，主要是国有企业是否为提供补贴的公共机构，2011 年美国对某些中国产品征收反倾销税和反补贴税案［以下简称“中美双反措施案”（DS379 案）］中，美国商务部按照五要素法认定中国的国有企业为公共机构，[①] 专家组认为“公共机构”是“由政府控制的机构”，这一判断标准被称为“公共机构政府控制论”，按照专家组的解释，认为“国有企业”如果受到政府控制，就构成“公共机构”，成为补贴的提供者。[②] 但是上诉机构推翻了专家组的解释，而采用“有意义的控制”和“公共机构政府职能论”这些含混模糊的衡量标准，根据上诉机构的解释，“公共机构”必须是某一实体具有政府职能或者在履行政府职能，因此只依据“国有企业”的所有权形态还不能认定国有企业是否为补

---

① 这 5 个要素分别是：（1）政府所有权；（2）政府在企业董事会中的地位；（3）政府对企业活动的控制；（4）企业是否执行政府政策；（5）企业是否由法律设立。

② WTO, *United States—Definitive Anti-Dumping and Countervailing Duties on Certain Products from China*, Report of the Panel, Para. 8.94, WT/DS379/R.

贴的主体，还要根据国有企业的行为是否是履行政府职能再进行判断。[①] 总之，在已有的案例中，对国有企业是否进行补贴的认定标准还是不确定的。

TPP 国有企业规则被认为是专门确立的针对中国国有企业的规则，因此 TPP 对上述争议不休的问题根本不再涉及，而是将国有企业购销行为完全等同于私营企业应该遵守的市场经济规则，直接要求一国的国有企业不得在销售货物或服务时对本国的国有企业给予优于其他企业的待遇，等于通过国有企业商业活动应遵循的非歧视待遇原则解决了国有企业是否为补贴主体的争议，直接限制国有企业相互补贴行为。

二 非商业援助

（一）基本内涵

非商业援助的含义实质上是指政府不得因对国有企业的拥有权和控制而给予国有企业帮助，国有企业集团之间内部的交易，按照正常交易惯例则要求在报告集团财务报告时可以排除在非商业援助之外，国有企业之间以及国有企业与私营企业的公平交易等不在非商业援助之内。

“援助”是指资金的直接转移或潜在的资金或债务的直接转移，具体包括：赠款或债务减免；比该企业商业可获条件更优惠的贷款、贷款担保或其他融资；等等。从援助的定义和具体形式来看，与 WTO《补贴与反补贴措施协定》第一部分第 1 条补贴的定义及列举的补贴形式基本相同，可见非商业援助本身就是对 WTO 反补贴规则的复制与完善。

（二）对非商业援助的约束规则

TPP 第 17.6 条是非商业援助条款，包括三款，第 1 款要求任何缔约方不能通过直接或间接的方式向本国国有企业的生产和销售、对本国企业为其他缔约方提供服务时提供非商业援助，从而对其他缔约国造成不利影响；第 2 款要求任何缔约方确保本国的国有企业、国营企业不得通过使用该国有企业或国营企业向本国任何其他国有企业提供非商业援助，从而对

① WTO, *United States—Definitive Anti-Dumping and Countervailing Duties on Certain Products from China*, Report of the Appellate Body, Para. 29, WT/DS379/AB/R.

其他缔约国的利益造成不利影响；第 3 款要求任何缔约方不得向其在其他缔约国投资的国有企业提供非商业援助，从而对投资所在国的国内产业造成损害。第 17.7 条进一步列举第 17.6 条规定的非商业援助产生的不利影响，包括取代或阻碍进口、对缔约国相关产品带来价格抑制或销售损失，在缔约国市场份额不正常增加，等等。第 17.8 条则规定了提供非商业性援助产生损害的认定方法和程序。

（三）影响

1. 将提供非商业援助（补贴）的主体由政府扩大至国有企业，绕开了 SCM 协定关于补贴主体“公共机构”的争议

众所周知，WTO《补贴与反补贴措施协定》(SCM 协定）中规定补贴的提供者是政府和公共机构，并没有明确国有企业是否具有补贴提供者地位，因而在“中美双反措施案”（DS379 案）中中美围绕国有企业和国有商业银行是否为提供补贴的“公共机构”发生争议，由于上诉机构裁定美国商务部在四起反补贴调查中对公共机构的认定与 SCM 协定不一致，导致美国在执行上诉机构裁决时不得不调整对中国产品的反补贴税率，但是美国也继续根据自己的标准论证中国某些国有企业是公共机构。[①] 鉴于论证国有企业为公共机构需要经过复杂的信息收集、证据采用和论证，TPP 国有企业规则直接绕过这一棘手问题，直接把国有企业也作为非商业援助的提供主体，第 17.6.1 条和第 17.6.2 条不仅分别将政府和一国内的国有企业和国营企业作为非商业性援助的提供主体，此外根据第 17.6.1 条的脚注 3 可知：受缔约方委托或指示的一非国有企业也可能被认定为非商业性援助的提供主体。因而，政府、一国的国有企业、非国有企业都有可能被认定为援助的提供主体，如此一来，不仅彻底解决了 SCM 协定中关于公共机构认定的争议问题，还能够在某些情况下把补贴主体扩大至非国有企业。

2. 将接受补贴的主体由国有企业扩大至在海外投资设立的国有企业子企

WTO《补贴与反补贴措施协定》第 1.1（a）（1）条规定，在某一成员国领土内由政府或公共机构提供的财政资助，可以视为存在补贴。可见

① 时业伟:《WTO 补贴协定中“公共机构”认定标准研究——以 DS379 案为例》,《比较法研究》2016 年第 6 期。

在 WTO 框架下补贴是指成员国对国内企业或产业等给予的补贴，补贴行为发生于境内，但是在 TPP 第 17.6 条中，对成员国境外的企业给予的非商业援助已经被认为不合法了，第 17.6（1）c 条、第 17.6（2）c 条是指通过政府或国有企业对境内国有企业给予非商业援助，而接受非商业援助的国有企业在境外向其他缔约方提供货物或服务时给其他缔约方带来不利影响，这两款针对的都是国有企业在境内接受了非商业援助，但通过在境外从事商业活动，因为接受商业援助是在补贴国境内，接受者身份易于确定；第 17.6（3）条则针对成员国直接对设立在境外的国有企业子企提供非商业援助，海外子企的身份因为股权变动并且已经具有东道国国籍，在原有 WTO 法律框架下是不具备合格的非商业援助接受者身份的。第 17.6（3）条这一规定显然扩大了 SCM 协定的范围，让大量的海外投资企业被纳入反补贴约束范围之内。

3. 通过对不利影响和产业损害的规定，完成了 SCM 协定全面移植

TPP 第 17.7 条、第 17.8 条规定了非商业援助所带来的不利影响和损害，与《补贴与反补贴措施协定》第 5 条“不利影响”和第 15 条“国内产业损害”内容基本相同，由此完成了对 SCM 协定反补贴规则的全面移植，并将 WTO 反补贴规则扩大至服务和投资领域，从而在货物、服务、投资领域构建了针对国有企业的全面反补贴规制。

三 透明度

第 17.10 条是关于透明度要求的，规定了相当具体和高标准的透明度要求，其中包括缔约方主动公开和应申请公开两种情况。公开的内容包括其国内国有企业指定垄断的相关信息以及非商业性援助项目的相关信息。

第一，主动公开。是指缔约方向其他缔约方或者在网站主动公开其国内的国有企业的名单并逐年更新。通报或公布指定垄断、指定垄断的条件和指定垄断范围的扩大。

第二，依申请公开。规则规定经另一缔约方申请，一缔约方应提供的信息，包括两类信息：一是对国有企业内部重要信息的公开，即缔约方政府或国有企业、指定垄断在该实体中的持股比例、累积投票权，国有特殊股份或特别投票权、在国有企业的董事会中任职的政府官员及其职务，该

实体最近 3 年的年度收入和总资产，企业依法所享有的免责和豁免，年度报表及第三方审计报告等其他公开可获得信息。通过这些信息使得其他缔约方可以了解该实体是否是实质意义上的由政府或国有企业实际控制、是否依商业因素从事商业活动、是否享有阻碍市场公平竞争的其他条件。

二是若一缔约方认为其某一项目或政策影响了贸易和投资时，要求该缔约方对该项目或政策下所提供的非商业性援助所造成的影响进行解释说明、提供该非商业性援助的相关信息。要求达到提供的信息具体充分，足以让对方理解的程度，并能够对所产生的影响或潜在影响进行评估。应提供的信息包括：（1）非商业性援助的形式；（2）提供和接受双方的名称；（3）非商业性援助的法律依据和政策目标；（4）对货物提供的非商业性援助的单位金额或是总金额或年度预算金额；（5）对服务提供的总金额或年度预算金额；（6）以贷款形式提供的：要提供贷款的金额利率和收取的费用；（7）以货物或服务形式提供的：要提供所收取的价格；（8）以权益资本形式提供的：要提供投资的金额股份及股份的性质；（9）项目存续时间；（10）可以用来评估的其他数据等。还规定了部分程序性事项：若该缔约方认为自己没有采取上述的相关政策，要以书面形式通知请求方、未作回应的要点要说明原因；涉密信息未经提供方许可不得公开等。

此外，TPP 透明度规则在脚注中规定了几个国家的过渡期权限。根据脚注的内容，透明度规则整体不适用于文莱和马来西亚从事其在附件中所列的不符活动的实体，部分不适用于越南从事其在附件中所列的不符活动的实体。文莱、越南和马来西亚 3 国都享有 5 年的过渡期，在 5 年的过渡期内，透明度规则对该 3 国不适用。但在该协定生效后 6 个月内，越南和马来西亚应当分别向其他缔约方提供或是通过其官网公布，在前 3 年内的某 1 年的商业活动中获得的年收入超过 5 亿特别提款权的国有企业名单，且此后每年更新，直至适用透明度规则替代了该义务。对于文莱，将 6 个月的时限延长到了 3 年。

四　不利影响和损害的判定

（一）不利影响

首先，根据第 17.7 条可知：本条将对货物的不利影响与对服务的不利影响作出了分别规定，包括对货物和服务的取代和阻碍影响、价格影响两个方面，其中取代和阻碍影响可以通过第 17.7.2 条的“相对市场份额的显著变化”这一指标来判断。简言之，即通过相对市场份额变化和价格影响来看非商业性援助是否对货物的生产销售和服务的提供造成了不利影响。

1. 基于市场份额的不利影响之判定

具体而言，以货物为例，取代和阻碍影响是指获得了非商业性援助的国有企业的某一货物的生产、销售，取代或阻碍了该缔约方从另一缔约方进口同类货物，在其领土内投资设立的其他企业（包括该国的非国有企业以及其他国家投资的企业）同类产品的生产、销售，以及阻碍了在另一缔约方领土内企业在另一缔约国市场对同类产品的生产、销售；获得非商业援助的国有企业生产和销售阻碍了其他缔约方从第三缔约方进口同类货物；或者取代、阻碍了非缔约方的从缔约方进口同类货物。简言之，因为缔约国给予本国国有企业以非商业援助，导致其他缔约国生产、销售、进口同类商品都受到取代、阻碍，也取代、阻碍非缔约国从未实施非商业援助缔约国的进口，也就是说，给国有企业补贴，导致的后果就是受到补贴的国有企业“不公平”地占领了不该有的市场份额，损害其他缔约国生产同类产品企业的市场份额，让其他缔约国同类产品生产商在该国市场、向非缔约国出口都受到了“不利影响”。

作为衡量取代和阻碍影响的“相对市场份额的显著变化”包括以下三种情况：至少 1 年内，接受了非商业性援助的该国有企业的相对市场份额显著提高；或者本应大幅下降的市场份额，因为非商业援助的存在而保持不变；或者市场份额本应下降的国有企业，因非商业性援助的存在使得其下降速度明显低于无援助的情况。通过上述三种情况来判断是否造成了取代和阻碍影响。

2. 基于价格因素的不利影响之判定

价格影响是指获得了非商业性援助的国有企业所生产或销售的货物的价格大幅度削减：该货物在一缔约方市场上比该缔约方国内生产的同类产品或从另一缔约方进口的同类产品，存在显著的价格压低、价格抑制或销售损失；或者在非缔约方市场上，比从其他缔约方进口的同类产品的价格存在显著的价格压低、价格抑制或销售损失。不管是在缔约方或是非缔约方市场，因为获得援助的国有企业所生产、销售的产品，比缔约方国内生产的同类产品或是从其他缔约方进口的同类产品的价格低廉，导致了缔约方的产品出现压低价格、销售量下降的情况。

（二）损害的认定

1. 损害构成的标准：实质性损害标准而非严重损害标准

第 17.8 条规定了损害，和 WTO 的 SCM 协定一样，也规定了对国内产业的实质损害、对国内产业的实质损害威胁以及对国内产业造成实质性阻碍三种情况，并规定了从获得了援助的国有企业投资的生产量、此类生产对国内生产和销售同类产品的价格的影响以及此类生产对国内生产和销售同类产品的国内产业的影响这三个方面来判定。

2. 对损害事实的认定：第 17.8 条第 1 款规定了对实质性损害的认定应给予肯定性证据，对损害威胁的认定应基于事实客观审查，认定应当特别谨慎

第 17.8 条第 2 款具体解释说明了判定损害的其中两个方面：一是获得了援助的涵盖投资的生产量，应该考虑绝对数量或者相对于声称受损的缔约方的国内的生产或消费是否大幅度增加。二是价格影响则应考虑相对于国内同类产品，涵盖投资生产的货物价格是否大幅削减、压低价格或阻止本来会上升的价格。三是审查非商业援助对实施国国内产业的影响，因为实施国给予国有企业非商业援助之后，本国相关产业势必得到增长，有“进口替代”或阻碍进口之效果，自然也损害其他缔约国同类产品的出口、市场份额，因此对实施非商业援助国国内产业的调查，可以根据补贴前后的产量、销售量等数据进行判断。TPP 第 17.8 条第 3 款列举了调查的指标，包括：对国内产业的影响，应该从相关的经济因素和指标，例如产量、销售量、市场份额、利润、生产力等来评估。并说明，上述因素中的一项或几项不能给予决定性的指导，也不是穷尽的指标清单，调查时应综合起来评判。

（三）因果关系——“原因之一”的宽松标准

在反倾销、反补贴和保障措施领域，损害与倾销、补贴等事实之间有因果关系，是采取反倾销、反补贴和保障措施的构成要件之一。WTO 在上述救济措施领域都采取了较为宽泛的因果关系认定，即只要是损害后果是倾销等造成的即可采取救济措施，而不必证明损害后果必须主要是因为

倾销、补贴等而来。这样做的结果自然使得成员国在实施反倾销、反补贴、保障措施等贸易救济措施时相对容易很多，“原因之一”说导致了WTO框架下反倾销措施的泛滥。

TPP第17.8条第4款显然采取的是“原因之一”这样的宽松标准，该款规定是：“必须证明涵盖投资生产和销售的货物通过非商业援助的影响造成本条意义的损害。对于上述货物与对国内产业的损害之间的因果关系的证明应基于对拥有相关证据的审查。”该款的表述没有强调货物是导致损害的主要原因，也就是说只要证明非商业援助是造成国内产业损害的原因之一，因果关系即可确立。

（四）与WTO《补贴与反补贴措施协定》内容的比较

TPP非商业援助概念的提出，是前文所述为了规避WTO关于补贴争端案件中国有企业是否能够被认定为提供补贴者所产生的争议，直接将缔约国政府向国有企业和国有企业向另一国有企业提供的非商业援助认定为不得使用的“援助”。

上述内容几乎完全移植SCM的内容，从中可以看出，TPP国有企业规则的核心就是对国有企业补贴行为的规制。

五 救济措施——必须通过争端解决机制

WTO《补贴与反补贴措施协定》第五部分反补贴措施对成员国实施反补贴调查的发起条件、以接受者所获利益计算补贴的金额、损害的确定都作了详细规定，救济措施包括：受影响的成员国在发起调查后可以采取临时措施，或接受出口国政府取消补贴、修改价格等，直至征收反补贴税。总之，WTO为成员方提供了详细的针对补贴不利影响和损害可以采取的救济措施。值得指出的是，这些调查、临时措施乃至反补贴税的征收，都可以由受影响的成员国自行根据其国内的反补贴条例实施，无须与另一方成员国双边磋商。

但是TPP第17章并未规定因成员国实施了不符规则的行为、措施之后，另一方可以单方面在国内实施类似反补贴税的救济措施，而是要求受影响的成员国可以要求没有遵守第17章规则的成员国及时提供其采取的非商业援助的政策或项目的信息，只能提请成立争端解决的仲裁庭。[①] 也就是说，一旦一成员国认为另一方对国有企业给予的非商业援助或其他义务等不符合第 17 章，成员国不能在国内自行发起调查，采取制裁措施，制裁措施必须在依据 TPP 第 28 章成立的争端机制框架下进行。

这些规定表明，TPP 成员国因不履行第 17 章所产生的争议，尚不能像反补贴、反倾销那样由实施国单方面采取，要双边磋商、通过争端解决机制解决，也意味着一方要想快速对另一方给予国有企业补贴行为进行反击，并非那么容易。

第三节 美墨加协定和欧盟—越南协定国有企业条款的变化

TPP 因美国退出后世人的关注有所降低，但是美国并没有放弃推动国有企业规则以重塑国际经贸投资规则的努力。2018 年 9 月 30 日，美墨加三方完成了对北美自由贸易区协定（NAFTA）的更新谈判，取而代之以美墨加协定（The United States-Mexico-Canada Agreement，USMCA），新协定的名称不再包含“自由贸易”，预示着美国推动以美国利益优先的所谓“公平贸易”规则在北美初步达到了目的。对中国而言，“公平贸易”暗含着指责中国国有企业、政府主导模式所带来的不公平竞争行为，“公平贸易”还将表明美国要推动除了国有企业规则之外新的国际经贸规则实现对中国的“规锁”。该协定已于 2018 年 11 月 30 日签署生效，该协定在国有企业章节、与非市场经济国家关系、争议解决的排他性条款等方面作了严格规定。

2019 年 6 月 30 日越南与欧盟在河内签署自由贸易协定与投资保护协定（EU - Vietnam trade and investment agreements Free Trade Agreement，EU-Vietnam Agreements），[②] 该协定第 11 章“国有企业、享有特殊权利或

---

① TPP 第 17. 10 条第 4 款规定的是一方认为对方实施的非商业援助政策或项目影响了缔约国之间的贸易和投资，可以书面提请对方解释。这一规定实际上类似为一种磋商程序，与 WTO 规则对磋商有时限规定不同，TPP 第 17 章的规定是空白的。TPP 第 17 章附件 17-B 是对争议方因为国有企业规则提起成立仲裁庭之后各参与方提交相关信息的时限和程序性规定。

② EU - Vietnam trade and investment agreements Free Trade Agreement，http：//trade. ec. europa.eu/doclib/press/index.cfm？id=1437，2017 年 4 月 20 日。

特权的企业，以及指定的垄断企业”也相较于以往欧盟对外 FTA 对国有企业作了更详细的规定。USMCA 和 EU-Vietnam Agreements 的国有企业条款，代表未来对 TPP 国有企业规则内容所采取的不同态度，是中国推进 FTA 战略的重要参考。

一 美国、欧盟缔约实践表明，主要发达经济体对外签订 FTA 含有国有企业专章将成为常态

在 TPP 之前美国所签署的已经生效的自由贸易协定中，国有企业与政府企业都是放在竞争政策一章里面，内容包括商业考虑、非歧视待遇、透明度要求等，规则内容较为简单。例如美国—秘鲁 FTA 第 13 章题为“竞争政策，授权垄断，国有企业”，该章共有 11 个条款，但属于“国有企业规则”内容的只有第 5 条“授权垄断”和第 6 条“国有企业”两条，较 TPP 第 15 条规则在定义、规则内容、透明度要求都简单很多，如透明度在另一方要求时只需要提供各级政府的国营企业和指定的垄断企业目录，不论公营或私营，国有企业、指定垄断的股权、负责人、财务信息等较为具体的信息并没有明确要求均要披露。美国—澳大利亚 FTA 同样也是将国有企业规则纳入竞争政策章节，没有独立的国有企业专章，在第 14 章“竞争政策—相关事项”也只有两条分别对指定垄断和国有企业进行规定。

欧盟传统的 FTA 中，国有企业规则与指定垄断一道合并在竞争政策章节里，管制国有企业和指定垄断的目的主要是限制它们滥用市场优势地位从事反竞争行为，或者在出售、购买货物和服务时偏袒本国的提供者。

TPP 国有企业规则通过将第 17 章国有企业规则独立成章突出了对国有企业规则的重视，TPP 第 17 章在概念界定、适用范围、核心规则（非歧视待遇和商业考虑、非商业援助、透明度要求）等方面都相较于以往 FTA 涉及的内容有了更加明确、严格的要求。

美墨加协定的三个参与国都并非国有企业占有优势地位的国家，但是 USMCA 第 22 章“国有企业和指定垄断”以多达 15 条、5 个附件的篇幅强调了对国有企业纪律的重视，这显然反映了美国意图限制国有企业的态度并没有因为美国退出 TPP 而有任何改变，甚至想借该协定弥补原 TPP 协议中国有企业条款的不足以强化新一代经贸规则中的国有企业纪律。

欧盟—越南协定第 11 章标题为“国有企业、授予特殊权利或特权的企业和指定垄断”，共计 7 个条款。虽然 EU-Vietnam Agreements 没有纳入在 TPP 和 USMCA 中至关重要的非商业援助条款，但是相对于欧盟之前签署的 FTA，已经对国有企业规则充实了很多内容。例如，欧盟与国有企业比重较大的新加坡之间的贸易投资协定（The EU-Singapore Trade and Investment Agreements）[①] 就没有对国有企业采取专章做法，而是在第 11 章“反竞争行为和兼并”中涉及相关国有企业的纪律。欧盟—新加坡贸易投资协定在第 11 章 B 部分对公益事业、享有特殊权利的事业和国家垄断的事业作了规定，要求这些具有特殊权力的公共事业实体不得利用这种特权或专有权从事反竞争行为，特别对新加坡的任何公共事业和任何仅根据其在购买或销售货物或服务时，要基于商业考虑。[②] 整个部分的用意明确，不是建立对国有企业的专门规则，而是确保享有某种特殊授权的公共事业单位不得从事反竞争行为。

从上述美国、欧盟两大发达经济体的最新缔约实践来看，国有企业规则已经成为它们签订贸易投资协定的重要内容，当然，欧盟对国有企业的重视要根据谈判对方国有企业含量是否重大而定。

二　USMCA 对原 TPP 国有企业规则的发展：呈现针对中国产业补贴措施的特点

首先，USMCA 扩大了国有企业的定义。USMCA 与 TPP 规则相比，把政府对国有企业的控制由“直接”扩大至“间接”，将间接拥有超过 50%的股本、通过间接的受益者权益控制 50%以上的投票权都纳入国有企业定义范畴，并增加了一款，即拥有通过任何其他所有权权益（包括间接所有权或少数股权）控制企业的权力也为国有企业。USMCA 定义的扩大可以通过下列美国缔结或主导的 FTA 中国有企业定义的要素比较得到更清晰的体现（见表 2-1）。

USMCA 对国有企业定义的扩大，把人事任免、通过少数股权对企业

---

① 欧盟和新加坡于 2018 年 10 月 19 日签署了贸易和投资协定，该协定于 2019 年 11 月 21 日生效。

② EU-Singapore Agreements：Chapter 11 Section B Article 11.4.

施加的控制权等都作为判断一个企业是否为国有企业的重要因素，不可避免带来国有企业规则的适用扩大化。中国一些民营企业、外资企业相继设立党支部曾被美国指责为是政府加强对经济控制的体现，USMCA 国有企业定义扩大化显然将成为日后针对中国非国有企业的一种方式。

其次，USMCA 对非商业援助的定义作了变更，不再是指政府对国有企业给予的援助，而是指成员国政府、国有企业给予某些企业的援助。[①] 也就是说，在 USMCA “非商业援助” 的定义里面，援助主体由 “政府” 扩大为 “政府、国有企业以及国有企业或政府的组合”，援助对象则不再限于国有企业，而是某一特定企业、特定行业、特定企业集团或行业集团，对援助给特定企业、行业或特定企业集团、行业集团，USMCA 的 “非商业援助” 定义 C 项作了具体说明，即按比企业现有的商业条件更优惠的条件购买货物明确限制某些企业获得援助，向数量有限的某些企业提供援助，提供主要由某些企业使用的援助，向某些企业提供了不成比例的大量援助，否则，通过在提供援助时使用其酌定权，有利于某些企业。这些条款内容删除了 TPP “非商业援助” 定义中接受援助的对象均为国有企业的定义，显然是将反补贴规则内容移植过来，构成美国版反补贴规则的基础。

表 2-1　新一代 FTA 国有企业章节中对“国有企业”定义的比较

	欧盟—越南贸易投资（FTA）	美国—新加坡 FTA	TPP	USMCA
股权控制	持有企业认缴资本的 50%以上	政府或政府企业单独或合计拥有某一企业超过 50%的投票权	直接拥有超过 50%的股本	直接或间接地拥有超过 50%的股本
表决权控制	控制企业所发行股份的 50%以上的表决权	政府或政府企业单独或者合计拥有某一企业 20%—50%投票权，但必须为该公司的最大表决权份额	拥有所有权利益，控制 50%以上的表决权	通过直接或间接的所有权利益，控制 50%以上的表决权

① USMCA Article 22.1：Definitions：non-commercial assistance 4 means assistance that is limited to certain enterprises.

续表

	欧盟—越南贸易投资（FTA）	美国—新加坡 FTA	TPP	USMCA
董事会等管理机构的任免权	可委任超过半数的企业董事会成员或同等机构的成员	政府或政府企业有能力对某一企业董事会或任何其他管理机构的组成施加实质性影响	拥有委任多数董事会或任何其他同等管理机构的多数成员的权力	拥有委任多数董事会或任何其他同等管理机构的成员的权力
对企业经营等方面的影响和控制	能对企业的战略决策进行控制	对企业经营方针和财务计划造成实质性影响		拥有通过任何其他所有权权益（包括间接所有权或少数股权）控制企业的权力

资料来源：EU-Vietnam FTA 文本来自欧盟委员会网站；美国—新加坡 FTA、TPP、USMCA 文本来自美国贸易代表办公室官网（USTR），https：//ustr. gov/trade-agreements/free-trade-agreements。

最后，USMCA 对非商业援助的规则较 TPP 规则更为明确和严格。USMCA 第 22.6 条第 1 项明确规定成员国不得对主要从事电力以外的生产、销售的国有企业提供下列非商业援助：(1) 一方的国有企业或者国有企业向该国资信不佳的国有企业提供贷款或者贷款担保。该项脚注里面，还特别解释了如果国有企业的财务状况已经使得企业无法从传统市场条件包括银行和非投机债权市场获得长期融资，该企业就是资信不佳。(2) 缔约一方或者国营企业、国有企业在没有制定可信的重组计划使其能够在合理期限内恢复长期生存能力下，对一个破产或者濒临破产的国有企业给予的非商业援助。(3) 缔约一方或者国有企业将一国有企业未清偿的债务转换为股权，但这种债转股投资与私人投资者通常的投资行为不一致的。①

这款规定大大强化了 TPP 非商业援助的要求，在 TPP 第 17.6 条非商业援助规定中，只是要求成员方不得直接、间接使用非商业援助对另一成员国造成不利影响，TPP 没有明确禁止 USMCA 列举的上述三项非商业援助，在 TPP 框架下，虽然要求成员国不得采取非商业援助，但是成员国使用了非商业援助，只有在对另一方造成不利影响的时候，才能通过争端解决机制进行磋商，对于申请方来说，还必须证明被主张的不利影响是由

① USMCA Article 22. 6.

非商业援助所造成的。[①] 由此可见，按照 TPP 的条款严格约束非商业援助并非易事。

USMCA 第 22.6 条第 1 项新增的 3 款规定针对性十分明显，长期以来我国商业银行对国有企业给予各种优惠贷款、我国对濒临破产的国有企业采取各种扶持（如债转股等），这些情况既有国有企业预算约束的软化、政企关系不清等体制结构性的原因，也有在社会主义市场经济体制下为维持就业和社会稳定不得不维系某些经营不善的国有企业。但这些已被美国视为造成世界产能过剩的重要原因，通过在 USMCA 完善对国有企业的非商业援助的规定，将国有企业作为给予非商业援助的主体，明确禁止中国最常见的扶持国有企业的措施，可以预见，美国对打造限制中国政府主导经济模式的规则有了更为清晰的目标。

三　欧盟—越南协定的国有企业专章及主要内容

（1）定义条款：欧盟—越南协定对国有企业的定义与 TPP 大致相同。

在欧盟对外谈判的各类 FTA 文本中，国有企业通常只被简单地提及，是与垄断企业、具有特殊或专有权的私营企业一起在竞争政策中受到管制，对国有企业采取专章规定并下定义的就只有欧盟—越南协定第 11 章中的国有企业定义，同样采取绝对控股权标准和董事会管理人员任命权标准，即只要一方政府拥有企业 50%以上的股权或投票权，对一半以上管理人员有任命权，或者对企业决策有控制权，即可认定为国有企业。这一定义同样是以往欧盟签署的 FTA 中所未涉及的。[②] 虽然 2015 年生效的欧盟—韩国 FTA 第 11 章“竞争”也涉及公共企业、委托特别权利和专用权企业，国家垄断的纪律，但是欧盟—韩国 FTA 第 11 章主要是管制反竞争行为，涉及的内容也仅限于国有企业等不得从事反竞争行为。如此看来，欧盟—越南协定对国有企业的定义与其说是对传统欧盟 FTA 的突破，倒不如说是欧美不约而同对转型国家或者国有企业占有重大比例的国家量身定制的条款。

① TPP 第 17.6 条第 1 款脚注。

② EU-Vietnam trade and investment agreements Free Trade Agreement：Section Ⅲ，Article 1：Definitions. s.

（2）欧盟—越南协定的国有企业补贴约束纪律不如 TPP 严格，但在补贴透明度、补贴限额等方面比欧盟以往 FTA 的补贴规则要详细和严格。

首先，欧盟—越南协定的国有企业补贴规定在第 11 章“竞争政策”中，反映出欧盟对补贴规则的宗旨是追求公平竞争的秩序，因此在第 11 章补贴规则部分的“原则”就是允许成员国可以出于公共政策目标给予企业补贴，但不得对贸易和竞争有扭曲的效果。

其次，欧盟—越南协定补贴规则对以往欧盟签订的 FTA 补贴规则的突破在于对国有企业补贴有透明度要求、补贴限额和形式要求。要求成员国每四年公布补贴的形式、补贴总额预算和接受补贴者；如果一方认为另一方的补贴损害了其贸易和投资利益，受损害方可以要求与他方进行协商，他方应该基于同情考虑，并协商该项补贴是否刺激了补贴方的贸易和投资。在补贴限额方面，欧盟—越南协定补贴规则要求成员国为企业的债务负责或进行其他补贴应该有限度；给予企业贷款担保、现金补助等一年以上的补贴前提条件是该企业有可靠的重组计划，而且接受补贴的企业能够还清贷款。

最后，欧盟—越南协定补贴规则适用范围有许多排除适用条款，在一定程度上减损了它对国有企业补贴的约束力。例如，欧盟—越南协定补贴规则只适用于 3 年内接受补贴超过 30 万特别提款权的企业；又如，欧盟—越南协定补贴规则规定不适用于该协议生效之前授予的补贴以及该协议生效 5 年内授予的补贴，对在跨境服务和投资章没有列举的部门也不适用；再有，该节透明度义务的适用范围中具体的服务部门也是有限的，只能是下列服务部门：通信行业、银行保险、计算机服务、建筑工程等领域。

（3）欧盟—越南协定对国有企业股权结构以及与政府之间关系规定了较高的透明度要求：欧盟—越南协定要求成员方披露以下信息：国有企业所有权比例和投票权的比例，不同于普通股权的特别股权或特别投票权等的说明；国有企业的组织结构、董事会的组成或能够直接间接控制该企业的机构，与其他国有企业交叉持股的情况；还要说明监管国有企业政府部门或公共机构，国有企业与监管机构之间的汇报关系；政府或其他公共部门在任命、解雇、决定经理人员报酬方面的权利和情况，年度税收或资产，对一国有企业的免税、豁免义务或其他优惠；对达到起点收入的企业另一成员方有权要求更多的信息。上述内容与TPP规则差异不大。欧盟—韩国FTA、欧盟—新加坡FTA和欧盟—加拿大CEFTA都没有上述对国有企业股权、监管机构持股等方面的透明度要求。

（4）非歧视待遇和商业考虑：要求国有企业在购买和销售货物或服务时应基于商业考虑，在此基础上给予其他成员方相同的参与机会。

综上所述，美欧发起的新一代FTA在国有企业规则上比它们以往缔结的FTA内容有了很多突破，甚至许多规则是专门针对国有企业占重要地位的转型国家制定的。

第四节　国有企业规则在推动竞争中立原则的影响

TPP国有企业规则是首次在国际规则层面将竞争中立原则的内容法律化，OECD国家早已通过各层面的法律力争消除国有企业的不公平竞争优势。由于竞争中立原则本身是一个抽象的原则性的表述，例如“促进国有企业和私有企业之间的有效竞争”，特别是“确保政府企业不能仅凭借公共所有权而享有优于私营部门竞争对手的竞争优势”，如果严格履行竞争中立原则，在实践中势必要求对政府机构进行根本性重组，以有机整合商业化或可能商业化的政策、监管和分配功能，不仅是已有的国有企业本身需要重组，甚至将涉及税收、金融乃至国家产业政策的调整，这对转型国家无疑将是巨大的挑战。显然，TPP国有企业规则考虑到接受协议国家的具体条件，推动的是有限的竞争中立原则国际化。因此，通过考察OECD文件、OECD国家关于竞争中立原则立法实践的具体内容，以及这些文件与TPP国有企业规则之间的差距，我们可以从中寻找转型国家能够接受竞争中立原则的大致底线，从而为中国引入竞争中立原则进行深层次结构性改革提供进退依据。

一　竞争中立原则的要求及法律实践

（一）从公平竞争秩序到对国有企业所有权行使和国有企业内部治理，竞争中立原则对国家经济体制提出了市场化要求

竞争中立原则是1993年为了贯彻国家竞争政策而由澳大利亚政府所

提出的原则，澳大利亚生产力委员会认为“竞争中立”的核心理念是“促进国有企业和私有企业之间的有效竞争”，特别是确保政府企业不能仅凭借公共所有权而享有优于私营部门竞争对手的竞争优势。自 1995 年澳大利亚的国内立法活动将“竞争中立”制度化后，欧盟、新西兰等一些 OECD 国家相继通过国内竞争法引入竞争中立原则，规范国有企业与其他企业的竞争秩序。

OECD 为了系统介绍、解释“竞争中立”的目的、意义及实践经验，发布了不少文件、工作报告，例如 2012 年 OECD 在《竞争中立：维持公私企业之间的公平》中指出竞争中立是指在经济市场中实体没有受到不适当的竞争优势或劣势的影响。该报告提出实现竞争中立原则的八个政策目标：第一，要求精简政府业务的运作形式，将政府商业活动和非商业活动在结构上分离，使商业活动更容易以市场一致的方式运作。第二，要核算国有企业履行公共服务义务相关的成本，如果公共服务义务是由公共资金提供补贴的，则应以透明的方式确定成本。第三，要求国有企业实现商业回报率。第四，政府企业履行公共政策职能，应提供足够、透明和负责任的补偿。第五，实行税收中立（对公共和私人商业活动的平等或同等待遇对于保持税收中立是至关重要的）。第六，监管中立，监管应该是非歧视性的，政府企业应尽可能在与私营企业相同的监管环境中运作。政府对国有企业的监督管理职能应当分开，不应当参与企业商业活动的日常管理。第七，信贷中立和直接补贴中立，为遏制直接补贴和国家援助，避免为国有企业提供优惠融资并要求国有企业在获得融资时遵守市场条件。第八，政府采购政策和程序应遵守非歧视性原则和透明度原则。① 这八项要求都是要求政府在政策、规则层面对国有企业和私营企业赋予相同的经营环境，将国有企业的商业性活动与公益性活动分离。

为了更好地推动竞争中立原则和公平竞争秩序的建立，OECD 于 2005 年发布《国有企业治理指南》，该指南于 2015 年修订。文件对竞争中立原则的最终要求有明确的表述，即实现国家作为出资人的专业化；使国有企业在效率、透明度和问责制方面达到与采用良好实践的私营企业相当的

① OECD, *Competitive Neutrality: Maintaining a Level Playing Field Between Public and Private Business*, 2012, pp. 9-11.

程度；且当国有企业和私营企业之间出现竞争时，确保双方处于公平的竞争环境。[①] 在具体的政策建议中，该指南提出了七项建议，包括：（1）国家所有权的宗旨；（2）国家作为出资人的角色；（3）市场中的国有企业；（4）平等对待股东和其他投资者；（5）利益相关者关系和负责任商业；（6）信息披露和透明度；（7）国有企业董事会的职责。[②] 在这些建议中，该指南除了提出国有企业在经营环境、融资政策、政府采购等方面应该与私营企业处于同等条件，还对国有企业所有权行使和国有企业内部治理专门提出了建议。

2015 年《国有企业治理指南》提出“国有企业的最终目标应该是通过有效资源配置，实现社会价值的最大化”[③]。政府应当制定一项所有权政策，明确国家所有权的总体宗旨、国家在国有企业治理中所起的作用、国家将如何执行其所有权政策，以及参与执行该政策的政府部门各自的作用和责任；所有权政策应受适当的政治问责制度约束，并向公众披露，国家应明确拥有国有企业的理由，并定期对其进行审查，国有企业或国有企业集团需要实现的公共政策目标，应由有关部门明确规定并予以披露。国家作为出资人的角色，政府应该简化和规范国有企业运营的法律形式，确保国有企业的治理是透明的、负责任的，具有高度的专业性和有效性，政府应当允许国有企业董事会履行职责，并尊重其独立性。国家应该在其政府序列中明确界定行使所有权的实体。所有权应当由一个集中的所有权实体统一行使，所有权实体应对相关代表机构负责，并应明确界定其与相关公共部门（包括国家最高审计机构）的关系。国有企业的法律和监管框架应确保国有企业在开展经济活动时享有公平的竞争环境和公平的市场竞争，从事经济活动的国有企业不应免受一般法律、税法和规章的适用，法律法规不应过分歧视国有企业及其市场竞争对手。国有企业的法律形式应该允许债权人提出要求，并启动破产程序，与公共政策目标相关的成本应当由国家承担，并予以披露。如果国有企业是上市公司，或存在非国有出资人，则国家和企业应该充分承认所有股东的合法权利，确保每个股东得到平等对待，并拥有平等获

① OECD, *Guidelines on Corporate Governance of State-Owned Enterprises*, OECD, 2015, p. 11.

② OECD, *Guidelines on Corporate Governance of State-Owned Enterprises*, OECD, 2015, p. 5.

③ OECD, *Guidelines on Corporate Governance of State-Owned Enterprises*, OECD, 2015, p. 19.

取公司信息的权利。政府、国家所有权实体和国有企业自身应当承认并尊重通过法律或双方协议确定的利益相关者权利。在具有相关性和可行性的前提下，上市或大型国有企业应当报告其与职工、债权人和受影响社区等利益相关者的关系。国有企业董事会应当制定内部监察、道德及合规制度或措施，国有企业应当高度透明，并在会计、披露、合规和审计等方面保持与上市公司同等的高标准和严要求。国有企业董事会应当具备必要的权限、能力和客观性，以履行战略指引和监督管理层的职能。董事会成员应当诚实守信，并对自身的行为承担责任。

可见，OECD 文件中竞争中立原则的内涵，不仅仅是要在国有企业和私营企业之间建立公平的竞争环境，还要求国有企业本身的产权形式、治理机制达到专业化、透明、法治化。

（二）OECD 国家实施竞争中立的实践

由于竞争中立原则的政策内涵不仅仅通过竞争政策实现，还涉及信贷融资、税收、管理等多方面内容，在实践中，这要求对政府机构进行根本性重组，以有机整合商业化或可能商业化的政策、监管和分配功能，同时还要对国有企业本身进行结构性调整，以期实现公平的、可反映真实成本的竞争环境。因此 OECD 国家的经验就是在政府内部建立和应用相对独立的规则体系。具体做法方面存在一些差异，有些国家的竞争中立主要框架比较完善，包括竞争法体系和配套的竞争政策，有些国家则为了公共部门企业在竞争市场中寻求实现竞争中立，明确地将竞争中立纳入其国家政策，并没有形成独立的竞争中立框架体系。

例如，澳大利亚是通过全面的竞争中立框架，在公共部门企业竞争的市场中寻求实现竞争中立。澳大利亚通过一系列规则，如 1995 年的竞争原则协定、1996 年的联邦竞争中立政策声明、2004 年的澳大利亚政府竞争中立法则构建起竞争中立原则的法律架构，但是为了落实竞争中立原则，澳大利亚政府不仅有竞争中立投诉办公室，还包括财政管理部、国库部等都要参与落实竞争中立原则，此外，澳大利亚还组建了竞争与消费者委员会和国家竞争理事会监督和管理竞争政策法规的实施。① 从 1996 年

① 李晓玉:《“竞争中立”规则的新发展及对中国的影响》，《国际问题研究》2014 年第 3 期。

起，政府就国家竞争政策执行情况每年发布国家竞争政策报告给公众评估竞争中立执行状况。在澳大利亚，竞争中立已经脱离狭隘的竞争法，竞争中立成为国家政策。在这种情况下，这种框架的应用超越了传统的国有企业，包括了政府“业务”的更广泛定义。

欧盟和欧洲经济区（EEA）国家也有较为全面的竞争中立规则，这些规则包括欧盟竞争政策（《欧盟法》第106条）、《欧盟法》第107条关于政府援助控制方面的规定、政府采购的协定、税收条款的规定、透明度指令等。在具体实施方面，欧盟委员会（European Commission）负责执行有关竞争中立的欧盟规则，欧洲法院负责认定、处理违反竞争中立的行为，欧盟委员会还有权对成员国进行“透明度审查”，对国有企业的公共项目和商业行为的财务账户进行监管，要求国有企业说明商业活动与非商业项目的预算，进行明确区分。

由于澳大利亚、欧盟等都是深受新自由主义思想的影响，本身就一直奉行较为充分的市场经济规则，因此，它们推行竞争中立的实践是符合市场经济原理的，获得了OECD其他国家的认同和效仿。据OECD的竞争中立与国家实践的报告所做的调查显示，已经有超过3/4的国家在调查中答复，在国家竞争法或其他政策框架中存在明确的竞争中立规则，给予公私企业平等的权利和义务，但是在这些受访者中，这些政策的适用和执行在多大程度上适用于非法人公共企业、实际的国有企业、国家或其他公共机构以及私有化公司的商业活动则各不相同。丹麦、芬兰、瑞典和英国并没有专门的竞争中立规则，而是通过有针对性的政策，寻求实现在市场竞争中立；有些国家政府承诺对政府拥有的企业实施竞争中立原则，然而这些国家并没有以政策、法律或条例的形式明确表现出来。例如，巴西、智利、墨西哥、匈牙利是通过在《宪法》或涉及公共事业活动的立法（如斯洛文尼亚）中处理公共事业竞争地位的情况，这些法律中有一些反映竞争中立的精神或要素。①

可见根据OECD调查，因各国经济发展程度不一，对竞争中立原则执行的程度自然存在很大不同，认可竞争中立原则与全面实施竞争中立原则之间有较大差异。

① OECD, *National Practices Concerning Competitive Neutrality*, April 2012, pp. 13-16.

二　TPP 国有企业规则对实现美国打击中国国有企业的战略目标效果有限

美国在推动 TPP 之前所签署的贸易协定较少涉及国有企业问题，如美国—智利 FTA 第 13 章国有企业是与指定垄断一起置于竞争政策之后进行规定的，对国有企业仅有 1 个条款，内容主要是国营企业不应以阻碍贸易和投资的方式经营，销售其产品或服务时应给予成员方企业非歧视性待遇。[①] TPP 国有企业规则是美国为了防止国家资本主义经济的崛起和自由资本主义国家经济的衰退，强迫前者（国家资本主义）采纳后者（自由资本主义）模式。但是在美国推动 TPP 谈判时，新加坡、马来西亚、越南和文莱等国家都有大量的国有企业，甚至连日本也将受此影响，日本国有邮政一直受到美国贸易代表和美国银行业、保险和快递公司的批评。此外，美国利用 TPP 协议针对中国可能会严重损害其他 TPP 参与国与中国的关系。2012 年 1 月，新西兰贸易部长 Tim Groser 在新西兰电台表达了对美国越来越多的反中国敌意言论的关注，他将此归因于智库和一些学者。他明确表示，如果美国政客们试图利用 TPP 谈判遏制中国的崛起，新西兰将退出谈判。[②] 由于成员国谈判中的利益矛盾，特别是 TPP 谈判拥有国有企业较多的国家，无疑对接受全面彻底的竞争中立原则存在异议。从最终达成的 TPP 国有企业规则来看，虽然 TPP 国有企业规则基本落实了竞争中立原则的一些基础性要求，但是在很多地方与 OECD 文件所提出的竞争中立内涵存在差距。

首先，关于国有企业存在的价值判断，TPP 国有企业规则无法对成员国的国内经济体制提出要求。但是 2015 年 OECD《国有企业公司治理指南》明显表达了竞争中立原则下对国有企业存在的价值取向，提出国家在企业中持有所有权的最高目标应该是通过高效的资源配置，实现社会价值最大化。所有权政策应受适当的政治问责制度约束，并向公众披露。由于社会主义国家实行公有制，建立国有企业还有维系国家执政党地位、调

---

① The United States-Chile FTA（2004），Article 13.6：State Enterprises.

② Nigel Stirling，*China*，*the US and New Zealand*，*Radio NZ Insight*，12 February，2012，http：//www.radionz.co.nz/national/programmes/insight/20120212.

节社会资源分配等多重政治经济意义，因此 TPP 协议是不能要求主权国家对自己的经济体制等方面内容进行重大变革的，所以 TPP 协议国有企业规则不涉及国有企业的价值问题。

其次，TPP 国有企业规则没有规定国有企业因特殊地位侵害了竞争对手利益的救济。TPP 第 17.4 条第 1 款（b）项和第 2 款（b）项要求的非歧视待遇是指国有企业、指定垄断购买货物或服务时应实施非歧视待遇，即国有企业本身不得歧视外资企业以及本国其他企业，但没有提出对国有企业利益相关者的保护问题。而 2015 年 OECD《国有企业公司治理指南》为确保国有企业与其他企业有一个平等的市场环境，并进行公平竞争，特别提出了国有企业的利益相关者，包括债权人和竞争对手在权利受到侵犯时，可以通过公正的法律或仲裁程序获得有效的赔偿，国有企业的法律形式应当允许债权人申张权利，并启动破产程序。对一些没有对国有企业采取法人制度，建立现代公司法体系的国家，竞争中立原则的要求显然更高，国有企业公司制改造成为竞争中立原则落实的必要条件。

最后，在信息披露方面的规定，TPP 的规定显然不如指南要求严格，2015 年 OECD《国有企业公司治理指南》的要求是，在国有企业的商业性经济活动和公共政策目标有结合起来的地方，必须对该项活动的成本和支出、收入等实施高标准的透明度和信息披露，以便判定收支所属业务种类，与公共政策目标有关的费用应由国家出资并予以披露。向公众明确说明企业的目标和完成情况，企业的治理结构、所有权结构和投票权结构，包括公司治理准则或政策的内容，以及实施流程；国有企业的财务成果和经营成果，包括与公共政策目标相关的成本和资金安排；董事会成员和核心高管的薪酬；董事会成员的任职资格和选举流程，包括董事会构成多元化政策，董事在其他公司董事会任职情况，以及是否被本企业董事会认定为具备独立性；任何可预见的重大风险因素，以及采取的风险管控措施；任何财务援助，包括国家担保以及国家代表国有企业作出的承诺（包含公私合营项目中的合同承诺和债务）；与国家或其他关联方发生的任何重大交易；任何涉及职工和其他利益相关者的有关事项。而 TPP 第 17.10 条关于透明度要求中国有企业披露的只是最近 3 年的年度收入和总资产，在一缔约方认为其某一项目或政策影响了贸易和投资时，要求该缔约方对该项目或政策下所提供的非商业性援助所造成的影响进行解释说明、提供该非商业性援助的相关信息。

综上，鉴于竞争中立原则内涵的丰富，自由资本主义国家在实施竞争中立原则上也有不少差异，因此 TPP 国有企业规则能够将 OECD 仅仅作为示范性文件的内容纳入条约文本成为成员国的条约义务，如果没有美国的强力主导和推动难以达到让各国签字接受的结果。从最终 TPP 第 17 章文本内容来看，核心规则集中在限制国有企业获得非商业援助，在经营中遵守非歧视待遇原则，并且用较高的透明度原则对国有企业是否具有或获得优势竞争地位进行监管，而不涉及成员国对国有企业的价值判断，不涉及国有企业内部治理问题，说明 TPP 第 17 章内容有强烈的针对性，即对中国等国家国有企业所谓不公平竞争地位的限制与防范。

但是，TPP 国有企业规则作为当时奥巴马政府的资产，带有浓厚的奥巴马理想主义色彩。从美国的战略目标来看，奥巴马谋求通过制定未来国际经贸规则来限制所谓“国家资本主义模式”存在天然的局限性。即使 TPP 第 17 章纳入了竞争中立原则最重要的内容，如非商业援助、非歧视待遇等，由于成员国对市场开放的程度不一，因此在达成规则的时候存在对竞争中立原则中某些内容的打折扣式纳入，比如，透明度要求只需要国有企业披露最近 3 年的年度收入和总资产，年收入的年度数据在商业社会、市场信息万变的背景下是难以反映出企业是否因为某种优势竞争地位而获益的，此外 TPP 第 17 章众多的例外也在很大程度上削减了该项规则的影响力。

美国退出后给 TPP 的前景蒙上阴影，但是最终 TPP 剩下的 11 国决定继续推动 TPP，并将 TPP 成果变更为 CPTPP，TPP 第 17 章的内容几乎原封不动得以保持。现在 CPTPP 本身作为一个区域性协定，虽然会给中国的国有企业模式带来国际压力，但是中国并非 CPTPP 成员国，CPTPP 第 17 章的国有企业规则除了在未来国际经济贸易投资环境给中国带来融合 CPTPP 规则的压力之外，尚无法直接对中国的国有企业发生效力。

而作为退出 TPP 的美国而言，在多边或区域性框架下面对众多贸易谈判对象会大大消耗美国的谈判力量，利用其超强的政治、经济、军事实力在双边摩擦中迫使竞争对手屈服是确保美国利益优先的最优选择，因此特朗普上任后退出 TPP 并且针对中国在贸易、投资发起一系列极度施压的加征关税措施，美国无疑意识到 TPP 是难以充分保障美国的利益的，也难以达到直接限制中国国有企业竞争实力的目的。

三　国有企业规则对转型国家的影响

越南自1986年革新开放、采取渐进式改革以来，在经济建设上取得了令人瞩目的成就。随着改革的深入，越南积极融入经济全球化体系之中，对外缔结了多项自由贸易协定（FTA），包括东盟自由贸易协定（AFTA）、WTO，在东盟框架下参与了与中国、印度、澳大利亚、新西兰、日本、韩国等多项自由贸易协定。通过参与多边、双边和在东盟框架下的贸易协定，越南与主要贸易伙伴建立起了全方位、多角度的贸易协定网络。当美国欧盟发起新一代贸易投资协定时，越南积极参与谈判并成为TPP成员国，越南还与欧盟进行双边FTA谈判并于2016年11月2日结束谈判，法律文本将提交议会（国会）批准。众所周知，欧美发起制定的国际贸易投资新规则，在投资、知识产权、劳工条款等方面都确立了极高的标准，特别是国有企业规则，对以公有制为主体的社会主义国家——越南将是不小的挑战。而越南接受的国有企业条款，对其他转型国家而言，更是难得的经验。

（一）越南参与新一代FTA、接受国有企业条款的战略考量

1. 扩大对美欧出口、吸引更多外资、平衡对中国经济的依赖等经济政治因素驱动越南积极参与新一代FTA谈判

自越南革新开放以来，越南经济循序发展，增长速度在世界名列前茅。据越南统计总局公布数据，2016年越南GDP达4502.7万亿越南盾（约2046亿美元），同比增长6.21%，人均GDP4860万越南盾（约2215美元）。[①] 越南已经成为一个典型的外向型经济国家，越南工贸信息中心副主任黎国芳表示，越南出口依存度即出口额占GDP的比例已超过80%，显示出越南经济较为开放。[②] 在越南的规划中，未来发展目标是到2025年成为一个实现现代化、工业化的中等收入国家，因此越南需要更深入地

① 《2016年越南GDP增长6.21%，人均GDP2215美元》，http：//www.mofcom.gov.cn/article/i/jyjl/j/201612/20161202421524.shtml，2018年8月15日。

② 《越南专家称越南出口依存度过高带来了风险》，http：//www.mofcom.gov.cn/article/i/jyjl/j/201501/20150100861032.shtml，2018年8月15日。

融入国际经济体系，以优化经济结构，进一步增强产业竞争力。

在越南的贸易伙伴中，美国和欧盟无疑具有举足轻重的地位。自从2007年越南与美国达成贸易投资框架协议以来，越南随后又加入WTO，双方的经贸关系得到长足发展，截至2016年，美国出口至越南的货物价值增加了9倍，达到103亿美元，美国对越南的服务业出口也不少，2015年大致达到20亿美元，2015年美国对越南的直接投资达13亿美元，越南成为美国的第16大贸易伙伴。[①] 2016年欧盟越南之间的贸易额达到424亿欧元，其中欧盟从越南进口达331亿欧元，欧盟出口到越南是93亿欧元。欧盟还是越南最大的投资方之一，2015年欧盟对越南投资达13亿欧元，欧盟对越南投资历年总额已达217亿欧元，欧盟是越南的第5大投资国。[②] 对于越南来说，虽然2016年数据显示中国在它的贸易伙伴中占据进出口总额第一的位置，美国和欧盟分别居于第二和第三的位置，但是美国和欧盟却是越南出口额第一和第二大目的国（地区）。[③] 可见，对于以外向型为主要经济结构的越南而言，欧美市场对越南经济的重要性。

毫无疑问，与美欧缔结FTA更能够让越南获得更多的市场份额，据彼得森国际经济研究所Peter A. Patrick教授等人通过CGE模型测算，加入TPP以后，2015年越南的GDP将达到1460亿美元，2020年则增加到2270亿美元，2010—2025年的增长率为8.9%，TPP对越南GDP增长的贡献最为突出，越南将是TPP最大的受益国。[④] 在与欧盟的FTA方面，一旦欧盟越南之间的FTA付诸实施，它们之间99%的关税将取消，具有劳动力成本优势的越南对欧盟的出口将更上一个新台阶。此外，近年越南与中国在南海问题上屡有争议，摆脱对近邻大国经济的依赖也成为越南积极参与美欧推动的新一代FTA谈判的重要考量因素。

2. 通过参与新一代FTA推动国内缓慢的国有企业改革

经过20多年以市场为导向的改革，经过兼并、破产、重组后，国有

---

① USTR, *Vietnam*, https://ustr.gov/countries-regions/southeast-asia-pacific/vietnam.

② European Commission, *Vietnam*, http://ec.europa.eu/trade/policy/countries-and-regions/countries/vietnam/.

③ European Commission, *European Union, Trade in Goods with Vietnam*, http://ec.europa.eu/trade/policy/countries-and-regions/countries/vietnam/.

④ 毕晶：《越南加入TPP的国内经济与政治因素探析》，《国际经济合作》2014年第10期。

企业的数量减少了74.1%，平均资金规模从1994年的33亿越南盾增加到2004年的636亿越南盾，资金低于50亿越南盾的国有企业的比例从2001年的60%下降到2004年的49%。盈利企业的比例从1995—1997年的40%上升到2003年的77.2%。[①] 但是，越南国有企业股份制改革及公司治理结构改革进展缓慢，由于代表国有股权的政府各相关部门以及行政任命产生的前国有企业管理层在改革前或在改革中形成了强大的利益共同体，他们与国有企业股份制改造中形成的公司内部持股人一起，担心股份制改造将股权出售给外来投资者会损害自身利益，千方百计阻挠改革的进程，因此，越南政府原计划在2014—2015年完成对432家国有企业的股份化改造，但最终没有完成这一目标。

在旧体制运行的惯性下，寻租活动和生产垄断都极大损害了国有企业的生产效率。在1997年世界银行报告里就提到越南国有企业在得到优惠待遇的情况下效率仍然十分低下，例如，越南粮食公司拥有进出口粮食的垄断地位，越南大米只能通过该公司卖给伊朗、马来西亚和菲律宾等国一些市场，但是国有企业营销活动费用等支出，比私营部门高出5倍。还有越南的通用电气公司向政府汇报虚假的生产利润情况，要求提高产品价格，根据这份报告，如果价格没有上涨，公司将损失2980亿欧元。实际上，该公司利用更高的价格使价值144.5亿越南盾的利润流入职工工资基金，根据国家检验委员会的数据，这家公司违反支付的工资增加了150%，总共超过了996亿越南盾，这导致了国家税收减少近240亿越南盾。[②]

因此越南需要通过外部力量推动国有企业改革。2011年越共11大通过的《2011—2020年经济社会发展战略》提出越南今后一个时期越南经济社会发展的全面战略是全面融入全球化，这意味着越南在经济体制上要全面与西方经济体制接轨。面对国有企业改革进展缓慢的现状，越南工商部阮晋勇部长发表文章指出，要采取有效措施改革国有企业所有权结构、

① 胡晓:《越南的国有企业改革和公司治理》,《改革与战略》2007年第8期。

② Tran Dinh Lam, "The State-Owned Enterprises Reform in Vietnam", *Suvannabhumi*, Vol. 6, No. 2, December 2014, p. 45.

透明度和改善公司治理。① 引入 TPP 所确立的以市场经济为导向的规则，能够倒逼越南国内改革。

（二）越南缔约实践的启示

1. 越南加速国有企业改革的内在动力促使其接受国有企业规则，同时越南也在缔约时仍保留了不少逐步修改国内立法的空间。

越南自身深化国有企业改革的内在动力使得越南接受国有企业规则阻力不大。越南是 2010 年 11 月正式加入 TPP 谈判的，在此之前，经过市场化改革，越南国有企业的数量从 1995 年近 7000 家减少到 2010 年的 1000 多家，但是越南企业改造和发展指导委员会认为，国有部门仍然相对较多，2011 年国有企业产值占 GDP 的 33%。2011 年之后越南加速了国有企业改革。让国有企业在商业基础上运行，越南加速了国有企业股份制改革进程。简化改革程序，让与股份改革密切相关的资产评估、土地使用权定价等公开透明。2011 年越南政府颁布了 59 号法令，取代 2007 年的第 10 号法令，按照 109 号法令，股份公司要向总理报告它们的股份制改革计划，而新的 59 号法令则规定只有资本超过 5000 亿越南盾以及在保险、银行、通信、航空和稀有矿物开采领域的国有企业需要向总理报告国有企业改革情况，包括选择的战略投资者、出售方式、出售股权的数量。在国有企业股份制改革中极其复杂的资产评估工作也得到规定，由独立的第三方资产评估机构来评估国有企业的有形资产和无形资产。资产评估经过审计部门审计之后更容易出售给外国投资者。土地使用权也纳入国有企业资产，根据省级人民委员会所公布的价格信息定价。国有企业的证券化过程变得更加透明，股票买卖的有效方式是公开拍卖。

在 2014 年国有企业重组会议上，越南总理强调国有企业股份制改革是提高国有企业效率的唯一途径。这表明，越南政府有强烈深化改革的内在动力，新一代 FTA 的谈判只是促进越南国有企业改革的外部因素，虽然在改革过程中，由于缺少愿意购买国有企业股份的投资者，越南国有企业股份制改革进程并不顺利，但是越南政府认为他们至少为加入 TPP 等新一代 FTA 做好了充分准备。越南 TPP 首席谈判代表工商部副部长陈国

---

① Tran Dinh Lam, "The State-Owned Enterprises Reform in Vietnam", *Suvannabhumi*, Vol. 6, No. 2, December 2014, p. 54.

庆就认为，TPP 协议条款能够有效保证国有企业按照市场秩序运行，在 TPP 框架不需要特别机制。①

不过美国推动 TPP 国有企业规则是构建新一代国际经济秩序，并有约束管制中国、限制庞大的中国国有企业竞争力的战略意图，因此美国推动的国有企业规则谈判文本不会仅仅只考虑越南的实际情况。而越南政府在已经做好充分准备接受新的国有企业规则时，也要保证越南的国有企业与其他成员方的企业能够公平竞争，为越南国内立法逐步修改留下一定空间。

2. TPP 和欧盟—越南协定谈判的压力，促使越南企业法不断调整对国有企业的界定，也推动了越南国有企业股份制改造的进程。

对于以公有制经济为主体的越南而言，国有企业承担着实现政府政策目标、吸纳安排劳动就业等重大任务，长期政企不分，政府对企业具有绝对控制权。根据 1995 年第一部关于国有企业的法律，国有企业是由国家投资资本，建立和管理其商业行为以实现其社会经济目标的经济组织。因此国有企业完全属于国家所有，即使在国家拥有多数（但不是 100%）的国有企业，国家也对其资本和国有企业管理有重大控制权。随着改革的深入，以及越南加入 WTO 谈判，进行市场化改革的压力越来越大，越南法律逐步进行修改，以便建立规范的现代化公司治理机制。2003 年企业法开始将国有企业与政府分离，将国有企业视为一个独立的经济组织，在这个组织中，国家拥有整个企业的资本或持有控股股权，它的组织形式是国有公司、股份公司，或有限公司。2005 年企业法进一步明确国有企业的定义，确定国有企业是指国家拥有企业超过 50% 的注册资本，该法还要求国有企业应该在 2006 年 7 月 1 日至 2010 年 6 月 30 日的 4 年之内变更为股份公司、有限责任公司，这样也更有利于越南执行对国际条约的承诺，但是 2005 年越南企业法没有把国有企业区分为商业性国有企业和公益性国有企业，导致日后在谈判时，欧美认为越南国有企业享有的各种政策扶持是一种不公平的做法，2007 年越南加入 WTO 时也被视为非市场经济国家，一直到 2018 年 12 月 31 日为止，越南的国有企业在反倾销法和反补

① LE Thi Anh Nguyet, *State-Owned Enterprise Reforms in the TPP Negotiation*, *Is It a Win-Win for Vietnam*, RIETI Discussion Paper Series 15-E-092, July, 2015, p. 27.

贴法上都不能按正常的市场经济体计算其出口商品的价值。

也许是感受到在新一代 FTA 国有企业规则谈判的压力，在 TPP 最终国有企业规则文本出台之前，越南颁布了 2014 年企业法，专门增加了一章对国有企业进行规定。该章内容包括国有企业结构、管理、高管的选任以及他们的权利和义务等等。有意思的是，2014 年企业法的国有企业专章仅仅适用于国家拥有 100%股权的国有企业，那些政府拥有注册资本 50%以上但不足 100%股份的企业都不被认为是国有企业，这样似乎给外界一种越南国有企业数量将大幅减少的印象。但是从 TPP 和 EVTFA 对国有企业的界定来看，参与谈判的其他成员是不会接受如此狭窄的国有企业定义的。

3. 美欧 FTA 都高度关注将竞争中立原则引入 FTA 中的竞争政策，最后谈判焦点主要集中在越南国有企业的补贴及对国有企业优于私营企业和外资企业的金融支持政策等方面。

美欧基于自身自由竞争的市场经济模式和限制所谓“国家资本主义模式”发展的战略考量，近年来通过 OECD 和 FTA 不断推动竞争中立原则的国际立法进程。在 TPP 谈判时，其他成员国如马来西亚、新加坡等都有为数不少的国有企业，因此，国有企业问题也成为 TPP 谈判最困难的议题。

在国有企业谈判过程中，国有企业通过政府补贴、贷款优惠等政府扶持获得竞争优势是美欧关注的焦点问题。历经改革之后，越南国有企业在政府采购、获得银行贷款、土地使用权等方面仍然具有优势，所以越南在加入 WTO 谈判时就无法获得市场经济地位，按照越南“入世”的谈判结果，从 2007 年 12 月 1 日一直到 2018 年 12 月 31 日，越南都可以被其他成员国按照非市场经济国家采取贸易救济措施，美欧也一直不同意给予越南国有企业以市场经济地位待遇。

所以在 TPP 谈判时，美国针对越南的情况，提出要将越南在反倾销和反补贴法上的市场经济地位问题置于 TPP 范围之外谈判，这迫使越南政府意识到，在商业基础上进行国有企业改革、非歧视性原则比以往任何时候都更加重要。[①] 随着谈判深入，美国越来越关注在国有企业和私营企业之间维系公平竞争原则的问题，美国表示在处理国有企业问题上，尤其

① LE Thi Anh Nguyet, *State-Owned Enterprise Reforms in the TPP Negotiation, Is It a Win-Win for Vietnam*, RIETI Discussion Paper Series 15-E-092, July 2015, p. 13.

是在企业融资问题上，监管和透明度应该是至关重要的，以确保这些企业不被提供不公平待遇和竞争优势。①

同样，欧盟对越南国有企业的主导地位感到担忧，例如，在一份应欧洲议会要求所作的国际贸易政策的简报中，就提到欧盟—越南协定谈判应密切关注越南国有企业的不公平竞争地位问题。该简报指出，越南国有企业占国内生产总值和工业产值的39%和非石油出口的35%，但只雇用了10%的员工，国有企业轻易获得全国1/3的银行信贷，享受贷款、土地分配等种种优惠待遇，结果减少了非国有企业的增长机会，打击投资者信心和越南银行业的运营效力，从而在宏观上给越南经济蒙上阴影。②

最终，TPP的非商业援助成为管制国有企业获得的补贴等优惠待遇的突破性规则，而欧盟也适时在欧越协定的补贴规则中提出了透明度、补贴限额等新要求。

---

① Dadomo, C. and Nguyen, T. H., "Developments and Implications of Future FTAs for the Competition Law in Vietnam", In: *Vietnam Commercial Law in Global Integration Context*, Ho Chi Minh City Law University, Vietnam, 6-7 January, 2016, p. 4.

② EU Directorate - General for External Policies, *Policy Briefing*: *EU - Vietnam Economic and Trade Relations*, DG EXPO/B/PolDep/Note/2012_188, pp. 17-18.

第三章　后 TPP 时期国有企业规则的演进

众所周知，TPP 国有企业规则的本质是美国意图推动新一代经贸投资规则以限制中国国有企业国际竞争力，美国虽然退出了 TPP，但 TPP 国有企业规则所体现的核心理念——美国等限制以国有企业为基础的“中国模式”或“政府主导经济模式”的战略意图并未因此沉寂和消减，反而后续不断发展演进。本章将分析美国意图通过非市场经济问题、美墨加协定的“毒丸”条款将中国排斥在美欧等推动的新一代国际经贸规则体系之外；美欧通过推动反补贴规则改革、加强外资审查限制中国政府支持的产业升级能力，说明以 TPP 第 17 章为代表的限制中国国有企业的规则，已全面升级为对中国政府主导经济模式的限制性规则。此外，本章将分析中国“一带一路”大型基础设施投资因具有政府主导特点，面临国际主权贷款责任规则的软约束，中国更需要警惕美国推动不利于中国贷款安全的《中国债务陷阱法案》。

第一节　非市场经济问题演变为对中国经济体制的排斥

TPP 国有企业规则是在澳大利亚等发达国家国内推行竞争中立原则的基础上演进而来的，这些国家国内的竞争中立规则体系和 TPP 国有企业规则，只是国际投资法领域推动对国有企业竞争地位的相关立法，并给中国的国有企业模式带来国际压力，但对中国国有企业并没有直接约束力。

随着中国经济实力的增加，西方国家意识到国有企业只是中国特色市场经济中政府主导经济发展的一个重要因素。2017 年 12 月 20 日，欧盟委员会公布一份文件《关于在贸易防御调查中中华人民共和国经济中的严重扭曲问题》①，该报告在分析中国对市场的扭曲时，从中国特色社会

① Commission Staff Working Document, *On Significant Distortions in the Economy of the People's Republic of China for the Purposes of Trade Defence Investigations*, SWD (2017) 483 final/2.

主义、中国共产党、中国的计划经济、国有企业、金融体制、政府采购市场和投资限制等方面，认为中国特色社会主义是国有经济为主导，政府和党控制主要生产要素，对土地、能源、资本、原材料和劳动力五个主要生产要素构成了扭曲，中国国有企业只是政府扭曲市场要素的一个重要手段。2017 年 10 月 26 日，美国商务部发布《中国非市场经济地位报告》，美国商务部从六个方面说明“中国是非市场经济国家”，其中详细分析中国国有企业在经济体系中的角色及普遍性，以此论证政府对生产资料控制和扭曲的程度。①

可见，在欧美等国看来，中国政府主导的经济体制对市场带来严重扭曲的后果，除了需要在竞争法强化竞争中立原则之外，应通过非市场经济地位问题限制中国政府在市场中的作用。特朗普就任美国总统后对华政策日渐明晰，非市场经济地位问题不再仅仅局限于反倾销领域，更与国有企业规则、产业补贴政策、金融政策等融合在一起，成为美国在经贸领域反对、限制中国经济实力的一个重要抓手。

一 发达经济体“竞争中立原则”的国内立法适用范围有限

在 OECD 中，确立了完整的竞争中立原则法律框架并建立一套执行管理机制的主要是澳大利亚和欧盟，但是这些制度的主要目标是在本国或本区域内建立国有企业与私营企业公平的竞争秩序，适用对象是本国或成员国的国有企业以及享有特别权利的企业。显然，它们现有的竞争中立原则法律框架对他国国有企业的海外投资行为尚无约束力，从某种意义上而言，这种规则甚至会使得本国企业与他国国有企业处于不利的竞争地位，因此，澳大利亚、欧盟的竞争中立原则法律框架适用范围存在局限性，促使它们开始在不同层面推动竞争中立原则的国际化。

（一）澳大利亚竞争中立原则适用于本国企业

澳大利亚各州在高度自治的政治和经济条件下拥有为数众多的州公有制企业，带来占用过多资源、垄断并低效率运作的种种公有制弊端，损害

① US - DOC, *China's Status as a Non - Market Economy*, October 26, 2017, https://enforcement.trade.gov/download/prc-nme-status/prc-nme-review-final-103017.pdf.

了公平秩序。为此各州决定建立全国层面的统一竞争制度，1992 年，澳大利亚成立了独立质询委员会，该委员会在借鉴新西兰完全自由和竞争中立的国有企业模式基础上于 1993 年提出了国家竞争政策的 Hillmer 评估报告，竞争中立就是该委员会提出的需要改革的国家竞争政策之一。此后，澳大利亚在 1995 年之后颁布一系列政策文件，包括《竞争原则协定》《联邦竞争中立政策声明》和《实现全国竞争政策和处理与竞争支付及相关改革协议》等，确立政府实施竞争中立原则的政策目标和竞争中立的实施内容，2004 年推出《澳大利亚政府对管理人员的竞争中立指南》，给实施竞争中立原则的企业管理人员具体的对策建议。可见，澳大利亚竞争中立原则并不是在竞争法的法律条款之中，而是通过政府内部的文件、协定和声明得以体现，具体实施方式是确立税收中立、债务中立、对国有企业的商业回报率要求、监管中立，为了更好执行竞争中立原则，澳大利亚还在联邦与州层面建立了申诉与行政审查程序，迄今为止，澳大利亚联邦与州层面已进行了过百起行政审查。[①] 仅从澳大利亚联邦层面竞争中立办公室对一些企业是否违反竞争中立原则的裁决来看，澳大利亚竞争中立原则框架体系的适用范围和对象全部是针对本国政府所有的企业及其分支机构。

澳大利亚 1996 年《联邦竞争中立政策声明》中明确了竞争中立原则的含义，即政府的商业活动同私营企业一样高效、透明，应确保政府的商业活动和民营企业在公平竞争的环境下竞争，竞争中立要求政府不应利用其立法或财政权力使政府企业优于私营部门，如果政府确实以这种方式为政府企业提供优势，就会扭曲竞争，降低效率。根据上述规定，“政府商业活动”即竞争中立原则的适用对象。《联邦竞争中立政策声明》进一步说明了在澳大利亚，从事政府商业活动的，除了联邦公司、所有政府企业，私营企业如果从事公共活动性质活动，也应该适用竞争中立原则。[②] 由于澳大利亚各邦之间经济、制度等存在差异性，因此在具体适用竞争中立原则时，各联邦、州、领地有较大的灵活性，可以根据各自的特

---

① 赵海乐：《是国际造法还是国家间契约：竞争中立国际规则形成之惑》，《安徽大学学报》（哲学社会科学版）2015 年第 1 期。

② OECD, *Competitive Neutrality: Maintaining a Level Playing Field Between Public and Private Business*, 2012, p. 16.

点处理具体问题。

总之，澳大利亚推行竞争中立原则是在国内公有制企业损害了公平竞争环境的背景下产生的，所以，相关竞争中立的规则法律适用对象就是本国政府所有的企业及其分支机构，以及从事政府或公共活动性质的私营企业。

（二）欧盟竞争中立原则的适用对象

在欧盟，有些成员国有特殊的竞争法律规则来应对政府与私人实体之间不公平的影响，采用欧盟模式的一般有类似欧共体第106条的规定，为执行一般经济利益服务的实体或者被授予特殊或排他权利的实体制定规则。从广义上说，欧共体第106条规定，由政府实体或代表政府的私人实体所执行的服务，应该遵守欧共体条约竞争条款的规定，除非该规则的适用会妨碍法律规定它们特定任务的履行。此外，欧盟关于国家援助和补贴的规定也适用于成员国或其他公共机构向任何公司提供的所有补贴和国家援助，无论这些公司是公营的还是私营的，透明指令要求既从事商业活动又从事非商业活动的上市公司需要将它们的账目分开，欧盟的竞争政策中也含有竞争中立原则的规定。①

从欧盟竞争中立原则的适用对象来看，除了国有企业，执行一般经济利益服务的实体或者被授予特殊或排他权利的实体均应遵守竞争中立原则。何谓“执行一般经济利益服务的实体”，何谓“被授予特殊或排他权利的实体”，欧盟竞争法并没有准确的定义，司法实践更注重对该实体具有特殊权利、从事专门行为等功能性的认定因素。例如，在欧共体世界杯案中，世界杯及其组委会因为通过广告收入获取了利益，被认为属于“执行一般经济利益服务的实体”②。

在欧盟，各成员国之间因国有企业或者以特定授权实现政府某种公共利益的商业性行为存在相互竞争的情形，竞争中立原则的引入尤为重要。但是基于上文分析的，无论是澳大利亚还是欧盟，竞争中立原则适用对象都会针对那些国有企业或得到政府授权的实体，这些实体的特殊地位是在

---

① Antonio Capobianco，Hans Christiansen，*Competitive Neutrality and State-Owned Enterprises Challenges and Policy Options*，OECD Corporate Governance Working Papers，2011，No. 1，p. 15.

② 熊轩昱：《比较法视野下的竞争中立规则》，硕士学位论文，华东政法大学，2014年。

其境内或区域成员国内部得到授权的，因而，这些包含竞争中立原则的法律框架无法约束国外的国有企业或得到授权的企业。除非这些外国企业同样能够得到东道国本国或本地区政府的授权，这种情况几乎是不可能的。

二　“非市场经济国家”问题的提出和争议

（一）非市场经济国家问题的由来

非市场经济地位问题是反倾销上在认定倾销是否存在以及确定倾销幅度时使用的一个重要概念。在反倾销调查中，有倾销事实、造成进口国国内相关产业损害或损害威胁、倾销与损害之间存在因果关系是认定倾销成立的三大基本条件，在认定倾销成立的第一个条件“有倾销事实”中，倾销事实是指对进口国而言，进口商品的价格低于“正常价值”，在进口国进口价格已定的前提下，如何确定“正常价值”就是能够成功立案与否乃至决定倾销是否成立、倾销税的关键。通常情况，通过三种方法确定“正常价值”：（1）出口国国内市场价格；（2）向第三国出口价格；（3）推定价格，即根据出口商品的成本加上合理的运费、利润推定其合理的“正常价值”。在 20 世纪 50 年代之前，无论是关贸总协定（GATT）还是各实施反倾销法的国家，并没有使用市场经济和非市场经济的概念，也没有针对非市场经济国家专门的反倾销调查标准。

在关贸总协定时期，一些成员国认为，非市场经济国家出口价格不能作为正常价值，因为非市场经济国家对生产和市场实行垄断和控制，产品的国内销售价格不能反映出产品的正常价值，对此，GATT 没有很好的解决办法，承认了对非市场经济国家进口产品在反倾销调查时进行价格比较存在困难，问题留给了缔约各方的国内贸易法律和政策去处理，并因此最终形成了 GATT1994 附件 Ⅰ 关于第 6 条第 1 段的补充规定。[①] 因此，在 GATT 时期，成员国在反倾销调查中对来自非市场经济国家进口的价格拥

① GATT1994 附件 Ⅰ 关于第 6 条第 1 段的补充规定为：“应当承认，对于从全部或大体上全部由国家垄断贸易并由所有国内货物价格都由国家规定的国家进口的货物，在为第 1 款（指《1994 年关贸总协定》第 6 条第 1 款）的目的决定可比价格时，可能存在特殊的困难，在这种情况下，进口缔约国可能有发现有必要考虑这种可能性：与这种国家的国内价格作严格比较并不总是适当的。”

有完全的裁量权，或者按照一般的调查比较方法确定正常价值，或者是根据本国贸易法的规定采用第三国即替代国价格来计算正常价值。WTO《反倾销协议》承袭了 GATT 时期的做法，WTO《反倾销协议》第 2.7 条第 2 款规定："本条款的规定不能损害 GATT1994 附件Ⅰ中对 GATT 第 6 条第 1 款的补充规定。"也就是说，WTO 成员国在反倾销调查时，WTO 自身并没有设置针对非市场经济国家反倾销特殊的调查规则和特定标准，但允许进口国在有关反倾销调查中对该国企业实行差别待遇。

GATT1994 附件Ⅰ关于国家垄断贸易的补充规定使得在关贸总协定框架下对计划经济国家反倾销采取特殊比较方法成为可能，美国在 1962 年对来自捷克斯洛伐克的毛皮毡罩、毛皮垫和毛皮帽的反倾销调查中使用第三国出口至美国同类商品销售价格作为比较标准，① 此后随着美国对来自计划经济国家的反倾销调查增多，最终在正式立法中明确了对非市场经济国家的正式定义、判断要素和替代国使用方法。在《1988 年综合贸易与竞争法》中"非市场经济国家"被定义为"管理当局认定的任何不按市场规则下的成本或价格体系运作，因此商品在该国的销售不能反映其公平价值的国家"，此外，国会还制定了判断一个国家是否是"市场经济国家"的六条标准，这些标准包括："（1）该国货币与其他国家货币兑换时自由程度；（2）该国劳资双方在谈判确定工资水平的自由程度；（3）该国允许其他外国公司商号在国内设立合营企业或进行其他投资的自由程度；（4）该国政府所有或控制生产资料的程度；（5）该国政府对资源分配配置的控制以及对企业的价格、产出决定的控制程度；（6）美国商务部认为适当的其他因素。"② 该法案还给美国商务部判断一国是否为市场经济国家以充分的自由裁量权，在实践中，美国商务部认为，被评估的国家不一定必须满足上述六个因素才能被确定为市场经济国家，而只需达到市场经济的门槛水平即可，但是，美国商务部对门槛水平没有明确的解释，这必然导致评估受到政治因素的影响。

1979 年 8 月，欧共体部长理事会在为修订第一份《反倾销基本条例》而发布的《第 1681/79 号条例》(9) 中开始对来自非市场经济国家的进口

① 屠新泉:《中美关系与中国市场经济地位问题》,《美国研究》2011 年第 3 期。

② 屠新泉:《中美关系与中国市场经济地位问题》,《美国研究》2011 年第 3 期。

产品适用替代国价格来计算正常价值，首先，适用同类商品在替代该非市场经济国家的替代国的国内价格或出口价格为正常价值。其次，如果该第三国没有同类商品的国内价格或出口价格，则按照该第三国类似商品的成本加上利润推导结构价格。最后，如果上述规则没有充分的基础，可以按照同类产品在欧共体的实际价格加上合理利润进行推定正常价值。1998年欧盟在《反倾销基本条例》第 2 条第 7（a）款下添加脚注，脚注里面列出了非市场经济国家名单，中国和俄罗斯不在非市场经济国家之列，也不属于完全市场经济国家，适用《反倾销基本条例》第 2 条第 7（b）款，俄罗斯和中国的被诉倾销产品生产商可以在特定条件下申请享受市场经济待遇。

在欧美的反倾销法中，由于其反倾销主管部门在选用替代国时存在一定的主观因素，特别是在进口国贸易保护势力强大的时候，往往会选用那些明显生产成本价格会远远高于所谓非市场经济国家的国家作为替代国，其结果是导致非市场经济国家的商品出口事实上更高概率确定为倾销成立。例如，在 1995 年欧盟针对中国产品采取的六起临时反倾销措施案件中，有三起案件将美国作为替代国，还有一日起将日本作为替代国。[①] 而众所周知美国、日本的人均国民生产总值远远高于中国，以它们国内同类商品的国内价格或者结构价格计算为正常价值，会远高于中国商品的实际价值，计算出来的倾销幅度也会比实际情况高得多，最后作出的反倾销显然是极其不公平的。

更需要强调的是，欧盟没有对非市场经济国家进行明确的解释，而是采取武断的办法推定来自非市场经济国家的倾销产品，欧盟认为非市场经济国家生产商的成本、费用等被扭曲，必须由受到调查的生产商负举证责任证明自己的生产经营活动是在市场经济条件下进行，生产、销售、贷款、用工等都具有完全的自主权，欧盟才可能给予该生产商或出口商以市场经济待遇。

（二）中国与发达国家在非市场经济国家问题上的争议

虽然中国在由计划经济向社会主义市场经济的改革开放过程中，大部分的商品生产、销售等遵循市场经济规律，但是，在西方主要发达经济体

---

① 朱丁普:《欧洲联盟反倾销法上非市场经济制度本质探究》,《中外法学》2015 年第 2 期。

反倾销实践中一直将中国视为国家控制价格的非市场经济国家，而采取替代国方法确定原产于中国的进口产品的价格可比性。为了尽快加入关贸总协定以及后来的世界贸易组织，在艰辛的谈判之后中国接受了在他国反倾销调查被作为“非市场经济国家”特别对待的歧视性做法。

这一内容规定在中国加入世界贸易组织（WTO）议定书第 15 条 a 款（i）项规定，成员国在反倾销确定价格可比性时，“如接受调查的中国生产者能够明确证明生产该同类产品的产业在制造、生产和销售该产品方面具备市场经济条件，则该进口成员在确定价格可比性时，应使用受调查产业的中国价格或成本”。但是，（ii）项规定“如受调查的生产者不能明确证明生产该同类产品的产业在制造、生产和销售该产品方面具备市场经济条件，则该进口成员可使用不依据与中国国内价格或成本进行严格比较的方法”。第 15 条 d 款规定，使用替代国进行价格比较的方法应在中国加入 WTO 之日后 15 年终止。

在中国“入世”议定书第 15 条中，规定了市场经济的标准由各成员国国内法确定，这样就给后面中国“入世”15 年之内欧美根据自己的标准不承认中国市场经济地位留下了操作空间。

加入 WTO 后，中国的计划体制、投资体制、生产要素市场和价格形成机制不断加快市场化改革，在发展中国家和转型国家中市场化水平处于相对较高水平，但是在美国等针对中国发起的反倾销案件中，美国商务部对中国使用的平均反倾销税率比市场经济国家高 20%，给中国出口企业带来了巨大的损害。① 自 2002 年以来，中国不断通过外交谈判、自由贸易协定谈判以及与相关国家签订谅解备忘录，要求获得承认市场经济地位。② 例如，中国政府在 2004 年通过外交努力，促使新西兰承认中国的市场经济地位，但是在中国与美国、欧盟的多轮磋商中，美国、欧盟坚持认为中国的政府控制生产资料程度、国有企业体制、对银行的管制等方面与它们所认定的标准相去甚远，谈判一直未获进展。

2016 年 5 月 12 日，欧洲议会以 546 票赞成、26 票反对和 77 票弃权的结果通过一项非立法性决议，拒绝给予中国市场经济国家地位，因为中

① 屠新泉:《中美关系与中国市场经济地位问题》,《美国研究》2011 年第 3 期。

② 左海聪、林思思:《2016 年后反倾销领域中国非市场经济地位问题》,《中国法学》2017 年第 1 期。

国政府对经济的干预使得公司的价格、成本不能由市场决定，决议认为中国未满足欧盟认定市场经济的五个标准。① 2017 年 12 月，欧盟委员会公布了《关于在贸易防御调查中中华人民共和国经济中的严重扭曲问题》的报告，在报告中，欧盟委员会详细分析了“社会主义市场经济”的具体表现，认为中国的经济是国有经济为主导；政府控制主要生产要素，特别是土地、劳动力、金融和石油、电力以及其他公用设施；政府通过五年计划、投资指导目录、行政许可、税收优惠、财政补贴、政府采购等手段，实行积极干预的产业政策；做大做强国有企业，扶持重点龙头企业等，报告还对中国的土地、能源、资本、原材料和劳动力五个主要生产要素分别进行分析，认为这五个生产要素均存在严重的政府干预、扭曲了市场。②

欧盟委员会于 2016 年 11 月 9 日向欧洲议会与欧洲理事会提交了修改欧盟 1036 号《反倾销条例》的提案，在对来自世界贸易组织成员国的进口产品进行反倾销调查时，由于这些国家的持续干预经济“严重扭曲”，应采用计算倾销的新方法——外部基准核算此产品的生产和销售成本。③ 该提案的实质是用所谓“外部基准”即新的替代国方法针对市场“严重扭曲”国家产品的倾销幅度，最终于 2017 年 12 月 12 日欧洲议会和理事会签署了《欧盟（EU）2017/2321 号新规》，对现行反倾销法进行了修订。

2017 年 10 月 26 日，美国商务部发布《中国非市场经济地位报告》，从货币兑换的自由度、劳工结社自由和劳资工资谈判的自由权等六个方面论证中国不具有市场经济地位，美国商务部认定中国是一个非市场经济国家，因为中国政府对国民经济中的龙头企业享有法律上和事实上的所有权，对主要金融机构和制造业、能源和基础设施领域的龙头企业具有控制力。在一些关键经济领域，从汇率形成、原材料价格、劳动力的流动、土

---

① European Parliamen, *China's Market Economy Status*, *Resolution of European Parliament*, 2016 /2667 (RSP), May 12, 2016.

② Commission Staff Working Document, *On Significant Distortions in the Economy of the People's Republic of China for the Purposes of Trade Defence Investigations*, SWD (2017) 483 final/2.

③ EU Commission, *Commission Proposes Changes to the EU's Anti-Dumping and Anti-Subsidy Legislation*, http://europa.eu/rapid/press-release_MEMO-16-3605_en.htm.

地的使用、国内外投资的分配以及市场的准入和退出，都存在政府强有力的控制，这种控制对中国经济造成根本性的扭曲。美国正式表态，宣布不承认中国市场经济地位并将继续维持反倾销法上针对来自中国的商品使用替代国进行价格比较的方法。① 美国的做法是通过积极扩大适用“市场扰乱法”的适用范围提前布局，2015 年《贸易优惠拓展法》第 504 节对旧规定作了重大修改，允许美国商务部针对投入品市场存在“特殊市场状况”使用替代国方法，这被认为是美国将把反倾销作为应对政府干预市场、产能过剩的一种贸易工具。② 为此，中国商务部发言人于 2017 年 12 月 2 日接受记者采访时表示中方对此强烈不满。

中国学者认为，根据中国“入世”议定书第 15 条，2016 年 12 月 11 日之后，中国将被推定具有市场经济地位，其他缔约国在反倾销法使用替代方法对中国商品进行反倾销调查的权利自动终止。③ 也就是说，无论缔约国是否承认中国为市场经济国家，自中国“入世”期满 15 年之日后，缔约国都不得再针对来自中国的商品采取替代国价格等比较的方法，不产生实际影响的非市场经济地位认定对中国没有任何意义。

2016 年 12 月 12 日，中国通知世界贸易组织秘书处，要求与美国和欧盟就美国和欧盟在反倾销程序中使用的替代国计算方法进行争端磋商，正式启动世界贸易组织争端解决程序。④ 不过值得关注的是，中国在世界贸易组织争端机制中就与欧美就非市场经济问题争议时，改变策略，不再坚持欧美承认中国市场经济地位，而是改为要求对方不得在贸易救济措施中采取替代国的做法。⑤

---

① US - DOC, *China's Status as a Non - Market Economy*, October 26, 2017, https: //enforcement. trade. gov/download/prc-nme-status/prc-nme-review-final-103017. pdf.

② 胡建国:《美国反倾销法中“特殊市场状况”理论与实践的演进及“一带一路”倡议背景下的中国对策》，2017 年第 10 届 WTO 法年会会议论文。

③ 左海聪:《2016 年后反倾销领域中国非市场经济地位问题》，《法学研究》2017 年第 1 期。

④ WTO, *China files WTO Complaint Against US, EU over Price Comparison Methodologie*, https: //www. wto. org/english/news_e/news16_e/ds515_516rfc_12dec16_e. htm.

⑤ WTO, *United States-Measures Related to Price Comparison Methodologies-Request for Consultations by China*, G/ADP/D115/1 ; G/L/1169 ; WT/DS515/1.

三　“非市场经济国家”认定标准涉及政府与市场的基本关系，大大深化了国有企业规则的要求

美欧否认中国的非市场经济地位后果极其严重。从表面来看，不承认中国的市场经济地位仅仅发生贸易救济措施对中国商品采取歧视性做法的后果；从实质内容来看，非市场经济问题是在贸易法上确认国有企业具有不公平竞争地位而扭曲市场，是竞争中立原则在贸易政策上的体现；从长远影响来看，否认中国的市场经济地位等于否认了中国以国有企业为主体的社会主义市场经济制度与西方市场经济秩序的相容，中国将面临被美欧在构建新一代国际经济规则和体系排斥的巨大风险。从 2017—2018 年美欧在推动国际经济规则变革的各种声明、发言及签订的协议来看，竞争中立原则逐步溢出竞争法领域向金融、财政税收等领域提出监管中立等要求，TPP 国有企业规则将竞争中立原则的基本内容条约化，而非市场经济问题则直接触及货币、金融等国家宏观经济政策，涉及政府与市场的基本关系，大大深化了竞争中立原则的要求。

（一）国有企业是非市场经济国家认定标准中的重要因素

在“非市场经济”问题中，国有企业是一个不可忽略的因素。国有经济作为中国经济的主导力量，在很大程度上充当了落实政府宏观调控政策的有效工具，并肩负供应公共产品、维护市场经济秩序等重要职责。政策因素赋予了国有企业在市场竞争中较私营经济的明显优势，且在“做大做强国有企业”的指导思想下，中国国有企业在国民经济中的地位越来越高，在世界范围内的竞争力也越来越强——这与奉行自由市场原则与私有经济的西方资本主义国家截然不同。因此，国有经济的优势地位也成为欧美等发达经济体对中国市场经济地位提出质疑的理由。此外，中国国有企业在由计划经济到市场经济的转型过程中，经营管理活动中仍不可避免地带有不少“非市场”性因素，这使得国有企业易于成为“非市场经济”问题发挥作用的有效切入点。

1. 美国重点强调中国政府通过国有企业扭曲市场资源配置

如前文所述，美国判断一国是否为市场经济国家设置了六条标准：（1）该国货币与其他国家货币的可兑换程度；（2）该国劳工与雇主通过

自由谈判确定工资水平的程度；（3）该国允许外国企业在国内设立合营企业或进行其他投资的程度；（4）该国政府对生产资料所有或控制的程度；（5）该国政府对资源配置以及对企业的价格、产量决策的控制程度；（6）管理当局认为适当的其他因素。[①] 但被评估国不需完全满足上述六条标准的要求，只需高于市场经济的“门槛水平”（“threshold level”）即可。而根据《1988 年综合贸易与竞争法》（*Omnibus Trade and Competitiveness Act of 1988*），美国商务部在“非市场经济”的认定中有相当的自由裁量权，且相关决定无须接受司法审查。由于“门槛水平”缺乏明确解释，审核过程极易政治化。总之，在早期美国对中国企业所进行的非市场经济地位界定中，国有企业尚不是评判的重要因素。

2016 年 2 月 24 日，美国国会设立的“美中经济安全审查委员会”（“U. S. -China Economic and Security Review Commission”）就中国“非市场经济”问题举行了听证会（以下简称“2016 年‘非市场经济’听证会”），与会代表多从国有企业角度切入，分析中国经济中的“非市场因素”——中国经济过度依靠投资，国有企业在获取补贴、融资等方面具有不正当的优势；公平竞争的缺乏与生产要素价格的扭曲，导致市场无法有效发挥效用；落后产能因而缺乏退出的畅通渠道，产能过剩问题不断加剧并外部化，造成了美国国内的产业衰退与失业问题。其 2017 年 4 月发布的《非市场经济简报》（*Non Market Issue Brief*）则重点围绕《1930 年关税法》确立的“六条标准”分析了中国的“非市场经济问题”，除货币自由兑换程度、人权与劳工组织等老生常谈的议题外，其着重强调中国政府通过国有企业增强了对生产资料与资源配置的控制，并得出“中国现在不是，将来也没有可能成为市场经济国家”的结论。[②] 而《2018 年贸易政策议程与 2017 年年度报告》（*2018 Trade Policy Agenda and 2017 Annual Report of the President of the United States on the Trade Agreements Program*）重述了中国“非市场经济”问题的严重性，指责中国不断背离

① 李思奇、姚远、屠新泉：《中国获得“市场经济地位”的前景：美国因素与中国策略》，《国际贸易问题》2016 年第 3 期。

② USCC，*U.S.-China Economic and Security Review*：*Non Market Economy Issue Brief*，April 18，2017，https：//www. uscc. gov/sites/default/files/Research/Non% 20Market% 20Economy% 20Issue% 20Brief.pdf .

市场原则，凭借自身巨大的经济体量，通过政策扰乱了全球资源的配置。①

2. 欧盟的“市场严重扭曲”标准针对中国的国有企业

与美国不同的是，欧盟早先的“市场经济”标准仅作用于企业或产业，而不直接对国家整体经济体制作出评价。《2016 年反倾销基本条例》中并不存在认定“非市场经济国家”的标准，欧盟直接将中国列为“WTO 成员国中的非市场经济国家”，适用生产者负责证明“市场经济条件”以取得豁免的举证责任倒置规则（作为非 WTO 成员国的“非市场经济国家”则无法适用）。该“市场经济条件”标准共五条，大致内容为：（1）企业关于价格、成本与投入的决策是依据供求关系的市场信号作出的，且未受到政府干预，产品的市场价值能够体现产品的真实成本；（2）企业具有整套依据国际会计准则独立审计的、明确的基本会计记录；（3）企业的生产成本和财务状况不受前“非市场经济体制”转型导致的“重大扭曲”；（4）该国破产、财产法制能确保企业经营的法律确定性与稳定性，且能切实规制相关企业；（5）外汇兑换按市场水平进行。在 2017 年 12 月之后，欧盟现行的反倾销法绕过了“非市场经济”这一标准，转而依据“市场严重扭曲”继续对中国适用“替代国”方法。“市场严重扭曲”的评价对象涉及国家与产业或企业两个层面，在国家层面上，欧盟通过国家报告认定中国为“市场严重扭曲”国家，而企业或行业则仍可适用举证责任倒置规则，通过自证不受“市场扭曲”之影响规避“市场扭曲”的不利影响。“市场严重扭曲”亦存在六条标准：（1）受调查市场明显地由国有或国家控股企业、受国家政策监督或指导的企业组成；（2）国家干预企业价格或成本；（3）存在歧视性公共政策或措施，其有利于国内生产者，或能以其他方式影响自由市场效用的发挥；（4）破产、企业或产权领域存在法制缺失、歧视性司法或执法不力的情形；（5）劳工薪资水平扭曲；（6）可取得公共政策执行机构或其他非独立于国家的机构的财政支持。与先前的“市场经济条件”标准相比，认定“市场严重扭曲”的标准更为抽象，但没有实质上的区别，中国产业

① USTR, *2018 Trade Policy Agenda and 2017 Annual Report of the President of the United States on the Trade Agreements Program*, March 1, 2018.

遭遇贸易救济措施的风险并没有降低。

与美国的“六条标准”相比，欧盟的“市场严重扭曲”标准对国有企业的针对性更强。第（1）（6）条直接将国家在企业中股权、补贴、政策、监管上的影响界定为扭曲市场的因素，而正是这些问题长期困扰着我国的国有企业治理。第（2）（3）条等抽象标准虽较为宽泛，可作用于私营企业，但不能排除欧盟溯源而上，将国有企业（尤其是国有金融机构）认定为国家干预手段或歧视性公共政策执行者之可能。

（二）欧美关于市场经济地位认定的条件反映了欧美对政府与市场关系的基本立场，大大丰富了竞争中立原则的内涵

反倾销法救济措施对非市场经济问题采取特殊做法是为了在贸易领域实现公平竞争，GATT 时期的文件提出市场经济的存在，以及缔约国内不同经济实体之间的竞争，是关贸总协定规则适用的基本必要条件，因此，为解决南斯拉夫等实行计划经济国家加入关贸总协定时的公平竞争问题，提出对“贸易被完全或实质上完全垄断的国家”且“所有国内价格均由国家确定”的可以采用替代国措施进行反倾销。由非市场经济问题的产生，可以看出，以西方国家为主的关贸总协定不能接受国家完全垄断贸易或者国家干预国内所有商品价格，社会主义国家实行计划经济，是非市场经济国家，非市场经济国家的产品价格受到政府干预，与西方国家推崇的政府与市场关系理念不符，非市场经济国家要加入关贸总协定与西方市场经济公平竞争，就必须接受对非市场经济体的贸易救济措施的特殊替代国做法。

美欧审查市场经济地位的标准实质上反映了美欧对政府与市场应有关系的基本立场。美欧深受新自由主义思想影响，新自由主义理论认为，国家对市场的干预会扭曲市场资源要素的自然流动，是对市场的束缚，市场应该在经济领域中起支配作用。非市场经济国家干预货币兑换，干预劳资双方关系，控制生产资料等政府干预市场的行为，极大地扭曲了企业的真实成本，因而在国际贸易参与竞争存在不公平。

竞争中立原则强调将政府活动商业和非商业活动在结构上分离，政府平等对待股东和其他投资者，其内涵核心在于对公共和私人商业活动给予平等或同等待遇，而在对非市场经济国家的认定标准中，国有企业是否具有优势地位只是判断的一个重要因素，国家对整个经济秩序的干预程度是

多方面的，因此非市场经济国家不仅会违反竞争中立原则，还在其他政府与市场的关系上违反了市场经济规则。竞争中立原则是市场经济国家对自身存在的国有企业问题提出的原则，反映了市场经济国家对新自由主义理论的更深刻理解和运用。而对一国非市场经济的定性意味着该国不符合市场经济规则，更没有遵循竞争中立原则。

（三）欧美认定中国为非市场经济国家，强化了 TPP 国有企业规则和竞争中立原则的针对性

通过众多的美欧在市场经济地位认定过程中的案例和美欧对非市场经济体的判断标准的分析，可知美欧对非市场经济国家的认定存在较大的选择空间。美欧判断是否为市场经济的标准过于抽象，因为各国的市场经济体制有不同的形式和特征，不存在完全理想化的自由放任的市场经济形态，因此货币可转换的程度、工人和资方自由决定工资的程度、国家拥有和控制企业的程度和允许外国投资的程度等标准并不容易进行判断，不同的机构采取不同的样本就会得出不同的结论。例如，2004 年 6 月，中国向美国提出取消中国非市场经济国家的申请，美中商务和贸易委员会（JCCT）的相关工作组运用《1930 年关税法》确立的“六条标准”分析时，涉及劳工与雇主通过自由谈判确定工资水平的程度时，就因为美国劳联—产联提出中国不允许劳工自由联合和罢工，因此断定中国的劳工工资不是自由谈判决定的，根本没有考虑在我国现行劳工法律法规中，我国劳动力完全拥有自由流动的权利，因此中国劳工可借此在工资谈判中相应获得谈判权，美方仅仅依据获得的部分中国法律片面下定论不符合实际情况。[①] 因此，美欧认定非市场经济国家不可避免带有一些主观性和随意性，美国商务部承认，这六条标准也不要求全部达到，只要达到市场经济的“门槛水平”即可，而对什么是门槛水平，认定过程很容易政治化。[②] 俄罗斯在 2002 年被美国认定为“市场经济”，但是，中国与阿尔巴尼亚、柬埔寨、哈萨克斯坦、越南仍被留在了“非市场经济”阵营。

在美国的政治战略构想中，美国支持中国改革开放、加入世界贸易组

---

① 孙立文:《论世界贸易体制中我国非市场经济地位问题之消解》，《法学评论》2006 年第 5 期。

② 屠新泉:《中美关系与中国市场经济地位问题》，《美国研究》2011 年第 3 期。

织、融入全球化，是希望中国从计划经济走上完全的市场经济，当市场在中国起着支配地位之后，社会各界力量自然会要求参与国家的政治治理，中国不得不在经济战略上与美国主导的世界经济相融合，政治上最终也会随着市场化逐步民主化，走向开放，按照美国提倡的“自由民主”模式改造中国的政治制度。

在美国看来，中国在美国支持下加入 WTO 之后，经济获得极大发展，但是，中国仅仅部分采纳了市场经济，在关键领域和战略产业部门，中国推行政府强力主导的产业政策，甚至开始在一些高科技领域形成对美欧这些发达国家的追赶乃至赶超，在政治制度方面，中国没有按照美国的设计改版成为西方式民主国家，而是坚持中国特色社会主义，兼顾市场效率与社会公正，确保改革开放沿着自身的战略方向迈进。在中国共产党十九大报告中，中国提出了要实现中华民族的伟大复兴，中国以政府为主导的市场经济模式，即“中国模式”的成功，能够为广大发展中国家提供一条可供选择、有别于美国经济新自由主义和“华盛顿共识”的发展模式。

显然，这是美国政治精英所无法接受的，在中国加入 WTO 之后，中国国有企业在一些能源、关键领域的控制越来越强化，他们认为中国的国有企业在政府支持下参与国际市场竞争带来了全球产能过剩问题，并且极大地扭曲了国际市场秩序，为此美国开始推出竞争中立原则，打造 TPP，谋求建立新一代国际经济规则。但是 2008 年金融危机之后美国经济实力不断下降，构建新规则的过程曲折并且代价高昂，直接否定中国的市场经济地位，从而直接给中国政府和国有企业施加压力，要求中国进行结构调整，否则中国将因非市场经济国家的身份而面临被美欧在构建新一代国际经济规则和体系排斥的巨大风险。总之，从实际效果来看，否认中国的市场经济地位强化了 TPP 国有企业规则和竞争中立原则的针对性。

四 限制“非市场经济国家”的规则呈现专门针对中国经济体制的趋势

（一）美欧日等发达国家和地区计划制定专门规则针对非市场经济国家、国有企业补贴等扭曲市场行为进行限制

面对来自中国的竞争，美日欧已经结成统一战线，决定对第三方非市

场政策制定相关规则，以解决贸易不公平问题，自 2018 年 5 月 31 日美国、日本、欧盟的商务贸易负责人在巴黎达成针对非市场经济问题的三个文件以来，[①] 美日欧三方在随后一年多时间内举行了四次会议，三方致力于推动对产业补贴、国有企业以及强制技术转让等规则的制定。可见，在发达经济体之间已经形成共识，对非市场经济问题的关注不再局限于反倾销领域，而是将非市场经济国家所采取的一系列产业政策、市场壁垒、国有企业等问题综合起来。

美欧日除了打算在发达经济体之间形成一个针对性解决非市场经济问题的方案之外，还在 WTO 框架下运作针对非市场经济问题的改革方案。欧盟于 2018 年 9 月 18 日发布《世界贸易组织现代化》(*WTO Modernisation*) 的概念性文件 (concept paper)，提出了欧盟关于 WTO 改革的一揽子方案。[②] 在该概念性文件中第一部分对未来世界贸易组织制定规则提出的建议中，第一项建议就提出针对第三国非市场导向、国有企业补贴带来的不公平竞争问题，为此要制定一个平衡体系，创造公平竞争环境。从这份文件来看，欧盟已经对透明度规则、修改《补贴与反补贴措施协定》拿出了较为详细的方案。

美国更是对 WTO 无法对非市场导向政策进行管制多次表示不满，2018 年 7 月 26—27 日美国向世界贸易组织总理事会提交一份名为《中国破坏贸易的经济模式及其对 WTO 的影响》的意见书，在该文件中，美方指责中国国家主导的经济模式给世界贸易组织其他成员国带来了巨大的经济压力以及严峻挑战。[③] 美国声称，如果在 WTO 不能改革相关协议符合美国利益，美国甚至可能退出 WTO。[④]

---

① 这三个文件是《欧盟—日本—美国制定更为严格产业补贴规则的基础界定文件》《关于技术转让政策和做法的联合声明》《关于市场导向条件的联合声明》。桑茂桐:《WTO 改革述评》，武大国经法评论公众号，2018 年 9 月 22 日。

② European Commission for Trade, *EU Concept Paper on WTO Reform*, 09/18/2018, http: //europa. eu/rapid/press-release_IP-18-5786_en. htm.

③ WTO, *Views on China's Trade-Disruptive Economic Model and Implications for the WTO-Submissions from the United States*, WT/GC/W/745 and WT/GC/W/746 .

④ Tae Kim, "Trump reportedly wants the US to withdraw from World Trade Organization", https: //www. cnbc. com/2018/06/29/trump-reportedly-wants-us-to-withdraw-from-world-trade-organization. html.

综上所述，国有企业已经与非市场经济问题、公平竞争规则、WTO补贴规则等交织在一起，在欧美等国推动下成为多边体系的一个日益受到关注的议题，中国将面临未来多边规则修订所带来的压力。

（二）美国在美墨加协定（USMCA）中引入了对非市场经济国家的排斥性规定

美墨加协定第32章第10条非市场经济国家条款将对中国与美国的贸易伙伴之间签订自由贸易协定带来负面影响，极大挤压中国在世界经贸体系的生存空间。在USMCA第32章第10条第1款规定：如果一国被美加墨三方任何一方的国内贸易救济法认定为非市场经济国家，同时该国没有与美加墨任何一方签订自贸协定，三方中任何一方与该国开始自贸协定谈判之前的三个月，需要通报USMCA其他各方其意与非市场经济国家进行自贸协定谈判。第32章第10条第3款要求与非市场经济国家签订自贸协定的缔约方需给其他缔约方提供机会审查双边协定的全文，包括任何附件和附文，以便缔约方能够审查协定文本并评估其对本协定的潜在影响。第32章第10条第4款则规定任何缔约方与非市场经济国家签订自贸协定，其他各方有权在提前6个月通知的条件下终止适用USMCA协定，并且用双边协定取代。

这是FTA中首次出现的排他性条款，2017年10月美国商务部在《中国非市场经济地位报告》宣布不承认中国的市场经济地位，USMCA协定的非市场经济国家条款明显是美国针对中国而强行订入的，按照条款要求加拿大和墨西哥如果计划与中国进行自贸协议谈判，谈判的文本、附件、所有内容均需要提交美国政府审阅。如果美国政府认为加、墨与中国的双边协议对美国有任何不利影响，美方均可以终止适用USMCA协定为筹码要挟加墨两国修改相关内容甚至停止与中国的FTA谈判。USMCA协定的非市场经济国家条款显然给中国推动与加拿大的自由贸易协定谈判带来极大障碍，自2006年中国和加拿大开始自贸协定协商以来，谈判一直没有取得进展，加拿大全球事务部列出了2017年举行的四次面对面试探性会议，但是2018年一次也没有举行。由此可见美墨加协定给中国所带来的负面影响。

上述对非市场经济国家的排斥性条款被美国商务部长罗斯称为“毒丸”（poison pill），因为该条款有效地赋予了签署国对USMCA其他成员国与“非市场”国家之间任何新贸易协议的否决权，当记者问及该条款是否会作为未来贸易协定的先例时，罗斯表示：“我们拭目以待。我们与墨西哥和加拿大达成协议当然是有帮助的，不管我们是否与其他国家达成协议。人们会逐渐明白，这是达成协议的先决条件之一。”不难看出，美国甚至计划在与其他国家的 FTA 中订入非市场经济国家的排除性条款。①

USMCA 对中国的歧视性待遇还延伸到争端机制，在 USMCA 第 14 章附件 D 规定的投资争端解决机制中，来自非市场经济体的投资不得利用投资仲裁机制。虽然美国的其他重要贸易伙伴，如日本、欧盟等是否会同意接受“毒丸”还有待观察，但是美国通过 USMCA 对非市场经济国家的歧视性待遇孤立中国的意图昭然若揭。

第二节　美国通过贸易战意图“规锁”中国的政府主导经济模式

2018 年 3 月 22 日，特朗普签署总统备忘录，宣布将对从中国进口的约 500 亿美元商品提高关税税率，并限制中国企业对美投资并购，之后一年多时间内中美贸易摩擦在特朗普的极度施压下全面升级，愈演愈烈。事态发展表明美国已经没有耐心通过 TPP 国有企业规则在国际制度层面限制国有企业体制的空间，而是打算将非市场经济问题、国有企业、产业补贴政策综合起来解决。美国的战略是一方面在发达国家形成对非市场经济国家的排斥性规则；另一方面决心采取单边加征关税极限施压对中国提出结构性改革要求，要求中国放弃产业政策，改变扶持国有企业的政府主导经济模式。中美关系开始发生质变，美国对华政策由“接触”（Engagement）调整为“规锁”（Confinement），② 通过重塑国际规则限制中国的政府主导经济模式，从而限制中国的发展空间，使得中国无力威胁或挑战美国的世界霸权地位。

---

① US Mulls “Poison Pill” to Counter China in Future Trade Deals—Wilbur Ross, https://sputniknews.com/us/201810061068657796-usmca-poison-pill-ross/.

② 张宇燕、冯维江：《从“接触”到“规锁”：美国对华战略意图及中美博弈的四种前景》，《清华金融评论》2018 年第 7 期。

一 美国推动重建意图排斥中国的国际贸易投资规则体系

（一）美墨加协定（USMCA）的国有企业规则和“非市场经济国家”排除条款大大加强了TPP规则对中国国有企业的限制

如前文所述，2018年9月30日，美墨加三方达成了美墨加协定（The United States-Mexico-Canada Agreement，USMCA），新协定的名称不再包含“自由贸易”，预示着美国推动以美国利益优先的所谓“公平贸易”规则在北美初步达到了目的。对中国而言，“公平贸易”暗含着指责中国国有企业、政府主导模式所带来的不公平竞争行为，“公平贸易”还将表明美国推动新的国际经贸规则所带来的对中国的围堵。该协定已于2018年11月30日签署生效，该协定在国有企业章节、与非市场经济国家关系、争议解决的排他性条款等方面作了严格规定。①

（二）美国在WTO推动“公平贸易原则”，谋求对非市场经济国家、国有企业补贴等扭曲市场行为进行限制

2018年7月26—27日，世界贸易组织总理事会上，美国代表提交文件《中国贸易扭曲的经济模式及对WTO的影响》，指责中国的贸易扭曲经济模式。在该文件中，美方指责中国政府和中国共产党构建了非市场导向的经济模式，带来对市场资源分配的扭曲，认为中国国家主导的经济模式给世界贸易组织其他成员国带来了巨大的经济压力以及严峻挑战。美方的指控已经直接针对中国政府和中国共产党所构建的“社会主义市场经济体制”，美方认为党和政府通过国家对关键经济活动参与者的所有权和控制以及政府指令等手段，直接或间接地对资源分配实施控制，在中国，大部分生产资产仍由政府所有，政府还通过控制外债支付、货币政策、对金融业的控制和规范，在采取措施增加其在所有经济组织中党的力量与影响、产业政策等诸多方面实行经济控制，导致严重的产能过剩，也损害了

① 本书第二章第三节详细论述了USMCA的国有企业规则内容，第三章第一节第四部分论述了USMCA中美国要求加入的对非市场经济国家的排斥性条款。

美国的知识产权、创新与技术发展。[①] 显然，美国已经开始在多边贸易规则体系内寻求对中国模式的限制。

2018 年 5 月 31 日，美国贸易代表罗伯特·莱特希泽、日本经济产业大臣世耕弘成及欧盟贸易专员西莉亚·马姆斯特罗姆在巴黎举行会谈，对第三方非市场政策问题进行讨论，并决定下一步采取的行动，在会议上达成了三个文件，即《欧盟—日本—美国制定更为严格产业补贴规则的基础界定文件》《关于技术转让政策和做法的联合声明》《关于市场导向条件的联合声明》。[②] 在这个会议上，三方已经就解决非市场经济问题所带来的不公平贸易达成共识，在会议上，三位部长一致认为，以市场为导向的条件是公平、互惠的全球贸易体系的基本要求，非市场导向的政策（政府产业补贴政策，如《中国制造 2025》）和国有企业带来了严重的产能过剩，将国有企业发展为“国家冠军企业”，破坏以市场导向的贸易，并指导这些国有企业控制全球市场。使三方的工人和企业面临不公平的竞争环境、阻碍创新技术的开发和应用，以及破坏国际贸易的正常运转。三方同意定期开展相关工作，就加强产业补贴和国有企业纪律进行谈判。对强制技术转让行为、秘密侵入外国公司的计算机网络并窃取敏感商业信息和商业机密以谋取商业利益的行为要采取联合行动进行遏制。2018 年 9 月 25 日，上述三国贸易官员在纽约进行会谈，发布《美欧日三国贸易部长三方会议联合声明》，从会议声明内容来看，三国贸易部长已经就强化对非市场主导经济政策、产业补贴政策、国有企业规则等进行了较上半年更为深入的探讨，特别是在如何制定有效的规则来解决国有企业扭曲市场的行为和对抗特别有害的补贴实践方面有相当详细的对策出台，专门列举了扭曲市场的补贴情形。例如，国有银行发放的与公司资信不符的贷款，包括政府的隐性担保；政府或政府控制的非商业投资基金股权投资；非商业性债转股互换；优惠投入定价，包括双重定价；对没有可靠重组计划的陷入困境的企业给予补贴；以及导致或

① WTO, *Views on China's Trade-Disruptive Economic Model and Implications for the WTO-Submissions from the United States*, WT/GC/W/745 and WT/GC/W/746 .

② 桑茂桐:《WTO 改革述评》，公众号武大国经法评论，2018 年 9 月 28 日。

维持产能过剩的补贴。[①] 可见在发达经济体之间已经形成共识，对非市场经济问题的关注不再局限于反倾销了，而是将非市场经济国家所采取的一系列产业政策、市场壁垒、国有企业等问题综合起来，反映了西方发达国家已经认识到，非市场经济国家经济体制所带来的不公平竞争问题根源于经济体制本身，世界贸易组织在处理铝、钢、显示器等关键产业的产能过剩问题上存在制度能力不足的问题。[②] 未来国有企业规则将与产业补贴、非市场经济国家扭曲市场行为等一起作为谈判内容纳入 WTO 改革新议题。

为了改革现有贸易体制，美国谋求与主要发达贸易伙伴之间推动“零关税、零补贴自由贸易协议”，如果在 WTO 不能改革相关协议符合美国利益，美国甚至可能退出 WTO，与具有共同价值观的盟友建立新一代的自由贸易协定网。欧盟也在 2018 年 9 月 18 日的《世界贸易组织现代化》(*WTO Modernisation*) 的概念性文件 (concept paper)，系统提出了欧盟设计的 WTO 改革方案。在该概念性文件中第一部分对未来世界贸易组织制定规则提出的建议中，第一项建议就提出针对第三国非市场导向、国有企业补贴带来的不公平竞争问题，建议要制定一个平衡体系，创造公平竞争环境。欧盟认为因为一些国家的经营者受到政府的补贴和支持，这些支持不仅来自政府，也可能来自国有企业，虽然工业补贴在符合 WTO 反补贴措施协议下是可行的，但是过多的补贴和支持会扰乱生产过程、扭曲竞争。欧盟建议，针对扭曲市场行为的补贴，第一要提高补贴透明度，第二要确立对国有企业的规则，第三要修改 WTO《补贴与反补贴措施协定》，采取扩大被禁止的补贴的清单等措施对国有企业和补贴进行限制。从这份文件来看，欧盟已经对透明度规则、修改《补贴与反补贴措施协定》拿出了较为详细的方案。

此外，2018 年 10 月 4—5 日，在阿根廷首都布宜诺斯艾利斯召开的

---

① USTR, *Joint Statement on Trilateral Meeting of the Trade Ministers of the United States, Japan, and the European Union*, 09/25/2018, https://ustr.gov/about-us/policy-offices/press-office/press-releases/2018/september/joint-statement-trilateral.

② Raj · Bhala and Kim · Nathan Deuckjoo (DJ), “*The WTO's Under-Capacity to Deal with Global Over-Capacity*”, *Asian Journal of WTO & International Health Law and Policy*, June 2019, pp. 15-20.

二十国集团工商峰会（B20）上，与会者也通过了一项政策建议，题为“有关国有企业扭曲市场竞争的指控”，与会者无视中国贸促会和 B20 中国工商理事会的反对，试图将该政策性建议文件向 G20 阿根廷会议二十国集团领导人提出。

二　美国在市场准入、产业补贴政策、国有企业等方面对中国提出高标准规则

在中美贸易战爆发后的高级别谈判中，美方提出了“对等原则”，即中美关系今后必须建立在“对等”的基石之上。对等（Reciprocal）原则，要求实现市场机制和竞争机制的对等。之前中国将 Reciprocal 翻译为“互惠”，“互惠”原则不涉及双方各自政策、制度的相等，而是双方在经济利益上各自得到实惠，是可以数量化的好处。在以往的中美经贸摩擦中，对美方在贸易逆差、知识产权、市场准入等问题上对中国的指责，中国政府往往是通过微调国内制度、大规模采购美国商品等方式消除矛盾，但对精明的特朗普政府而言，这种做法完全失效了，特朗普认为即使中国通过大规模购买美国商品方式暂时消除双方贸易逆差，但是中国利用不公平的市场条件会永久损害美国企业和商品的竞争力，从而危及美国安全。所以，特朗普反复强调中美之间应确立对等的经贸关系，在市场进入条件和竞争政策方面要和美国接近。对等原则全面提升了 TPP 国有企业规则的要求，不仅对中国的国有企业，而且对政府的产业政策、市场管理行为都带来严重挑战。

随着多轮回合谈判的进展，美国对等原则具体集中在市场准入、禁止强制知识产权转让、产业补贴政策和国有企业等几个方面。

（一）要求中国市场对美国企业对等开放，并不得采取国有化率、强制技术转让等限制美国投资

这一要求已经超越了 TPP 国有企业规则仅仅限于对国有企业获得优势竞争待遇的限制，而扩及对中国政府的关税、产业政策、知识产权制度等基本经济管理制度。

从中美贸易摩擦爆发后的几次高层经贸谈判美方提出的谈判清单来看，美国提出要求中国取消对《中国制造 2025》的产业补贴政策，目标

明确，防止中国的先进制造业取得对美国的威胁能力，但这并非美国的终极目标。美国要求的是美国企业在进入中国市场的机会要和中国企业进入美国市场的机会“对等”。美国在301调查中指控中国政府的产业政策极大扭曲竞争，301报告称，从美国企业到中国进行贸易投资这个角度来看，存在着中国对在华美企的不公平技术转移制度，首先，中国明确地提出国产化率等违背自由贸易原则的产业政策目标。然后，为了实现此目标，中国对美资提出成立合资公司、转让技术、培训人员、共同开发等或明或暗的近乎强制的技术转移要求。而一旦中国获得技术，中国转而对美资进入中国相关领域增加限制。这些行为成为市场准入障碍，并且拒绝给予美国企业相对于外国企业在美国的运营对等的市场准入权利。各种透明、不透明的行政行为，都对美国的投资、技术优势构成伤害，因此特朗普政府将利用一切可能的工具来鼓励其他国家给予美国生产商公平、对等的市场准入权利。这项努力的目的是确保更多的市场真正对美国的商品和服务开放，并增强而不是限制全球的贸易和竞争。①

（二）美国对中国的产业补贴政策、国有企业补贴都提出了明确的要求

美国通过向WTO理事会，与欧盟、日本等联合发表三方贸易部长宣言以及各种论坛发布对中国非市场导向政策所导致严重产能过剩的指责。美国与中国在《中国制造2025》所涉及的高科技产业补贴政策、国有企业问题上立场迥异，很难达成共识。美国认为现有WTO《补贴与反补贴措施协定》不能有效约束中国的产业补贴政策，为此，一方面，美国与欧盟、日本的技术专家深入讨论，制定可能的产业补贴和国有企业新规则；另一方面，美国通过对华发起贸易挑战、对中国产品实施反补贴调查等直接给中国施加压力，意图将中国的产业政策“规锁”在美国设计构造的新补贴规则里。

从中美谈判中美方所强调的内容以及美国公布的一些官方文件来看，未来补贴规则将在以下几个方面发生变化。

（1）提供补贴的主体扩大至国有企业，甚至地方政府的补贴措施都

① USTR, *The 2018 Trade Policy Agenda and 2017 Annual Report of the President of the United States on the Trade Agreements Program*, March 2018.

将纳入监管：由于在 WTO“中美双反措施案”（DS379 案）中，上诉机构未能支持美国将中国的国有企业和国有商业银行视为提供补贴的“公共机构”的观点，所以 TPP 第 17.4 条、第 17.6 条非商业援助和非歧视待遇规定中绕过了对“公共机构”定义的争论，直接规定成员国不得向本国任何其他国有企业提供非商业援助，不得在销售货物或服务时对本国的国有企业给予优于其他企业的待遇，不仅彻底解决了 SCM 协定中关于公共机构认定的争议问题，还将政府和一国内的国有企业和国营企业作为非商业性援助的提供主体。美墨加协定（USMCA）承袭了 TPP 的规定，特别在第 22.6 条第 2 款、第 3 款分别规定成员国、成员国的国营企业或国有企业不得直接或间接地提供非商业性援助，强化了国营企业或国有企业作为给予补贴主体的地位，更值得注意的是，USMCA 第 22.6 条第 1 款所列举的非商业援助负面清单中，把向资信不佳的国有企业提供贷款或者贷款担保、对濒临破产国有企业给予非商业援助、非商业考虑的债转股的主体都界定为成员国政府、国有企业或国营企业。可以预计，只要是美方参与设计的国际补贴规则，提供补贴的“公共机构”范围势必扩大。

再有，美国极有可能推动对省一级补贴的约束。TPP 国有企业规则在附件 17-D 中，专门把次中央政府拥有或控制的国有企业，以及次中央政府指定的指定垄断按照各国最终的谈判所接受的情况区别对待，大部分的次中央国有企业等在一定条件下不适用 TPP 国有企业规则。但是美国认为中国省级和地方政府在实施包括补贴政策在内的许多中国产业政策方面发挥着关键作用，所以在 2019 年 1 月 30 日美国向 WTO 补贴和反补贴措施委员会就中国关于补贴全面、新的通知所提出的问题中，美国质疑中国为什么没有就次中央补贴项目提供完整的通知。[①] 对于江苏、江西、云南和浙江，中国只公布了区级和/或市级项目，美国要求中国解释为什么没有通知这些省份的省级项目，对于其他许多省份（福建、广东、贵州、河南、湖北、黑龙江、青海、四川、陕西和西藏），中国只公布了一个省级项目。美国商会和中国美国商会于 2019 年 1 月 16 日向美国贸易代表罗伯特·莱特希泽提交了一份联合报告《美中贸易谈判的优先建议》，指出

① WTO, *Committee on Subsidies and Countervailing Measures-Subsidies-Questions from the United States Regarding the New and Full Notification of China*, G/SCM/Q2/CHN/75.

有证据表明，中国省级官员仍然持续努力推行中央政府的《中国制造2025》,[①] 综上所述，中国似乎还没有就次中央补贴项目提供完整的通知。这说明美国高度关注中国省市一级的各类补贴，美国认为中国众多中央下级政府措施关于战略性新兴产业（SEI）计划和许多潜在的出口补贴项目，没有通知到 WTO，而这些补贴一旦被认为给美国国内产业带来损害，美国都将采取反补贴措施。

（2）禁止或限制的补贴可能采取两种方式进行规定：一种方式是直接列举方式，例如，2018 年 9 月的美欧日联合声明就专门列举了它们认为扭曲市场的几种补贴，包括国有银行对资信不佳的国有企业公司的贷款；政府或政府控制的基金（如国家集成电路投资基金有限公司）以非商业条件进行投资；非商业债转股（如中国银行对国有企业的贷款被转为股权）；对原材料和能源价格等投入品进行优惠定价；在僵尸企业的补贴使其继续生产带来产能过剩；等等。2018 年 9 月的美欧日联合声明，新加入了对能源补贴定价的考虑。从针对中国补贴的 70 项质疑中可以看出，美方关切的是，中国对可再生能源、新能源的补贴定价，以及相关进口产品是否可以享受到同类补贴政策。

另一种方式是概括需要禁止的补贴类型，美国、欧盟一直指责是中国的非市场政策、产业补贴政策扭曲了国际市场，因此，在未来推动的补贴新规则中还可能对导致或维持产能过剩的补贴一概进行管制。

（3）美国力求将补贴的通知义务具体化。透明度是世界贸易组织各项协议的核心原则，根据第 25.8 条，任何成员均可书面要求提供关于另一成员给予补贴的性质和范围的资料，或解释为何某项具体措施不受通知规定的约束。这一机制允许成员提请注意并要求提供有关令人关注的补贴措施的信息。此外，根据第 25.9 条，收到这种请求的成员必须“尽快和全面地”答复。尽管有这些规定，但在 WTO 的实践中透明度履行情况并不理想。

在美国贸易代表办公室和美国商务部联合提交的《向国会提交补贴执行年度报告》中，美国指责中国一再采取混淆和拖延战术，不履行对

① CCACC, *Chamber of Commerce and American Chamber of Commerce in China Priority Recommendations for US-China Trade Negotiation*, January 16, 2019.

WTO 通知补贴的义务，直到 2006 年，也就是加入世界贸易组织 5 年后，中国才提交了第一份补贴通知。该通知只涵盖 2001—2004 年。五年后的 2011 年，中国提交了第二份通知，涵盖 2005—2008 年所提交的补贴。2015 年 10 月，中国提交了第三份通知，涵盖 2009—2014 年，而且美国认为中国提交的通知中的一些补贴项目首先是在美国提交的一个或多个反向通知中提出的，或在美国提起的争端解决程序中提出的，美国已向世界贸易组织补贴委员会反向通知了近 500 项未报告的中国补贴措施。美国还指责中国没有在其官方期刊上发表过或翻译过绝大多数建立和资助中国补贴项目的法律措施。①

为了解决这一问题，美国建议补贴委员会规定提交对第 25.8 条问题的书面答复的截止日期，并将所有未答复的第 25.8 条问题列入补贴委员会每两年一次的议程，直到这些问题得到答复为止。② 鉴于一些发展中国家成员担心，对第 25.8 条的问题作出严格答复的截止日期过于严苛，2017 年，美国提交了一份修订提案，允许成员国相互同意一个适当的时间框架来回答这些问题。③ 由于一些发展中国家成员继续反对任何包含强制性截止日期的提案，美国在 2018 年进一步修订了其提案，根据该提案，成员国将同意在非强制性的截止日期前提交书面答复，各成员将尽力在 60 天内就第 25.8 条的问题提出书面答复，并尽可能在 30 天内答复后续问题。④ 2019 年，美国将继续致力于找到一个务实的解决方案，满足加强信息交流这一根本目标，并将继续推动其修订后的建议和其他手段，以改善对补贴协议补贴通知义务的遵守。

---

① USTR, USDC, *Subsidies Enforcement Annual Report to Congress 2018*, *2019 Joint Report of the Office of the United States Representative and the United States Department of Commerce*, pp. 13-16.

② WTO, *Committee on Subsidies and Countervailing Measures-Treatment of Questions and Answers under Articles 25.8 and 25.9 of the SCM Agreement-Proposal from the United States*, G/SCM/W/555, October 21, 2011.

③ WTO, *Proposed Procedure for Submission of Questions and Answers under Articles 25.8 and 25.9—2017 October Meeting of the Subsidies Committee from the United States—Revision*, G/SCM/W/557/Rev. 2.

④ WTO, *Proposed Guidelines for Submission of Questions and Answers under Articles 25.8 and 25.9—2018 October Meeting of the Subsidies Committee from the United States—Revision*, G/SCM/W/557/Rev. 3.

第三节　欧美外资审查立法趋严

随着近年来中国大举对外投资并购，中企在高端服务业、先进制造业、高新技术产业投资、并购明显增多，一些发达国家例如美国、英国、德国、澳大利亚等，担心技术优势被中国企业超越，纷纷修改外资审查立法，加强对中资并购的审查，中资并购海外先进、敏感技术的难度猝然加大。总之，加大对中国海外投资的审查力度，是近几年西方发达国家外资法的趋势，主要体现在国内法层面加强国家安全审查、修改外资准入条件和条约实践上对受政府控制的交易日趋重视。

一　以国家安全为由否决中国企业并购的案例显著上升

众所周知，美国1988年“埃克森—弗罗里奥”修正案确立了美国界定“国家安全”的5个标准，这些标准都是基于对军事、国防领域投资所带来的影响，但是《2007年外商投资与国家安全法案》的出台，改变了美国国家安全审查制度中传统的“国防安全”概念，该法案实施细则《外国人合并、收购和接管规定》（FINSA）提出了6项界定“国家安全”的标准，前三项是：（1）是否对涉及能源的关键基础设施发生潜在影响；（2）是否威胁到美国在关键技术领域的世界领先地位；（3）并购交易是否为外国政府所控制。[①] 后三项则仍然是考虑并购对核扩散、反恐怖主义、军事技术转移等传统国家安全因素的影响。这一修订涉及对美国关键技术、基础设施、银行等重要的系统或资产的并购，以及交易受到外国政府控制，都将被视为影响国家安全的因素，需要纳入审查，也为中国企业大量赴美投资引发美国国家安全审查埋下阴影。

重要基础设施和关键技术是广义概念。经验显示，技术领域，特别是电子产品，是美国外国投资委员会特别关注的领域，而在中国的“十三五”规划中，上述领域也是中国发展的重要领域。

---

① 王淑敏:《国际投资中“外国政府控制的交易”之法律问题研究——由“三一集团诉奥巴马案”引发的思考》,《法商研究》2013年第5期。

因此，自 2016 年起，在新能源汽车，以及半导体、芯片公司领域，中国企业的海外并购就已经多次受到美国外国投资审查委员会（CFIUS）的阻挠。例如，2016 年 2 月美国飞兆半导体公司基于美国外国投资委员会的担忧，拒绝了来自中国华润微电子有限公司和清芯华创投资管理有限公司提出的 25 亿美元收购要约。2017 年 8 月，因 CFIUS 的原因，中国重型汽车集团有限公司取消了对 UQM 的第二轮投资计划；2017 年 9 月，CFIUS 还阻止了中国凯桥公司收购位于俄勒冈州波特兰的莱迪思半导体公司的尝试。2018 年 2 月，由中国政府支持的半导体投资基金湖北鑫炎以 5.8 亿美元收购美国半导体测试设备公司 Xcerra 的计划被美国 CFIUS 否决。

无独有偶，德国也传出了对中国海外并购行为的各种限制消息，自从 2016 年美的集团并购位于德国 Augsburg 的机器人制造商 Kuka 之后，引发了德国对中国获取德国制造 4.0 技术的担忧和警惕，2016 年 10 月中国福建宏芯基金收购德国半导体设备生产商爱思强（Aixtron），本来在当年 9 月 8 日，德国经济部已经批准该收购案，但在美国情报部门的干预下，德国经济部为了防止本国军用和安全技术泄露而于 10 月 24 日宣布撤销批准。2018 年德国政府授权政策性银行德国复兴信贷银行收购德国电网运营商“50 赫兹”20%的股份，使得中国国家电网无法成功收购该公司股份，8 月 1 日，德国政府阻止了中国烟台台海集团收购德国西北部的 Leifeld Metal Spinning。德国经济部在进行了并购调查后认为，此项并购可能会危及德国的公共秩序和安全。这是德国政府首次动用 2017 年修订后的《对外经济条例》来干预一桩具体的并购案。

2018 年，英国政府仅因国家安全对中方全资持股的加德纳航空收购英国北方航空公司的交易进行审查，虽然在 7 月 19 日，英方无条件批准了该收购交易，但这是英国修改《企业法》之后放行的第一起并购交易。2017 年英政府审查的唯一一项外资收购为中国海能达收购英国数字对讲机供应商赛普乐（Sepura）的交易。这说明以开放著称的英国也对来自中国的投资加强了监管。

中国投资高新科技领域的审查案例今后将会不断出现，众多西方发达国家已警惕防范中国大规模收购海外高科技的投资举动，法国总统马克龙在竞选期间，就曾发誓要推动欧盟出台限制外资投资战略行业的新举措，法国、德国和意大利要求欧盟出台措施限制外资特别是中国投资。

二 制定新的国家安全审查法或外资法，严格审查高新战略产业的外资并购

（一）美国出台《外国投资风险评估现代化法案》(FIRRMA)，对中国企业在美国投资进行进一步限制

特朗普上台后，美国的贸易投资政策明显向保护主义转向。2017年11月共和党参议员 John Cornyn 和民主党参议员 Dianne Feinstein 提出修改2007年《外商投资与国家安全法案》(FINSA）的议案，即《外国投资风险评估现代化法案》(FIRRMA)。该项议案于2018年8月1日获得美国参议院通过，并于8月13日经特朗普总统签署生效。该法案对2007年《外商投资与国家安全法案》进行了重大修改，赋予美国财政部牵头的外国投资委员会（CFIUS）更广泛的权力，将使外国投资委员会的现有审查范围进一步拓宽。该法案明确提出要解决外国对美国关键性技术投资的国家安全问题，针对中国的意向十分明显。

首先，FIRRMA 扩大了 CFIUS 的审查范围，主要体现为以下三个方面：一是通过重新解释“关键技术”“关键基础设施”，把除了传统的防卫物资、生化武器、导弹技术、核设备等国防工业外的技术，敏感新技术、国防、人工智能、网络安全、核技术和机器人行业的境外合资企业均纳入审查范围。对“美国关键基础设施企业”的认定，也从地域上限于美国国内延伸至全球任何服务于美国关键基础设施的企业。将购买敏感设施“邻近”土地和其他为规避 CFIUS 管制而设计的交易或安排纳入审查范围，从而扩大了 CFIUS 的管辖权并增加了 CFIUS 可审查的交易类型；对实质性利益，FIRRMA 将“实质性利益”的决定权留给了 CFIUS。二是为防止规避审查，取消了投资占股不超过10%的交易行为不受审查的规定，还将关键技术和基础设施行业内的非控制性投资（少数股权投资）和跨国合作均纳入审查，美国“关键技术公司”与外国企业就知识产权、专有技术和相关支持进行的交换与合作，包括对外转让，CFIUS 均

要进行审查。[①] 这里不仅要审查将知识产权与关键技术转让给外国的合资行为，甚至聘用非美国员工、向外国提供信息和支持以及其他方式的跨国合作也可能纳入审查，可以说基本上堵死了美国向受到特别关注国家转让技术乃至信息交流的道路。三是当外国人或外国公司获得以下美国公司的技术和重要权利时，如美国公司所拥有的重要非公开技术信息、获得董事会权利或公司管理权，CFIUS 还可审查该外国人或公司与其政府的关系。

其次，增加了 CFIUS 在评估交易的国家安全风险时必须考虑的因素：CFIUS 在评估交易时区分不同国家设置不同的防范标准，对所谓“特别关注国家”，即具有获取关键技术战略计划的国家需要考虑的因素增加到 19 条，主要包括评估交易后果是否威胁美国的技术优势地位，是否遵守美国知识产权法律；但是与美国签署了共同防御协议的国家则属于所谓的“白名单”国家，这些“白名单”国家和 CFIUS 认为满足其要求的投资审查制度的国家，CFIUS 则会豁免其在并购投资时对其依据前述新审查标准所进行的审查。

最后，FIRRMA 对 CFIUS 审查的程序进行改革，建立更灵活、更强制的体系：如果外国政府拥有外国投资者 25%或以上的股权或存在 CFIUS 界定的其他情况，收购交易向 CFIUS 申报将构成强制申报。虽然根据现行法律，可能产生国家安全问题的投资被强烈建议进行申报，但该申报从未具有强制性。FIRRMA 的强制申报条款还规定了处罚措施。未进行申报可能导致大额民事罚款以及禁止或解除交易时建立了简易申报程序，让某些特定类型的、可能不会产生国家安全问题的交易自愿向 CFIUS 申报和陈述，申报并不自动触发 CFIUS 审查，只是更方便 CFIUS 评估和监控交易行为。鉴于当前 CFIUS 审查的实际期往往比相关法律规定期限要多 2—3 个月，FIRRMA 将审查期从 90 天延长至 120 天。

（二）英国启动对关键基础设施和先进技术企业并购的国家安全审查立法

依据 2002 年《企业法》，英国对并购交易有反垄断审查和公共利益审查，当事方在并购时自行决定是否需要在交易完成前进行申报。如果当

① S. 2098 - Foreign Investment Risk Review Modernization Act of 2017 (2017 - 11 - 16), https://www.congress.gov/bill/115th-congress/senate-bill/2098.

事方未进行申报，英国经济主管机构竞争与市场管理局（CMA）有权在交易完成的消息公布后四个月内对交易行使管辖权。CMA 对满足下列条件的并购具有管辖权：（1）目标公司上一财政年度在英国境内取得的年营业额超过 7000 万英镑（“营业额标准”）；（2）并购方的买家和目标公司均在英国提供相同类别的商品或服务，且双方占有的市场供应份额达到或超过 25%（“市场份额标准”）。[①] 对并购交易进行审查既涉及公平竞争问题也涉及国家安全问题，国家安全是指并购交易引发特定公共利益问题，这些特定公共利益包括：国家安全，报刊相关的公共利益（如多元性），广播和跨媒体相关的公共利益，英国金融系统的稳定性。这意味英国是全球并购领域最开放的市场之一。

但是，随着中国企业赴英国投资日增，涉及英国先进技术和基础设施的外商投资增多，也引发了英国对投资领域国家安全问题的担忧。2017 年 10 月 17 日，英国商业和能源部长格雷格·克拉克宣布了一项新提案《国家安全和基础设施审查》(绿皮书)，该提案短期计划是针对设计和制造军用品、军民两用品以及部分先进技术领域的企业并购进行审查，审查条件是目标公司在英国境内的销售额达到或超过 100 万英镑，或在英国相关商品的供应市场占有 25%或更高份额。长期计划则是在自愿申报制度的基础上，扩大政府主动审查及介入的权力，在外商投资涉及英国企业属于关键经济领域，以及重要基础设施领域，包括通信和广播基础设施、更广泛的（非核能）能源领域、大型机场和港口、空中交通管制以及向政府提供的某些服务和应急服务等行业纳入强制审查范围。该提案下，即使交易仅涉及小型企业，政府也有权介入。绿皮书提出，英国政府认为关键国家基础设施或先进技术企业的所有权或控制权可能引发以下国家安全问题：增加获取（业务、实物资产、人员、经营或数据）的渠道和进行间谍活动的能力；有更大的机会进行分裂性或破坏性行为，或增强此类行为的影响；以及能够利用投资来支配或改变某种服务，或利用对这些投资的所有权或控制权在其他谈判中占据优势。

在绿皮书中，政府明确表示不会将审查范围限制在国有或国家控制的

---

① 师琰:《英国颁新法扩大外资并购审查范围，北方航空并购案被叫停》，《21 世纪经济报道》2018 年 7 月 1 日。

外国投资者范围内，私人投资者的外国国籍本身就可能是风险因素。这是因为私人投资者（尤其在双重国籍的情况下）难以同时效忠多个国家，且存在公司受到敌对国家高压政策影响的风险。根据绿皮书，与英国签署了自由贸易协定的国家的投资者受到的审查会较为宽松。绿皮书还提到，如果单个投资者在一个行业、跨多种行业或跨供应链中对不同的领域的业务进行投资或拥有所有权，其参与间谍活动的风险更高。①

经过征询公共意见，2018 年 6 月 11 日，绿皮书短期改革提案得以实施，即对 2002 年《企业法》进行修改后的《英国外商投资审查新规》生效。英国竞争与市场管理局（CMA），英国商业、能源与产业战略部（BEIS）也就实施该审查新规发布了实施指南。《英国外商投资审查新规》扩大了英国政府对相关领域交易进行干预的权力范围。

根据新法律，自 2018 年 6 月 11 日起，对于涉及以下业务的并购交易适用较低的申报标准：（1）军用或军民两用物品的开发或生产；（2）拥有、创造或提供计算处理芯片的知识产权；（3）量子技术的开发与生产（“相关企业”）。适用于涉及上述领域相关企业交易的审查标准的门槛降低了，目标企业的英国营业额超过 100 万英镑时，就可以特定的理由进行干预，低于之前规定的 7000 万英镑。新规定还取消了在政府能够干预之前，这些行业的合并或收购导致各方在相关商品或服务供应中所占份额增加的要求，当目标公司的市场份额达到或超过 25%的时候，就达到或满足启动审查的市场份额标准，无须考虑买方公司的市场份额，也无须考虑两者并购之后市场供给份额的增量。英国新修订的审查门槛随附的指导性说明中，列出了政府明确审查交易是否危害英国国家安全所考虑的因素：对于军用/军民两用项目，直接关注点是其不能落入可能利用该项目对抗英国的人士手中，间接关注点是并购交易可能导致英国军方和国防力量失去针对他方的作战优势。对于计算机硬件，关注点是敌对行为者不能获得可能被远程直接操控的“普遍存在”的计算机产品的访问权、控制权或知识和专有技术。对于量子技术，关注点是敌对行动者可能利用该等技术攻入目前安全的计算机和电信系统，或者该敌对行动者可通过大幅度提升

① Department for Business, Energy & Industrial Strategy, *National Security and Infrastructure Investment Review Green Paper*, 17 October, 2017, https://www.gov.uk/government/consultations/national-security-and-infrastructure-investment-review.

车辆和武器系统的能力以改变其军事实力。英国政府在进行并购国家安全审查时，也可能会考虑一些与国家安全无关的其他特定公共利益因素，例如，并购对媒体多元性、英国金融体系的稳定性的影响，不过这些公共利益并不是政府对仅满足新门槛的交易进行审查的启动条件。

达到较低新门槛的交易面临国家安全审查和反垄断及公平竞争审查，不过英国竞争和市场管理局（CMA）在一般情况下只对达到常规情形的，也就是外资并购新企业后的市场份额达到25%的交易，才会基于竞争理由对该交易进行审查。因此，满足新门槛条件的并购一般不会受到反垄断及公平竞争审查，但是并购涉及纵向并购，导致上下游企业关系变化，原来的供应商与客户之间合而为一，或者相互提供互补的产品或服务带来竞争关系变化时审查就会介入交易。

2018 年 7 月 24 日英国商业、能源和工业战略部发布《国家安全和投资：立法改革提议》(白皮书）提出进一步扩大政府对外商投资开展国家安全审查的范围，并向公众征求意见，政府将根据公众的回应，在进行绿皮书所提议的长期立法目标时完善这些建议。白皮书提出政府应加强投资审查权，英国政府鼓励企业和投资者在从事涉及国家安全风险的交易之前通知政府，英国打算建立并购申报通知制度，但不是强制性的，而具有一定灵活性，从而能够针对少数危害国家安全的情况进行审查预防，以应对因恶意收购涉及国家安全的实体和资产的所有权或控制权而带来的风险。① 由于扩大了政府的审查权限，触发审查的“触发事件”涵盖了敌对行为者可以在短期或长期内获得破坏能力的范围，将包括任何涉及收购的投资或活动：（1）超过 25%的实体的股份或投票权；（2）对一个实体的重大影响或控制；（3）进一步收购对一个实体的重大影响或控制。此外，白皮书列出了对违反法律的制裁详细清单，制裁措施包括刑事处罚或民事经济处罚的形式。在所有交易中，政府只会在相对罕见的特定情况下介入进行审查，白皮书中的相关措施还将确保恶意方无法通过收购威胁国家安全的资产（如知识产权）而不是企业本身，来规避相关规则。总之，白皮书所提出的未来英国国家安全审查立法将更为严格。

---

① UK Department for Business, Energy & Industrial Strategy, *National Security and Investment: Proposed Legislative Reforms*, July 2018, https://www.gov.uk/government/consultations/national-security-and-investment-proposed-reforms.

（三）德国大幅提高政府审查门槛

2017 年 7 月 12 日，联邦经济事务和能源部对《德国对外贸易及支付条例》（*German Foreign Trade and Payments Ordinance*）进行了重大修订，以加强对外资收购德国关键企业、关键基础设施的控制，促使德国政府进行修订立法工作的，是中国投资者对安全敏感领域的德国企业进行了越来越多的收购。根据该法令，如果非欧盟投资者收购一家德国公司至少 25%的股份从而危及德国的公共秩序或安全，联邦经济事务和能源部（Ministry for Economic Affairs and Energy）可以进行审查，并最终禁止或限制此类收购。这次修正案主要在审查范围、审查程序作了一些修改。①

首先，该修正案在修正案中明确了在哪些情况下“危害德国的公共秩序或安全”，将下列行业界定为一般构成风险的行业，需要加强监察：（1）专注于在安全敏感领域运作的公司，并提供关键基础设施运营的公司，具体包括下列关键基础设施：能源、信息技术、电信、交通、卫生、水、营养、金融和保险；（2）为关键基础设施生产软件的公司；（3）受委托实施电信监视措施（如窃听）的公司，或者为实施这些措施而生产或者掌握相关技术设备的公司；（4）经营云计算服务的公司；（5）根据德国社会保障法，被授权提供远程信息（电子数据传输）基础设施的组件或服务的公司。

其次，对审查程序的修订：（1）通知义务：对于关键的公司，修正案引入了书面通知义务，如果非欧盟投资者收购了一家德国公司至少 25%的股份，自订立并购协议时就由收购方负有通知义务，该项修订将通知义务扩大到收购上述与安全特别有关的民间公司，目的是确保有关的审查当局（联邦经济事务和能源部）及时了解情况；（2）将正式审批程序从 2 个月延长至 4 个月，以确保所有受到实质性影响的机构的参与；（3）对间接收购，修正案规定，间接收购应与直接收购受到同样的审查，例如，向间接收购方提交有关收购的通知义务或提交文件的义务相同；

---

① Hans-Georg Kamann and Martin Seyfarth, *German Government Amends German Foreign Trade and Payments Ordinance to Widen Control of Foreign Takeovers of Critical German Companies*, https://www.wilmerhale.com/en/insights.

(4) 针对特别安全敏感领域施加更严格的检查，这些领域包括开发或制造国防领域某些关键技术，如传感器技术或电子战技术；特殊领域的审查是强制性的，特殊领域审查不仅适用于德国的收购方，还包括来自其他欧盟成员国的收购方。

对于一般领域审查通常是“自愿的”，只要外国公司收购的德国公司不涉及条例中列举的关键领域，就不需要向德国联邦经济事务和能源部报告，但如果德国联邦经济事务和能源部获悉交易情况，可以在5年内依职权启动程序。如果并购案遭到否决，这会导致合法交易事后变为无效，这说明交易的不确定性已经从交易之前延伸至交易之后，为避免交易后被否决的不确定性，许多并购交易不得不主动向德国联邦经济事务和能源部报告，这同样会带来额外的成本。

(四) 欧盟通过《欧盟外商投资审查框架》

西方发达国家投资审查趋严的态势蔓延至欧盟层面。欧盟现有28个成员国，只有14个国家建立了国家层面的外商投资审查机制，其他部分国家也正在进行外资审查机制的改革，或者正在制定新的政策。为了维护欧盟在外国直接投资方面的安全和公共秩序，欧盟委员会2017年9月提议建立针对外国直接投资的欧洲审查机制。欧盟委员会主席让-克洛德·容克多次表示，欧盟不是天真的自由贸易者，必须捍卫欧洲的战略利益，因此，需要审查外国公司针对欧洲战略资产的收购。由于欧盟成员国担心审查机制的权力交给欧盟委员会，会使得欧盟委员会权力过大，损害本来应该由欧盟各成员国国内审查外资的权力，因此该项审查机制被弱化为以框架形式通过，最终欧盟委员会没有对外商投资进行审查的否决权以及其他执行权。①

2019年3月5日欧盟理事会批准了《欧盟外商投资审查框架》(*EU Framework for FDI Screening*)，并于4月10日生效。新的立法给予成员国18个月的过渡期间，以建立一个新的欧盟合作机制，使各成员国和委员会能够交流资料，制定必要的程序，使成员国和委员会能够迅速对外国直

① 按2009年《里斯本条约》的规定，外资国家安全审查属于成员国自由决策范围，因此《欧盟外商投资审查框架》所建立的外资审查对成员国不是强制性要求。

接投资问题作出反应并发表意见。[①]

《欧盟外商投资审查框架》共计 17 条，核心条款是审查范围（审查外商投资要考虑的因素）和安全审查的合作机制。

根据该框架第 4 条，成员国或委员会对外国直接投资是否影响到国家安全和公共秩序进行审查时，可考虑的因素包括：

（1）关键基础设施，包括能源、运输、数据处理或存储、航空航天、国防、水、媒体或金融基础设施、敏感设施等，以及对使用这些基础设施至关重要的土地和房地产；

（2）欧洲共同体理事会条例第 428/2009（15）号第 2 条第 1 点所界定的关键技术和双重用途项目，包括人工智能、机器人、半导体、网络安全、航空航天、国防、能源储存、量子和核技术以及纳米技术和生物技术；

（3）关键投入品，包括能源或原材料，以及粮食安全；

（4）取得敏感资料，包括个人资料，或有能力控制该等资料；

（5）新闻媒介的自由和多元性。

在确定外国直接投资是否可能影响安全或公共秩序时，各会员国和委员会还可特别考虑到：外国投资者是否直接或间接受第三国政府（包括国家机构或武装部队控制），包括通过所有权结构或大量资金；外国投资者是否已参与影响成员国安全或公共秩序的活动；外国投资者从事违法犯罪活动是否存在严重风险。

显然，关键基础设施、关键技术、能源和原材料、敏感数据乃至媒体等领域将是欧盟委员会和成员国国家安全重点审查的领域，更值得注意的是，该框架还将外国投资者身份作为安全审查所特别审查的一项依据，国有企业将首当其冲成为该审查机制重点关注的对象。

《欧盟外商投资审查框架》还规定了信息共享和申报要求：

首先，成员国对在本国投资的外商投资既有通知义务，也可提请其他成员国和委员会发表意见：成员国应将在本国正在进行审查甄别的任何外国直接投资通知欧盟委员会和其他成员国，通知可包括被认为安全或公共

① Regulation（EU）2019/452 of the European Parliament and of the Council of 19 March 2019 Establishing a Framework for the Screening of Foreign Direct Investments into the Union，PE/72/2018/REV/1 .

秩序可能受到影响的会员国名单，成员国认为一项外国投资可能影响其安全或公共秩序，可请委员会发表意见或请其他会员国提出意见。

其次，成员国对在其他成员国投资的外商投资有要求通知的权利：而成员国认为在其他成员国进行甄别的外国直接投资可能影响其安全或者社会秩序，或者掌握有关信息的，也可以向进行甄别的成员国提出意见。一成员国国认为在另一成员国规划或已经完成的外国直接投资，如果在该成员国没有进行审查，而该项投资可能影响其安全或公共秩序，该成员国可以向该其他成员国提出意见。提出意见的成员国应同时将这些意见送交委员会。

最后，委员会要求通知的权利：委员会认为正在进行甄别的外国直接投资可能影响一个以上成员国的安全或者公共秩序，或者掌握有关外国直接投资的有关资料的，同样可以向进行甄别的成员国发表意见。如果一项外国直接投资的计划或已经完成的外商投资在成员国不需要接受审查，而该项投资可能会影响多个成员国的安全或公共秩序，委员会可发表意见，不论其他会员国是否提出意见。

在上述审查合作机制中，欧盟委员、受影响的成员国都将立即获得对一项影响欧盟成员国安全的外商投资审查的通知，并有权向成员国发表意见，后者必须给予“适当考虑”①。综上，成员国与欧盟委员会之间、成员国相互之间建立的审查程序中的合作机制将使得涉及关键领域的外商投资受到限制，甚至有可能被完全排除在外。

三　投资协议对外国政府控制的企业投资特别关注

投资条约是各国缔结的促进保护投资的正式法律文件，当前国际投资条约主要包括缔约国给予外国投资者的待遇及投资保护内容，同时投资条约一般包含允许投资者与东道国政府之间发生争议时直接起诉至国际投资争议解决机构——ICSID 中心。在投资条约中，对投资者的界定范围极为重要，它的内容直接决定了条约提供保护的合格投资者范围的

① Regulation（EU）2019/452 of the European Parliament and of the Council of 19 March 2019 Establishing a Framework for the Screening of Foreign Direct Investments into the Union，PE/72/2018/REV/1. Article 7. 7.

大小，对于资本输出国来说，投资者的定义是指一国通过协议寻求保护其外国投资的投资者群体，而从资本进口国的角度来看，投资者是该国希望吸引的投资者条约中的“投资者”。一般而言，资本输入国出于引导外国资本投向国内需要的产业、维护本国产业竞争力和国家经济安全的目的，会对投资者的身份、所有制属性等更为敏感。如果投资者是受政府控制的，例如，国有企业、主权财富基金等国有投资基金以及政府本身作为投资者的情形，那么势必在投资条约的内容上呈现出某种显著的关注，谋求对此类投资进行管制。在前文所述的欧美国家的国内法中，国家安全审查制度、外资审查制度均已经对外国国有企业进行了不同程度的收紧。

2015 年经合组织（OECD）第一期国际投资工作报告中，发布了对投资条约中涉及受政府控制的投资者进行管制的调查数据，条约样本来自 46 个以上国家的 1813 份条约，包括双边投资条约（BITs）以及其他双边协定，如自由贸易协定（FTAs）或经济伙伴协定（EPAs），有投资章节。调查显示，在被调查的 1813 份协议中，1524 份（84%）没有明确提及要区分投资者是否为外国政府所控制的投资者。① 由于大多数现有条约是在国家控制的企业在全球市场上崭露头角之前起草的，明确提及 GCIs 的频率相对较低，这可能反映了这样一个事实，即在起草时，投资者对 GCIs 的关注并不多。大多数现有的国际协定，包括经合发组织的文书，一般都是所有权中立的，并不根据所有权明确区分，例如，《能源宪章》将投资者定义为自然人或公司，该定义不涉及国家所有权。

但是，自 20 世纪 90 年代初开始，随着国际投资协定数量的增加，涉及国家控制的企业的条约数量也逐渐增加。主要是要求国有企业应该像私营企业一样在商业基础上经营，例如，多边投资担保机构《多边投资担保机构公约》(MIGA 公约）对非私营投资者的定义明确包括“合资格投资者”，规定合资格投资者是自然人或法人，不论其是否私有，但要求国有企业以商业方式经营。还有一些国际投资协定中包括涉及国际间竞争的条款，例如，《美国—巴拿马投资协定》(1982）提供了一个处理私人投资

① Yuri Shima, *The Policy Landscape for International Investment by Government-Controlled Investors, A Fact Finding Survey*, OECD Working Papers on International Investment 2015/01, p. 5.

者和政府投资者之间竞争的早期条约做法的例子。《新澳自贸协定》(2003) 第12章第4条规定：(竞争政策) 规定“各缔约方应采取合理措施，确保各级政府在其经营活动中，不因其为政府所有而向任何国有企业提供任何竞争优势”。美澳自贸协定 (AFTA) (2004) (关于国有企业及相关事项的第14.4条) 规定，“各方认识到国有企业不应以阻碍贸易和投资的方式经营”，《新西兰与中华台北自由贸易协定》(2013) 包含了确保竞争政策平等适用于公共和私人商业活动的条款。

2005年的OECD《国有企业公司治理指南》是第一个帮助政府改善国有企业治理的国际建议。这些指导方针得到了附属指导文件的支持，这些文件提供了额外的标准和良好做法以及关于实施的建议，这表明国际文件加大了对国有企业问题的关注。此后在美欧的大力推动下，“竞争中立原则”成为OECD官方通过大量文件推广的重要原则，2011年美国奥巴马政府大力推动以排斥中国特别是中国国有企业的投资竞争规则，终于促使了TPP第17章国有企业规则的出台。

特朗普政府执政之后，美国对国有企业问题的关注深入中国非市场经济体制的结构性问题，国有企业、产业政策、金融开放、市场壁垒等都被美国强硬鹰派捆绑在一起，作为对中国施加结构性改革的一揽子需要解决的问题，同时美国开始寻求对WTO规则的改造，期望在WTO框架下就国有企业扭曲市场秩序问题达成协议。

第四节　国际主权贷款规则对中国“一带一路”建设优惠贷款的软约束

“一带一路”倡议提出后，中国对“一带一路”沿线国家的投资不断增加，商务部新闻发言人高峰在新闻发布会上曾经表示，“2013年至2018年，我国企业对‘一带一路’沿线国家直接投资超过900亿美元，年均增长5.2%。在沿线国家新签对外承包工程合同额超过6000亿美元，年均增长11.9%。”① 仅2019年1—2月，中国企业对“一带一路”沿线的48

① 《我国对“一带一路”沿线国家直接投资超900亿美元》，https：//www.yidaiyilu.gov.cn/xwzx/gnxw/86349.htm，2019年6月20日。

个国家的新增投资，合计 23 亿美元，同比增长 7%，在“一带一路”沿线国家新签对外承包工程合同额 122.3 亿美元，占同期总额的 53.2%，完成营业额 96 亿美元，占同期总额的 54.5%。[①] 巨额资金投入需要金融支持，根据中国学者的研究成果，目前中国“一带一路”建设金融支持仍呈现以中国政府为主导，以国家政策性银行和国有商业银行、国有投资基金作为主要融资方的特点，在融资方式上则采取政府主权贷款和商业性优惠贷款结合中国承建投资大型项目的组合贷款、建设模式。

一　中国在“一带一路”建设上采取的金融支持模式

根据推进“一带一路”建设工作领导小组办公室指导，国家信息中心所主办的“一带一路”官网上发布的新闻及数据，在“一带一路”沿线大型项目建设中，中国政策性银行和国有商业银行是主要融资方。中国银保监会副主席黄洪在 2018 年 11 月 2 日举行的中新（重庆）战略性互联互通示范项目金融峰会上表示，“一带一路”倡议提出 5 年来，有 11 家中资银行在 27 个“一带一路”沿线国家设立了 71 家一级分支机构，中资银行参与“一带一路”建设项目 2600 多个，累计发放贷款 2000 多亿美元，涉及交通、基础设施、装备出口等多个领域。[②]

根据中国学者统计分析，中国目前对“一带一路”沿线项目主要采取银行贷款、投资基金、发行债券等传统融资方式。比较而言，政策性银行在“一带一路”项目建设中起着引领和更为重要的作用。根据 2019 年 4 月 25 日在北京举办的第二届“一带一路”国际合作高峰论坛后新华社发布的成果清单，中方提出的合作倡议包括中国国家开发银行、进出口银行继续设立“一带一路”专项贷款和中国发展丝路主题的债券，拓展债券市场融资；融资类项目主要是中国两大政策性银行中国国家开发银行、中国进出口银行与一些沿线国家有关机构签署公路、矿产、电力等基础设施领域项目贷款协议，例如，中国进出口银行与塞尔维亚财政部署公路项目贷款协议，与哈萨克斯坦国家公路公司也签署了公路项目贷款协议；与

---

① https://www.yidaiyilu.gov.cn/info/iList.jsp? tm_id=513.

② 《中资银行累计为“一带一路”项目发放贷款 2000 多亿美元》，https://www.yidaiyilu.gov.cn/xwzx/gnxw/70590.htm，2019 年 6 月 20 日。

孟加拉国财政部签署桥梁、管道项目贷款协议；与埃及交通部、尼日利亚财政部签署铁路项目贷款协议；与卡塔尔 ALKhalij 商业银行、巴拿马环球银行签署流动资金项目贷款协议；等等。

从上述清单看，目前中国对“一带一路”项目融资仍然采取的是中国政策性银行与“一带一路”沿线东道国政府机关签订主权贷款协议方式，当然，中国也在谋求创新融资方式、拓展融资渠道，政府出面与其他国际发展金融组织成立多边融资合作中心，丝路基金与一些国际大型投资集团成立联合投资平台等。例如，中国财政部联合亚洲基础设施投资银行、亚洲开发银行、世界银行集团等多家国际金融开发银行成立多边开发融资合作中心，中国丝路基金与沙特国际电力和水务公司等建立联合投资平台。[①] 这样能够在一定程度上缓解中国的融资压力和风险。

中国进出口银行与“一带一路”沿线一些国家政府部门订立的贷款协议，应该涵盖了进出口银行对外贷款的几种主要形式，即出口卖方信贷、对外承包工程贷款、境外投资贷款、中国政府援外优惠贷款和优惠出口买方信贷等。这些贷款中，有些是属于优惠性贷款，如 2017 年 9 月 1 日，中国进出口银行副行长孙平与塔吉克斯坦财政部长库尔波尼勇签署了塔直属中央区 500 千伏输变电项目援外优惠贷款协议。总之，中国政策性银行对外贷款方式往往把商业性贷款和优惠性贷款混合在一起，这样的方式比较灵活，既满足了政治上发展友好关系的需要，经济上也起到以优惠开拓、推广市场的作用。

“一带一路”的优惠性资金贷款或含有部分优惠贷款的混合贷款，是中国政府给予发展中国家政府的优惠性资金援助，但并不符合经济合作与发展组织（OECD）开发援助委员会（DAC）对政府开发援助的定义。经合组织要求政府开发援助是政府向发展中国家提供的赠款或赠予成分至少为 25%的贷款。而根据《中国的对外援助（2014）》白皮书[②]所公布的内容，中国进出口银行提供的对外优惠贷款是中国对外援助的主要资金形

---

① 新华社:《第二届“一带一路”国际合作高峰论坛成果清单》，http://www.gov.cn/xinwen/2019-04/28/content_5386943.htm，2019 年 4 月 28 日。

② 《中国的对外援助（2014）》白皮书是中国目前公布的对外官方援助数据最权威的文件。

式，优惠贷款收取利息，贷款利率低于中国人民银行公布的基准利率。也就是说，进出口银行提供的优惠性贷款并不包含赠款，从上述白皮书公布的数据来看，“2010 年至 2012 年无偿援助占对外援助总额的 36. 2%，无息贷款占对外援助总额的 8. 1%，优惠贷款主要用于帮助受援国建设有经济社会效益的生产型项目、大中型基础设施项目，提供较大型成套设备、机电产品等。三年中，中国对外提供优惠贷款 497. 6 亿元人民币，占对外援助总额的 55. 7%”[①]。由此也可以推测，我国对“一带一路”沿线某些国家的大型生产性项目或大中型基础贷款，可能会采取优惠贷款或混合贷款方式，这只是我国援助的一种方式，优惠贷款利息为 1%—3%，是中国作为主权贷款的贷方在南南合作框架下向其他发展中国家提供力所能及的援助，但无偿和无息贷款不会是中国在“一带一路”建设中融资贷款的主要方式，最终中国与沿线国家的经贸合作要建立在互利共赢基础上。

二　中国“一带一路”建设中的“债务陷阱”、不透明等问题

（一）“一带一路”建设“债务陷阱”提法的由来

中国对“一带一路”沿线国家投资和贷款等面临诸多不确定性，有些国家政府治理水平和法治状况堪忧，有些则是对外开放程度不够、法律文化与中国冲突较大，因此，“一带一路”投资能否收回成为各方关注的焦点问题。

“债务陷阱”通常是指（政府）债务不可持续的增长。由于“一带一路”沿线国家很多是贫困落后的发展中国家，而中国“一带一路”建设项目以耗资巨大的基础设施投资为主，在融资方式上，中国采取项目由中国政策性银行发放的优惠贷款和商业银行发放的商业性贷款组合，指定中国国内大型国有企业承建的方式。这种新型援助贷款模式解决了“一带一路”沿线发展中国家缺乏资金从事基础设施建设的难题，也为中国相关建设单位开展对外承包工程业务，带动中国设备、施工机具、材料、工程施工、技术、管理出口和劳务输出提供了机会，这种资金融通方式对双

① 国务院新闻办公室:《中国的对外援助（2014）》白皮书，http://www.scio.gov.cn/zfbps/ndhf/2014/document/1375013/1375013_1.htm，2019 年 4 月 28 日。

方都是互利、双赢的。但是由于基础设施投资巨大回报率低、收回投资时间长，因此出现了一些经济发展程度低的穷国无力偿还所负贷款的情况。

2017 年斯里兰卡因债务问题而将中国提供贷款建设的汉班托塔港口项目控股权转让给中方，2017 年 7 月 29 日，双方签署了特许经营权协议，根据协议，中国招商局集团收购汉班托塔国际港务集团和汉班托塔国际服务公司的大部分股权，大约占总股比的 70%，中国招商局集团负责该港口的租赁、开发权，特许经营期限为期 99 年。另据报道，有 8 个国家——蒙古国、黑山共和国、巴基斯坦、老挝、马尔代夫、吉布提、吉尔吉斯斯坦和塔吉克斯坦——接近或已经实际违约。[①] 这些国家都从中国获得巨额贷款，例如，据估计，斯里兰卡国债 649 亿美元，其中 80 亿美元债务是来自中国的贷款。[②] 因此，一些国外学者认为，中国在利用债权实施地缘战略，通过向一些"一带一路"国家政府提供巨额贷款，使东道国陷入"债务陷阱"并谋求对其的战略和经济影响。中国"一带一路"贷款问题经一些外国媒体炒作，引起国际金融组织和美国等西方国家的注意，国际货币基金组织总裁克里斯蒂娜·拉加德（Christine Lagarde）出席洛杉矶米尔肯研究院全球会议表示，IMF 已经连续数周与中方合作……解释债务可持续性的重要性，而美国总统特朗普的国家安全顾问约翰·博尔顿（John Bolton）则指责中国利用"贿赂、不透明协议及战略性地利用债务迫使非洲国家屈从"于"其意愿与要求"[③]。白宫的贸易和制造业政策办公室更指责中国利用"掠夺性的'债务陷阱'模式"来"确保和控制全球核心资源"[④]。

（二）中国对"一带一路"国家主权贷款的信息披露

中国在"一带一路"项目建设中对相关国家的投资和贷款相关信息

---

① 古莲·郃蒂：《中国着手应对一带一路债务问题》，https：//www.chineseft.com/story/001082606？archive，2019 年 5 月 6 日。

② European Foundation for South Asian Studies（EFSAS），*The "New Great Game"：China's Debt - Trap Diplomacy*，October 2017，https：//www.efsas.org/publications/study - papers/the - new-great-game-chinas-debt-trap-diplomacy/.

③ 詹姆斯·波利提：《美国警告中国对多边贷款机构的影响》，https：//www.chineseft.com/story/001080787？archive，2018 年 12 月 21 日。

④ White House Office of Trade and Manufacturing Policy，*How China's Economic Aggression Threatens the Technology and Intellectual Property of the United States and the World*，June 2018，p. 1.

不透明也是近年屡被关注的问题。中国集中报告跨境项目贷款的网站就是推进“一带一路”建设工作领导小组办公室指导和国家信息中心主办的“一带一路”官网，上面会不定期推送国开行、进出口银行对外贷款项目签约和贷款余额等方面的新闻，但是这类信息并没有公布具体项目的金额，也没有贷款的国别信息。此外，虽然中国的政策性银行和商业银行有时会公开宣布项目投资，但这种做法并不一贯，而且很少公布具体的融资协议，也没有披露贷款条款。

这种做法遭到一些国际媒体和学者的批评和指责。哈佛大学肯尼迪政府学院教授卡门·莱因哈特（Carmen Reinhart）认为，中国向“一带一路”国家发放的贷款没有向 IMF 和世界银行报告，导致了大量“隐性债务”。她警告说，不断增长的债务问题可能引发比预期更糟的经济放缓，以及其他问题，缺乏透明度还将影响那些正在考虑由这些国家发行债券的投资者，或国际货币基金组织等帮助这些国家偿还债务的组织。她认为中国作为全球债权人的崛起，也意味着存在大量隐性债务。也就是说，向中国借款的国家没有就借款向国际货币基金组织和世界银行报告，她说，这将阻碍国际货币基金组织或世界银行在债务可持续性分析方面的工作。这些努力包括分析各国的债务负担，并为限制债务危机风险的借款策略提出建议。莱因哈特估计，官方债务统计数据由国际货币基金组织和世界银行跟踪，但这只涵盖了中国对其他国家贷款的一半左右。[①] 国际货币基金组织和世界银行也在年度会议上呼吁提高贷款金额和条款的透明度。而在中美贸易摩擦爆发后，美国贸易代表办公室的报告中也指责中国“一带一路”建设项目普遍无视市场原则，在融资、基础设施建设和政府采购等方面不遵守国际通行的最佳实践。[②]

国内学者也研究过中国对外援助贷款的信息公布情况，同样提出中国在对外援助数据公开信息极少，无法有效对对外援助的效果、影响进行深入研究。[③] 国务院机构改革之后，原来归属于商务部对外援助司负责的对

---

① Weizhen Tan, *China's Loans to Other Countries Are Causing "hidden" Debt. That May Be a Problem*, 2019. 6. 11, https: //www. cnbc. com/2019/06/12/chinas - loans - causing - hidden - debt - risk-to-economies. html.

② USTR, *2018 USTR Report to Congress on China's WTO Compliance*, February 2019, p. 15.

③ 胡建梅、黄梅波：《中国政府对外优惠贷款的现状及前景》，《国际论坛》2012 年第 1 期。

外商签援助优惠贷款政府间框架协议的职责，由新成立的国家国际发展合作署所承袭，在国家国际发展合作署的官网上公布了2019年的一般公共预算支出表，但该表只是反映政府国际发展合作事务支出，类似于“三公”经费公开披露。网站上对外援助成果展示的也只是援助项目取得的成就，而非项目资金信息。

这使得准确评估“一带一路”沿线国家对中国债务的现值变得困难，甚至不可能。来自媒体和国际货币基金组织（IMF）报告等表明，国开行和中国进出口银行的贷款条款差别很大，从巴基斯坦一些项目的无息贷款到埃塞俄比亚—吉布提铁路完全的商业利率贷款。在这种情况下，要预先判断、研究对相关国家贷款是否存在较大风险，除非中国进出口银行等能够建立一套科学的风险评估机制，否则巨额贷款很容易面临收不回的处境。上述23个国家中，有10—15个国家可能因未来与“一带一路”相关的融资而遭受债务危机，其中8个国家尤其令人担忧。这些国家是吉布提、吉尔吉斯共和国（吉尔吉斯斯坦）、老挝人民民主共和国（老挝）、马尔代夫、蒙古国、黑山、巴基斯坦和塔吉克斯坦。①

三 负责任主权贷款国际规则立法进程

在主权借贷市场上，由于存在过度借债、为有害项目融资、向独裁者贷款、贷款中存在腐败等诸多债权人、债务人不负责任的借贷行为，国际主权借贷市场上债务道德风险、债务危机频发。

但是在国际金融领域，融资方式快速变革、融资涉及借贷双方的重大权益，所以迄今为止并未达成一项能够为各国所能接受的主权借贷行为规则的条约，甚至习惯法和判例法在规制国际主权融资方面没有提供很多材料。

现有关于主权债务的国际规则大都是自愿性国际规则，大致可以分为三类：债务初始规则，债务管理规则，债务不可持续时的减免、重组

① John Hurley, Scott Morris and Gailyn Portelance, “Examining the Debt Implications of the Belt and Road Initiative from a Policy Perspective”, *Journal of Infrastructure Policy and Development*, June 2019, Volume 3 Issue 1, p. 139.

规则。①

在第一类债务初始规则中，规范外国政府贷款的是 OECD 出口信贷规则，该规则最初是 OECD 发达国家因争夺发展中国家的市场、资源而在提供出口买方信贷时相互竞争，不得已而对信贷条件、混合贷款中援助比例等内容进行限制的一种君子协定，依赖于发达国家相互自愿遵守。OECD 出口信贷规则历经多次修改，1991 年的赫尔辛基协议禁止对商业性项目进行捆绑式援助，1997 年的 Knaeppen 协议提出了针对主权国家出口的风险不得提供不当优惠的保险，以防止恶性竞争，自 2003 年以来，出口信用和信用担保工作组增加了一些反映西方国家对环境、人权关注的标准，要求贷款需要增加环境保护、保护人权、反腐败条件，并且要遵守透明度要求。②

在第二类债务管理规则中，主要是要求借款一方在借贷业务发生后要积极履行还款义务，合理使用，减少借贷成本和借贷风险。债务管理涉及债务数据的公布，因此国际货币基金组织（IMF）制定了数据公布特别标准（SDDS）和数据公布一般标准（GDDS），债务还涉及债务分析和评估，世界银行（WB）有管理绩效评估工具，联合国贸发会（UNTACD）有债务管理与金融分析系统。由于中国在“一带一路”建设中是以贷方身份参与主权借贷，因此本书不探讨这方面内容。

在第三类债务不可持续时的减免、重组规则中，重要的债务减免规则有拉美债务危机后期美国政府提出的贝克计划、布雷迪计划，这些是以债务国接受结构性调整计划为债务减免前提，但并未能有效控制债务国的债务，甚至大多数债务国丧失了经济发展的动力。之后国际货币基金组织（IMF）和世界银行（WB）推出的重债穷国计划，要求债务国进行全面的结构性调整，例如，国有企业私有化、缩减国内支出等，达到 IMF 和 WB 确认的目标之后，即可享受部分债务减免，以实现债务可持续发展。G8 随之提出了多边减债倡议，对达到前述重债穷国计划完成点的国家，对其继续存在的多边机构债务提供 100%减免，通过进一步将债务国减免的资金用于卫生、医疗、健康等公共福利领。至于债权重组，有 IMF 提

---

① 黄梅波:《政府优惠贷款与中国贷方责任的履行》，《亚太经济》2014 年第 4 期。

② 周小川:《出口信贷及其规则制定》，《上海金融》2013 年第 11 期。

出的主权债务重组机制，私人债权人提出的集体行动条款，IMF 提出的主权债务重组机制试图建立一个债权人必须遵守的债务重组方案、限制私人债权人借助诉讼强制执行债权的权利这一具有司法性的框架来代替市场化的主权债重组机制，遭到美国财政部和华尔街的反对而陷于停顿。在相对集中的国家债务人和分散的债权人之间的债务合同中引入集体行动条款，目前集体行动条款主要针对单笔债券，无法协调不同债券清偿问题，债权国和债务国都不热衷采纳集体行动条款。2002 年之后法兰西银行和国际金融协会相继提出了折中的重组方案——良好行为准则，作为补充债权重组的方案，该方案提出了信息披露、双方当事人早期沟通、诚信合作、公平的压力分担等原则，由于方案较为倾斜债权人利益，受到债务国的抵制。① 可见，当债务进入不可持续时期之后，除了债权国进行减免债务时可以对债务国提出一些经济宏观改革建议之外，债务重组方案往往难以在债权国和债务国之间进行平衡，而且债务重组除了 IMF 提出的主权债务重组机制具有司法性之外，其他方案都是自愿性方案，无法避免市场化重组方式下的自由散漫和无序。由此可见，债务不可持续的预防将变得更为重要。

为了构建一个广泛适用于所有借方和贷方国家的促进负责任的主权借贷行为规则，2009 年联合国贸发会（UNCTAD）发起了有关“负责任的主权借贷行为”的倡议，并于 2012 年 1 月发布了“负责任的主权借贷行为原则”，而且已经获得 11 个国家的认可。由于债务危机预防应当开始于债务缔结之前，负责任主权借贷行为原则对主权贷款的贷方加重了责任约束，纳入了透明度、尽职调查、披露、审计等贷款支付之前应该注意的原则。适用于贷方的原则有以下五个：（1）贷方应当明确借款人的代理人职责，维护公共利益以预防腐败；（2）贷方应当基于现实的评估（尽职调查）作出知情决策，并确定借款得到合法授权；（3）贷方应当调查项目融资的可行性；（4）贷方要遵守联合国制裁的决定，不能参与导致违反联合国制裁的交易；（5）在债务重组的情况下，贷方应负责任尽快进行重组。②

---

① 张榆青:《国际出口信贷法研究》，博士学位论文，中国政法大学，2007 年。

② 李月芬、Juan Pablo Boho Slavsky:《填补主权债务危机预防与重组的法律空白——联合国贸发会关于负责任主权融资的原则》，韩秀丽译，《国际经济法学刊》2013 年第 3 期。

四　中国“一带一路”建设中履行贷方责任与国际规则的不同

中国不是 OECD 成员，也没有承诺要接受 OECD 出口信贷规则约束，同样中国政府也没有正式确认要遵守负责任的主权借贷行为原则，但是中国作为新兴市场国家，已经是主权贷款中日益重要的贷方成员，由于中方常常在“一带一路”建设中采取混合贷款方式，即一部分采取具有援助性的优惠贷款，另一部分则实行商业贷款利率，贷款形式采取出口买方信贷，使得中国在“一带一路”大型基础设施项目、大型设备等市场上具有较强的竞争力。因此中方的贷款一方面与其他新兴市场国家如巴西、印度、俄罗斯等存在竞争，另一方面，可能在出口信贷方面存在“搭便车”现象，即因其他债权人执行 OECD 或 IMF 等颁布的规则自愿对“一带一路”债务国减免债务，从而使得这些借款国的借款总额中来自中国的优惠贷款数额增加，最终该债务国并未整体降低借款比例，而且因不断借新债还旧债，可能陷入债务不可持续状态。此外，大国崛起背景下中国将面临来自竞争者的质疑、摩擦、争端，认清中国主权贷款责任与负责任主权贷款贷方国际规则的差异，并进行改进中国对外优惠贷款的做法与实践，确有必要。

首先，中国优惠贷款对借款国借款的合法性和可行性没有明确要求。在主权借贷中借方作出借款决定一般是政府部门或者国家机构，但主权债务的最终偿还是整个国家的财产作为偿还来源，实际上最终由大多数公民承担，因此主权借贷的借方与偿还方存在实际的委托代理关系，代理人有责任维护公共利益。UNCTAD 的负责任的主权借贷行为原则要求贷方应当明确借款人的代理人职责，维护公共利益以预防腐败，借方代理人应该为了公共利益进行借款谈判，贷款人有义务保证借款决策在公开、合法的情况下进行，但是《中国进出口银行办理中国政府对外优惠贷款业务暂行办法》中，无论是贷款基本原则还是贷款条件，都强调贷款的安全和效益，并没有把贷款国政府是否得到合法授权、政治是否清明作为考核条件，与 UNCTAD 的要求显然不同。[①] 在贷款的透明度方面，虽然 UNCTAD

① 黄梅波：《政府优惠贷款与中国贷方责任的履行》，《亚太经济》2014 年第 4 期。

原则只要求借方将主权债务的经济信息公开透明，并未对贷方作透明度要求，但是国际社会对主权借贷的普遍做法是将贷款内容公开，以对贷方本国国民、其他国家投资者和其他主权贷款方负责，例如，世界银行和亚投行等多边机构，向主权国家政府提供贷款的融资条款是公开的，现大多数双边发展金融机构也遵循这种做法。而中国一直没有对具体贷款数目作出披露，一直以含混的投资项目、投资额形式公开，外界对实际贷款条件等信息根本无从知晓。

其次，中国没有加入任何国际债务重组方案，更缺少债务国债务不可持续后的债务重组框架。荣鼎咨询（Rhodium Group）考察了中国与 24 个国家的 38 次贷款重新谈判，发现常见的重新谈判结果是延长还款期、再融资和债务减免。荣鼎咨询得出结论认为，中国的筹码仍然是有限的，许多重新谈判以有利于借款人的结果了结。[①] 反思中国对“一带一路”国家建设优惠贷款、融资，可能需要反思中国贷款的目标与能力是否匹配，同时更应该对贷款的可持续发展进行审视评估。虽然 IMF 的重债穷国计划和 G8 的多边减债计划还存在诸多局限性，但是在维护债权人利益方面效果明显优于中国现在采取的单边减债方式。

① 荣鼎咨询:《过去 10 年发展中国家重新谈判 500 亿中国贷款》，http：//www.ftchinese.com/story/001082575，2019 年 4 月 30 日。

第四章　中国国有企业及对外投资政策面临的挑战

第一节　中国国有企业改革进程和经营模式面临竞争中立原则的市场化要求

生效的 CPTPP 国有企业规则适用对象仅为适格的成员国国有企业，理论上说，TPP 国有企业规则对中国国有企业在中国以及在 TPP 成员国的商业活动无效。但是，中国国有企业免受 TPP 国有企业规则约束仅为理论的理想状态，因为 TPP 国有企业规则及后续发展表明，美国等力图将国有企业规则推广为普遍接受的市场经济国家共同遵守的规则。目前规则的走向还存在较大的不确定性，但中国国有企业已面临日益逼仄的国际竞争环境，因此，中国理论及实务界应该做好充分准备，研究中国国有企业在不断演进的国有企业国际规则环境下面临的问题和挑战。

一　中国国有企业经营基础和目标与竞争中立原则所要求的商业考虑目标存在差异

（一）中国国有企业经营目标和治理结构体现了国家利益和党的领导，并不完全基于商业目的经营

纵观整个国有企业改革的进程，从最开始的“放权让利”阶段到两权分离，中国国有企业改革在不断探索中沿着市场化方向深入推进，《公司法》的出台也使得中国国有企业进入以建立现代企业制度为目标的改革阶段，该阶段改革目标是要建立产权清晰、权责明确的现代企业制度，为明晰产权，使国有大中型企业的公司制改革、董事会建设更加规范、法

人治理结构也更加完善，2003 年国资委成立，它代表国家履行出资人的职责，监管国有企业，实现政企分离，由此可以说，国有资产出资人的制度已经基本上建立起来了。

但是，中国国有企业经营管理是否完全能够基于 TPP 所要求的商业考虑，从现有法律规定来看，我国建立的是社会主义市场经济，而不是新自由主义思想所倡导的“华盛顿共识”下运作的资本主义，因此，国有企业改革，一方面遵循市场经济规律和企业发展规律，改革以往政企不分的弊端，实行企业有独立的经营自主权，让国家对企业的所有权与企业自身的经营权分离；另一方面基于国有企业是中国特色社会主义公有制的主要体现，是我们党执政的物质基础和保障，因此，中国国有企业经营活动肩负的使命使得其不可能脱离中国的社会经济环境，“商业类国有企业和公益类国有企业作为独立的市场主体，经营机制必须适应市场经济要求；作为社会主义市场经济条件下的国有企业，必须自觉服务国家战略，主动履行社会责任”①。这段话也强调了无论是商业类国有企业还是公益类国有企业，服务于国家战略是它们适应市场经济要求经营时同时肩负的义务，商业目的与国家战略、社会责任相比，如果发生冲突，必须是商业考虑让位于国家战略和社会责任。所以，中国国有企业面临 TPP 所要求的完全市场经济条件下基于商业考虑要求运作的挑战。按照原中国石化集团公司董事长、党组书记傅成玉的观点，“国有企业市场化改革方向是要让国有企业的决策机制、运行管理机制、激励约束机制等必须适应经济规律，满足市场竞争要求”②。虽然傅成玉只是中国大型中央企业的前负责人，他的观点并不代表中国的官方立场，但是，他的分析解读也说明中国国有企业改革主要还是促进国有企业经营管理机制的市场化，而不是谋求国有企业与其他企业的平等竞争环境，显然，这一改革内容与 TPP 国有企业规则所要求的非歧视待遇和商业考虑、非商业援助、透明度等核心规则相距甚远。傅成玉的演讲也说明，长期以来，中国国有企业改革一直无法避免、难以解决的难题还是国有企业经营权与政府管理之间的关系。

那么中国的国有企业自主经营与政府管理之间的关系到底如何处理，

---

① 《关于国有企业功能界定与分类的指导意见》第 1 条第 4 段。

② 傅成玉:《国资国企改革创新的实践与思考》，上海国有资本运营研究院等单位主办的第三期“国资大讲坛”，2018 年 7 月 27 日。

相关法律的规定还存在一定的模糊之处。例如，2009 年实行的《企业国有资产法》第 6 条规定了政府不干预国有企业的自主经营权，国有企业的经营自主权受法律保护。[①] 第 16 条规定，国家出资企业依法享有的经营自主权和其他合法权益受法律保护。但是第 17 条又规定国家出资企业从事经营活动，除了应当遵守法律、行政法规，还要接受人民政府及其有关部门、机构依法实施的管理和监督。这说明国有企业改革是个长期、艰难的探索过程。

党的十八大之后，2015 年 8 月党中央、国务院颁布了《关于深化国有企业改革的指导意见》，随后国务院国资委、财政部、国家发改委根据该指导意见提出了《关于国有企业功能界定与分类的指导意见》，文件内容标志着中国国有企业改革顶层设计基本完成，该文件在探索政企分开，促使国有企业真正成为依法自主经营、自负盈亏、自担风险、独立市场主体上提出了将国有企业分为商业类和公益类这一重大改革措施，同时在政治上提出了坚持党对国有企业的领导这一深化国有企业改革必须坚守的原则。《关于国有企业功能界定与分类的指导意见》提出对国有企业分类改革、分类监管的改革措施目标是促使国有企业能够更有效地按照市场经济规律运作，按照该文件，商业类国有企业要按市场经济规则运作，依法独立自主开展生产经营活动，公益类国有企业也要引入市场机制，可以采取国有独资形式，具备条件的也可以推行投资主体多元化，非国有企业也可以参与公益类国有企业的经营。

此后，为改进国有企业法人治理结构，完善国有企业现代企业制度，2017 年出台了《关于进一步完善国有企业法人治理结构的指导意见》，对国有企业法人治理结构的改革和完善提出更为详细的方案，国有企业治理结构改革的目标是 2017 年年底前，国有企业公司制改革基本完成，到 2020 年，党组织在国有企业法人治理结构中的法定地位更加牢固，方案对党组织和职工代表大会的权责设计增加的新规定，是一种依据市场经济规律和中国国情而设计的中国特色的国有企业法人治理结构。

总之，在市场化运作的前提下国有企业的商业化经营必然带有中国特

---

① 《企业国有资产法》第 6 条：国务院和地方人民政府应当按照政企分开，社会公共管理职能与国有资产出资人职能分开、不干预企业依法自主经营的原则。第 16 条：国家出资企业依法享有的经营自主权和其他合法权益受法律保护。

色社会主义特征，党的十八大之后对国有企业深化改革的顶层设计的思路是“党盯住国家利益—职业经理层盯住商业利益—国有资本投资经营公司盯住股东利益”，党是国家利益的代表，将从国家总体安全、国家社会稳定、全局经济转型等维度把握国有企业的发展方向，主要发挥非日常的监督作用和引领作用，一般情况下不会干涉国有企业管理层的自主经营；职业经理层是商业利益的代表，将站在企业经营发展的角度统筹企业内的资源配置，主要发挥经营功能和管理功能；国有资本投资经营公司是所有者层面全民利益的代表，将从优化资本布局结构、提升资本运营效率和保障国有资本保值增值的角度履行出资人责任，主要发挥投资功能和资管功能。当然，这一设计是否成为国有企业市场化运营的最优机制，还需要在实践中不断摸索经验。

2017 年 9 月 28 日，国务院新闻办公室举行新闻发布会，国务院国资委主任肖亚庆在介绍党的十八大以来国有企业改革有关情况后，回答记者提问时认为，国有企业改革有很多挑战，最主要的是看国有企业的改革和市场经济的发展，能不能完全地融合，就是国有企业的发展展现出来的效果到底怎么样。[①] 肖亚庆的答记者问也说明，中国国有企业改革跟市场经济之间，存在融合的挑战。

（二）中国对商业类国有企业的界定与 TPP 对商业类国有企业的界定存在差异

OECD 文件、TPP 等含有竞争中立原则的条约对“商业类”“公益类”界定逻辑是国有企业如果以营利为目标，自然应该与竞争对手处于相同的竞争规则之下，商业性活动不应受到政府干预。而公益性的国有企业是指为了弥补市场失灵，提供公共产品、帮助政府完成一定特殊职能的企业，显然应该得到政府的支持。换句话说，OECD 文件、TPP 条款的目标是构建国有企业与其他企业公平竞争的环境，而非促进商业类国有企业的经营活力。在 OECD 国家推动竞争中立原则的实践中，竞争中立原则只适用于国有企业的商业活动，公益类的非商业活动则排除在竞争中立原则的适用范围之外。但是，划分公益类和商业类国有企业的标准一致难以得

---

① 国务院国有资产监督管理委员会:《十八大以来国有企业改革情况发布会实录》，http://www.sasac.gov.cn/n2588025/n2588119/c7936035/content.html，2019 年 3 月 1 日。

到共识和统一，澳大利亚还在《澳大利亚联邦竞争中立政策声明》列举了判断商业活动的标准，但并未成为普遍接受的标准。① 但是营利目标、企业行为要基于商业考虑等是区分“商业活动”和“非商业活动”的重要因素。从之后含有竞争中立原则的 FTA 实践及 TPP 条款来看，均强调竞争中立原则适用于从事“商业活动”的国有企业，商业活动是以营利为目标。②

也正是因为界定国有企业的公益活动和商业性活动存在种种分歧，为避免“公益性”界定标准过于模糊而使得西方国家在实践中界定国有企业外延时存在或严苛或宽松的不确定性，之后的美国—新加坡 FTA 乃至 TPP 协定均没有提出公益型国有企业的概念，更多地着眼于对“商业活动”进行界定，只要政府企业从事营利性的商业行为就应该遵守竞争中立原则，并通过例外情形将所谓含混的公益类企业尽量明确化，既大大缩小了公益性企业范围，也避免成员国在何谓公益性企业问题上争论不休。

在 TPP 第 17.2 条适用范围排除条款中（商业活动例外情形），除了中央银行货币信贷汇率政策、金融监管机构等行使金融货币管理职能、主权财富基金的投资行为，能够被认为属于公益类的行为已经局限于独立养老基金、国有企业以履行政府职能目的而提供货物、服务的行为。

中国国有企业分类改革将国有企业界定为商业类和公益类的逻辑显然与 TPP 有所不同。中国国有企业分类改革，目的是解决国有企业普遍存在的目标多元、定位不清问题，分类改革能够激发企业经营活力，而非引入竞争中立原则适用于商业类国有企业。此外，中国国有企业分类改革是在国有企业总体改革指导思想下进行的，中国国有企业改革的基本原则包括两个毫不动摇，即“必须毫不动摇巩固和发展公有制经济，毫不动摇鼓励、支持、引导非公有制经济发展”。表明中国对待国有企业和非国有企业并非一视同仁，而是要坚持公有制主体地位，发挥国有经济主导作用，在坚持公有制主体地位的原则下进行社会主义市场经济改革，通过分类改革做到增强国有企业活力，强化对国有企业的监管。因此，对商业类

---

① OECD，*Competitive Neutrality: Maintaining a Level Playing Field Between Public and Private Business*，2012，p. 12.

② 例如 TPP 第 1 条定义中，对商业活动的定义是：商业活动指企业从事的以营利为导向，生产货物或提供服务，并以由企业决定的数量和价格在相关市场上向消费者销售的活动。

国有企业塑造与非国有企业同等的竞争条件、竞争环境并非中国分类改革的目标和初衷。这一点在国有企业分类改革文件《关于国有企业功能界定与分类的指导意见》也表述得非常明确。《关于国有企业功能界定与分类的指导意见》提出："商业类国有企业按照市场化要求实行商业化运作，以增强国有经济活力、放大国有资本功能、实现国有资产保值增值为主要目标，公益类国有企业以保障民生、服务社会、提供公共产品和服务为主要目标。"可见，中国划分商业类国有企业是为了凸显在市场中的商业运作，实现国有资产保值增值，而不是要商业类国有企业因改革在市场竞争中自生自灭，甚至带来国有资产的流失。

在毫不动摇巩固和发展中国社会主义公有制经济的原则指导下，中国公益类国有企业的范围将比西方国家的公益类国有企业的范围更广。当然，划分国有企业类型是一件十分复杂的事，《关于国有企业功能界定与分类的指导意见》第三部分组织实施就确立了"谁出资谁分类的原则"，具体将由履行出资人职责的机构负责制定所出资企业的功能界定与分类方案，报本级人民政府批准；可见在最终分类实施过程中，国有企业的出资方由地方国资委代行职能，不可避免会出现出资方为了维护既得利益，将具有垄断性行业的国有企业划入"公益类"，从而限制竞争与非国有资本的引入。①

中国人民大学杨瑞龙教授对分类改革提出了具体实施的思路，国有企业按所处行业性质划分，分为竞争和非竞争行业，非竞争性行业的国有企业所提供的产品可以分为两类：一类是提供公共品，从事公共品生产的国有企业即公益类国有企业，应该国有国营；另一类是自然垄断行业，主要在国计民生行业，涉及能源、原材料和基础产业。这些自然垄断行业以及一些支柱产业，国有资本要占主体，国有控股。这些企业政企不分问题、所有权不能转让的问题肯定存在，但是，企业负有完成社会目标，实现国家战略目标的任务，对美国在贸易摩擦提出的改革要求不应妥协。② 他的观点实质内容就是竞争中立原则不适用中国的所有国有企业，竞争性行业

① 杨瑞龙：《国有企业分类改革的逻辑路径与实施》，中国社会科学出版社 2017 年版，第 34 页。

② 杨瑞龙：《国企改革的逻辑、困境与未来改革思路》，人大重阳对话名家讲座，https://www.guancha.cn/yangruilong/2019_07_10_508841.shtml，2019 年 7 月 3 日。

的国有企业可以实施竞争中立原则，而非竞争性行业的可以采取市场化目标，但是，这些行业负有提供公共品、完成社会目标、实现国家战略任务，自然不能完全以竞争中立原则对待它们。

因此，在进行分类改革时，中国的商业类国有企业并不能因为进行混合制改造而放弃国有资本的控制权，非充分竞争行业和领域属于商业类的国有企业，国家仍然要保证国有资本的控股地位，这些商业类国有企业不可能完全实行竞争中立原则，对这类国有企业进行股份制改造，但必须保证国有资本控股，如果完全开放，实行竞争中立，股权多元化，由市场决定最终股权结构，中国的许多战略目标就无法实现。而 OECD 竞争中立原则、TPP 国有企业规则中将国有企业以营利为目标、经营出于商业考虑作为商业性国有企业判断标准，对“出于公共利益的目的”作为国有企业界定例外的判断标准，中国的分类标准与它们的标准差异非常大。

总体来说，竞争中立制度中关于商业性的界定标准对中国国有企业分类改革形成了一定的外部压力，不仅如此，目前中国国有企业分类改革自身也面临着一系列难题与复杂局面，改革还任重而道远。

二　中国国有企业被视为扭曲市场的重要因素，面临反补贴、反倾销多重限制

首先，“非市场经济地位”问题提高了 TPP 国有企业管制的标准，并且没有例外可以援用。

与历经长期国际造法过程的竞争中立原则相比，“非市场经济”问题并非多方协商的结果，而是各发达经济体向中国单边施压的手段，而且自 2017 年美国、欧盟相继发布对中国非市场经济地位的报告中，着重强调中国政府通过国有企业增强了对生产资料与资源配置的控制，并得出“中国现在不是，将来也没有可能成为市场经济国家”的结论。[①] 对中国非市场经济地位的认定的直接后果是导致中国企业在反倾销法上继续因替

---

① U. S. -China Economic and Security Review Commission, *Evaluation of China's Nonmarket Economy Status*, April 18, 2017, https://www.uscc.gov/sites/default/files/Research/Non%20Market%20Economy%20Issue%20Brief.pdf.

代国方法受到不合理的反倾销措施，间接后果则是提高了 TPP 国有企业管制的标准。相应地，国有企业不可能如 TPP 国有企业规则具备诸多可诉诸之例外，这使得应对 TPP 的诸多策略（如善用例外与国有企业减让表）在“非市场经济”问题下丧失了用武之地。

就国有企业规则的适用例外情况，TPP 设置了国有企业规模、国家垄断经营等多项排除适用国有企业规则之情形。以国有企业规则管制的国有企业规模标准为例，TPP 设置了 2 亿特别提款权的门槛，这显然是出于促进中小企业发展的考虑（中小型国有企业市场竞争力较小）。在受规制国有企业的层级上，缔约初期次中央政府所属国有企业并不在规制范围内，留待各缔约方后续谈判以扩大适用。而在国家垄断经营部分，不参与国际市场竞争的国家垄断经营行业也无须遵守竞争中立原则。但在“非市场经济”问题下，中国被认为是非市场经济国家，因此任何规模的国有企业都被视为扭曲市场的力量而受到歧视待遇，这显然与竞争中立原则的本意不符。

就“非市场经济国家”认定带来对国有企业管制的强度问题，TPP 之“商业考虑”仅要求政府不随意干涉国有企业经营，不为国有企业提供可使其忽略成本因素的特定便利，但 TPP 国有企业规则仍然服务于成员国共同的竞争环境，而非单方产业政策。[①] 而“非市场经济地位”的认定，将国有企业在竞争领域的义务由“中立”上升到了“礼让”的高度，其认为国有企业天然负有扰乱市场的“原罪”，必须彻底退出竞争领域方能消除不利影响。这或许与美国国内商业性国有企业数量较少的情况有关——美式反补贴政策无须考虑对自身国有企业的影响，达到排除新兴经济体国有企业竞争的目的即可。作为印证，商业性国有企业较多的欧盟与澳大利亚在“非市场经济”问题上的立场则不及美国激进。

其次，对中国非市场经济国家的认定将导致中国国有企业面临反倾销、反补贴规则的双重限制。

如前文所述，“非市场经济国家”概念的模糊性与认定标准由各国国内反倾销法确定使其易被曲解。各发达经济体将其与意识形态问题挂钩，

① 赵海乐:《竞争中立还是竞争礼让——美国对华反补贴中的国有企业歧视性待遇研究》，《国际商务》(对外经济贸易大学学报) 2016 年第 4 期。

以其评价一国整体的经济体制，进而将其适用范围扩展至国际经贸活动的各领域，而以反补贴与投资问题为甚。

在反补贴领域，虽然“替代国条款”只出现在反倾销中的价格可比性领域，但《中国入世议定书》第 15 条 b 款中也允许 WTO 进口成员使用 SCM 协定以外的确定和衡量补贴利益的方法，且不受“日落条款”的影响。而各发达经济体极有可能以体系解释为由，将“非市场经济”问题引入补贴的确定中，扩大补贴的界定范围。在 WT/DS397 案中，美国即试图将国有企业定义为 SCM 协定上的“公共机构”，且得到了专家组的支持。TPP 与 TPP 则绕过了“公共机构”的界定，直接将国有企业纳入提供“非商业援助”的主体，且将服务贸易也纳入“非商业援助”的范畴。而在“非市场经济”问题中，各发达经济体将仍然延续这一路径，继续强化新兴经济体国有企业“补贴接受者”与“补贴提供者”的刻板印象，逐渐将对华贸易保护措施的路径由反倾销措施转移至反补贴措施上，或采取“双重救济”的手段。以美国为例，从 2008 年起美国开始对中国产品采取反补贴调查，且近几年有逐年上升、超过反倾销调查之趋势（详见图 4-1）[①]，而“双重救济”已成为常态——近两年硫酸铵、不锈钢板与钢带等 10 项产品涉及“双重救济”，占所有贸易救济措施数量的近 3/4。

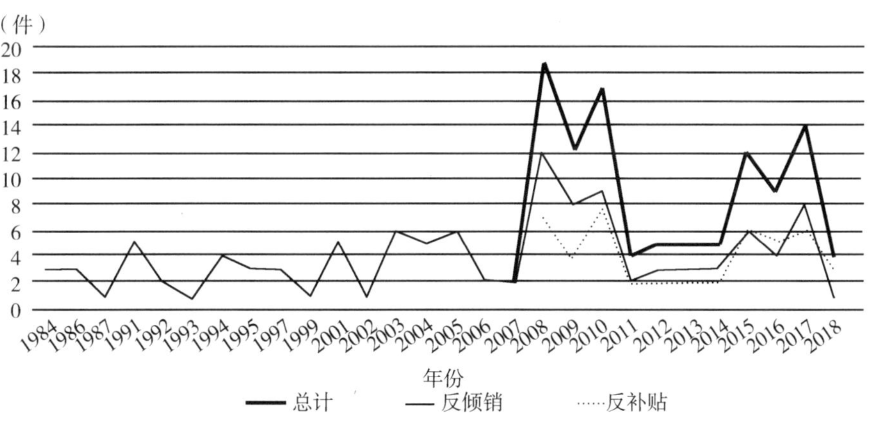

图 4-1　历年美国对华反倾销与反补贴调查的数量（1984. 01. 31—2018. 02. 01）

① U.S. International Trade Commission, *AD/CVD Orders*, March 12, 2018, https://www.usitc.gov/sites/default/files/trade_remedy/documents/orders.xls.

最后，非市场经济问题的泛化将扩大对中国国有资本进入领域的不利影响。

在投资领域，“非市场经济”将弱化国有企业规则中国家对企业的所有权或控制标准，无限延伸其管制范围，从而牵制新型经济体国家资本的扩张。以往的国有企业规则多通过股份、表决权等因素定义“国有企业”，如 TPP 将“国有企业”定义为“主要从事商业活动，且一缔约方在其中直接拥有半数以上的股份资本、通过拥有者权益控制半数以上投票权的行使或拥有任命大多数董事会或其他同等管理机构成员的权利的企业”（在主权财富基金、金融监管等事项设置了例外），美国与新加坡签订的 FTA 则令“国有企业”的标准被降至“政府直接或间接持有的表决权占 20%以上”。但由于认定“非市场经济地位”由认定国单方根据自己国内法自行判断认定的单方性，不存在需通过让步换取条约达成的情形，国有企业规则的作用范围被无限扩大。早在 2016 年“非市场经济”听证会中，代表 Wentong Zheng 即认为在“市场扭曲”的背景下，中国的国有企业与大型私有企业界限模糊，不可继续以政府所有权为界定中国国有企业的依据。①而“非市场经济”问题即绕过了国有企业的定义问题，直接将国家资本在企业中的存在、国有企业在市场中的存在全部界定为“市场扭曲”的因素，进一步夸大国有企业对市场的影响，实现了国有企业规则适用上的“去国企化”。

“非市场经济”问题从内部与外部两方面导致了中国国有企业生存环境的结构性恶化。就国有企业生存的外部环境而言，各发达经济体管制的增强不仅导致中国国有企业的产品丧失了应有的市场，其“走出去”之进程也将更加艰难。在投资准入中，各发达经济体（尤其是美国）往往通过“国家安全审查”，阻止中国企业进入其国内市场。即使其通过直接投资或并购在东道国设立子公司，相应子公司仍然因其中的国有资本而受到歧视待遇。就国有企业生存的内部环境而言，由于“走出去”进程受阻，国内产能升级空间受到压缩，产业结构难以得到进一步优化。而随着各发达经济体贸易保护政策导致的外需衰退，其中出口导向产业的“产

① U. S. China Economic and Security Review Commission, *Hearing on China's Shifting Economy Realities and Implications for the U. S*, February 24, 2016, https://www.uscc.gov/sites/default/files/transcripts/February%2024%2C%202016_Hearing%20Transcript.pdf.

能过剩”问题将继续加剧，这远非中国市场所能消化。若补贴所维系的恶性竞争不能得到制止，产业内卷化引起的萧条将传递至整个产业链，最终由处于基础部门的国有企业兜底。而实体经济的高杠杆率将最终波及金融领域，系统性风险不可避免。

各发达经济体长期就“非市场经济”问题指责中国的“产能过剩”问题，其本质是供需失衡在供给侧的反映。“产能过剩”问题并非价值规律作用下，市场在正常范围内周期性波动的体现，而是一场结构性的经济危机。而供给侧结构改革是一项漫长的、复杂的系统工程，需要国家力量在相当程度上的介入，远非各发达经济体所主张的“自由市场”所能胜任。但各发达经济体无视“入世”以来中国市场经济改革所取得的成果，一味否定国有企业在供给侧结构改革中可发挥的积极作用，从理论上堵塞中国深化改革的路径。此种短视的做法不但给中国带来困扰，亦无助于其自身国内经济困境的解决——中国的危机若传递至各发达经济体，双方将一同陷入长期经济衰退的深渊。

三　非歧视待遇、禁止非商业援助、透明度要求对中国国有企业经营模式的影响

TPP 第 17.4 条第 1 款（b）项和第 17.4 条第 2 款（b）项要求国有企业和指定垄断在购买货物或服务时，必须给予任何其他国家的企业，以及任何其他国家投资者在该国有企业本国设立的企业以不低于本国企业的待遇，也就是说，在该条款下，缔约国的国有企业购买货物、服务应该对本国企业、其他缔约国企业、非缔约国企业一视同仁。第 17.4 条第 1 款（a）项和第 17.4 条第 2 款（a）项要求国有企业在从事商业活动时依据商业考虑，购买或销售货物都不得歧视他国企业。

这些规定对中国国有企业在国内的商业活动和海外投资都带来极大的挑战。

（一）非歧视待遇使得中国国有企业在国内的采购行为不得偏好本国企业，从而扩大了政府采购适用的对象和范围

经过多年的国有企业改革，中国国有企业的日常经营活动已经基本实现市场化，国有企业的人事聘用、用工管理、原材料采购、产品销售等生

产经营活动完全由企业自主决策，政府不再具体干涉。在上文中国深化国有企业改革指导意见的规划设计中，除商业性国有企业发展的方向性问题受到党委监督之外，经理层对管理的商业效益承担责任不受政府干预，这一改革也迫使中国国有企业采购时完全按照商业利益追求商业利润，不至于偏好本国企业。

但是在《政府采购协定》的谈判过程中，GPA 主要成员方一直希望把国有企业纳入政府采购的适用范围，它们认为国有企业是公共资金的主要使用者和国家基础性投资的接受者，体现了政府目的，经营活动势必受到政府影响和控制。而我国在 2001 年加入 WTO 时明确将“国有和国家投资企业”排除在政府采购之外，在 2007 年我国申请加入 GPA 谈判的出价清单中也没有把国有企业列入政府采购范围之内，为此欧盟等 GPA 成员方对中国的态度表示非常失望。①

而在中国看来，中国国有企业按照政企分开，强调把国有企业改革为独立经营、自负盈亏的市场主体的思路进行改革之后，特别是随着国有企业分类监管，商业性国有企业按照市场化商业运作，以实现国有资产保值增值为目的，其经营性质不符合 GPA 谈判中认定政府采购主体的“公共主体”的标准，不属于 GPA 谈判中应该成为政府采购主体的“公共主体”范畴。

TPP 国有企业规则不再纠缠于中国国有企业是否为公共主体，不再希望通过抽象的标准“国有企业采购行为是否受到政府影响或控制”，以及“是否体现政府利益”来判断国有企业商业活动的独立性，而直接要求国有企业采购销售对内外资企业同等对待，相当于直接让国有企业在进行采购销售行为时遵循政府采购协定所要求的规则和程序。

TPP 第 17.4 条第 1 款（b）项和第 17.4 条第 2 款（b）项的规定也存在一些操作层面的问题，这两点内容都是对国有企业和指定垄断采购行为的不歧视待遇要求，具体实施细则尚不清楚，是否应该执行公开的招投标程序，与 GPA 政府采购实施内容有何差别，都有待根据 TPP 规则后续发展和实施情况再行判断。

① 白志远、王平:《WTO〈政府采购协议〉视角下的我国国有企业采购规制研究》,《经济社会体制比较》2015 年第 1 期。

即便如此，从现有法律法规以及一些大型中央国有企业制定的内部采购管理办法来看，现阶段中国国有企业采购行为尚不能符合非歧视待遇要求。首先，国有企业没有成为中国正式的政府采购立法中的主体，据 2001 年《政府采购法》第 15 条，“采购人是指依法进行政府采购的国家机关、事业单位、团体组织”，可见中国政府采购主体是财政拨款的国家机关、事业单位和团体组织，不包括国有企业，其只受适用于所有公共或私人招标活动的国家级法律《招标投标法》的约束。TPP 非歧视待遇要求国有企业在销售、购买服务时对国内外企业同等对待，实质上有等同于政府采购的效果。而在中国自 2007 年 12 月开始就加入《政府采购协定》的谈判中，美国就一直要求把国有企业纳入《政府采购协定》的范围，例如，2011 年，美国与中国就加入《政府采购协定》进行了三轮谈判，谈判还集中在《政府采购协定》对政府企业的覆盖范围，美国要求中国将国有企业纳入《政府采购协定》的覆盖范围。但是中国在 2011 年及之后的谈判中，都没有承诺将国有企业作为政府采购协议的主体。①

其次，国有企业的大部分工程和相关的采购要进行强制招投标，按照《招标投标法》第 3 条规定：“大型基础设施、公用事业等项目；项目资金里包含了国有资金投资的，使用国际组织或者外国政府贷款、援助资金的项目，项目的勘察、设计、施工、监理以及与工程建设有关的重要设备、材料等的采购，必须进行招标。”这部分公开招标的采购未必能够达到 TPP 非歧视待遇要求，因为中国国内的工程建设在国际市场具有强大的竞争优势，大型项目的工程建设项目公开招标不可避免会偏好于我国国内投标人。

最后，我国一些政府规章乃至大型中央企业的内部采购管理办法曾经明确“购买国货”，虽然后期陆续废除，但不排除在实际采购中仍然存在某些潜在的做法与 TPP 非歧视待遇要求不符。例如《关于加强国债专项资金技术改造项目招标监管工作的通知》就规定鼓励采用国产设备。② 不过这一规定于 2004 年已经被废止，再如，《中国石油化工集团公司建设工

---

① USTR, *2018 USTR Report to Congress on China's WTO Compliance*, February 2019.

② 该通知规定：经认定国产设备能够满足用户要求的项目，必须在国内采购设备，并进行国内公开招标；需要进口或部分进口国外设备的项目，国内设备部分的采购也应进行国内招标。

程招标投标管理规定》第 34 条规定："……在同等条件下，应优先选择集团公司所属的投标单位。"

不过我们也应看到，中国某些大型中央企业的采购行为越来越开放，例如，国家商业银行、金融机构就已经开始了主要物质集中采购的措施，避免照顾各种"关系户"。《国有金融企业集中采购管理暂行规定》第 19 条就规定，对纳入集中采购范围的采购项目，国有金融企业原则上应优先采用公开招标或邀请招标的方式。另外，国家电网就在内部招标采购文件中规定，在进行招投标采购物质时，招标文件不得有倾向性的要求，这一内部文件说明了中国大型国有企业在采购上的进步。① 2014 年 12 月，中国向 WTO 提交了加入 GPA 第 6 份出价清单，首次将国有企业等实体纳入政府采购。② 不过中国加入 GPA 是为国有企业"走出去"铺平道路，因为发达国家政府采购是一个巨大的市场，中国如果能够顺利加入 GPA，国有企业就具有参与投标的"身份"和资格，就有机会在主要贸易国家政府采购市场上争得一席之地。

（二）非商业援助规则将使得国有企业补贴直接被定性为可诉补贴甚至禁止性补贴，比中国在 SCM 协定中的特殊待遇更严苛

在 WTO《补贴与反补贴措施协定》（SCM 协定）中，补贴分为禁止性补贴、可诉补贴和不可诉补贴，不可诉补贴条款已经于 2000 年 1 月 1 日失去效力，禁止性补贴为出口补贴和进口替代补贴，可诉补贴是具有专项性并对其他成员国构成不利影响的补贴。按 SCM 协定，各成员国不得实施禁止性补贴，如果一项补贴构成专向性，则应该受第三部分可诉补贴和第五部分反补贴措施的管辖。可见，补贴的"专向性"是补贴受到 SCM 协定约束的前提条件。③

按 SCM 协定第 2 条规定，授予特定企业的、授予特定地区的特定企业的、授予特定产业的，以及禁止性补贴，都被认为具有专向性。判断标

---

① 《国家电网公司招标活动管理办法》第 24 条：不得要求或者标明特定的生产供应者以及含有倾向或者排斥潜在投标人等其他内容。

② Frank Ching, *China Makes New Offer on Government Procurement*, Jan. 15, 2014, http://www.ejinsight.com/20140115-china-makes-new-offer-on-government-procurement/.

③ Agreement on Subsidies and Countervailing Measures, Article 1.2.

准有两个：一是补贴授予当局或该当局以执行的立法将补贴的获得明确限定于某一特定企业或产业，此种补贴被称为具有“法律上的专向性”；如果补贴授予当局根据立法制定客观的标准或条件，规定符合这些标准和条件即可获得规定数额补贴，则该补贴不具有专向性。二是“事实上的专向性”，如果一项补贴为非专向性，即不具有法律规定的条件但事实上却属于专向性补贴，在判断的时候就应该考虑以下因素：少数特定企业使用的补贴，向某些企业给予不相称的大量补贴，而在决定是否给予补贴时，补贴的授予机关有自由裁量权。①

由于中国加入 WTO 时的经济转型国家的特殊身份，中国在加入 WTO 时接受了对中国国有企业补贴认定和实施反补贴较为严格的标准和做法。按照中国加入世界贸易组织议定书第 10 条第 2 款，“对国有企业提供的补贴将被视为专向性补贴，特别是在国有企业是此类补贴的主要接受者或国有企业接受此类补贴的数量异常之大的情况下”。这项“入世”议定书对中国国有企业接受补贴的特殊承诺使得中国国有企业被定性为具有专向性的补贴，特别是在国有企业是主要接受主体或接受数量特别大的情况下，这就意味着，一旦其他成员国认为中国对国有企业的补贴带来不利影响，就可以将之视为可诉补贴，采取反补贴措施。

中国在《中国加入工作组报告》第 171 段规定：“中国代表表示，希望保留自 SCM 协定第 27 条第 10 款、第 11 款、第 12 款和第 15 款获益的权利，同时确认，中国将不寻求援引 SCM 协定第 27 条第 8 款、第 9 款和第 13 款。”② 根据以上承诺，在 SCM 协定第 6 条下，弥补一个行业经营亏损的补贴、弥补企业经营亏损的补贴、直接豁免债务等补贴、对产品的从价补贴总额超过 5%均被认为构成严重损害，而发展中国家给予上述补贴不得被认为构成严重损害，而应由受损害的成员国举证证明，但是中国放弃援用 SCM 协定第 27 条第 8 款，使得中国采取的上述四种形式补贴将被直接推定为构成严重损害。

但是，TPP、美墨加协定对非商业援助的规定，显然较中国“入世”议定书等关于补贴措施的承诺更为严苛。非商业援助的规定省略了对国有

---

① Agreement on Subsidies and Countervailing Measures, Article 2.1 (c).

② 《中国加入工作组报告》第 171 段。

企业补贴是否为专向性的认定，如果此类规定被普及为国际补贴规则，将使得中国政府对国有企业的补贴，中国国有企业（包括商业银行）对下游国有企业的补贴，以及对在海外投资的企业直接、间接提供的补贴，统统被认为属于可诉补贴范围。

（三）中国国有企业信息披露与TPP国有企业规则透明度要求存在差距

TPP国有企业规则透明度条款主要是国有企业名单的公开、国有企业内部信息（包括股权比例、董事会中政府官员信息、重要财产信息的披露等）、与非商业援助相关的政策和项目的披露三大方面。

中国国有企业信息公开的方式主要是国务院国有资产监督管理委员会（以下简称国务院国资委）和各省市国资委网站信息公开门户网站，公开方式有主动公开和依申请公开两种方式；在国务院国资委主动公开信息栏目中，涉及国有企业（指属于国务院国资委直接管辖的中央企业）信息公开栏目为国资监管和国有企业改革，如表4-1所示。

表4-1 国务院国资委主动公开基本目录

公开事项	内容描述	公开时限	公开方式	责任主体
规划发展	中央企业主业	信息产生或变更之日起20个工作日内公开	国资委网站	规划局
财务监管	中央企业经济运行情况	相关数据收集后及时发布	国资委网站、新闻发布会或国资年鉴	财务监管局
产权管理	国有产权交易项目的信息披露和结果公告	信息产生或变更之日起20个工作日内公开	产权交易机构网站、公共资源交易平台	产权局
	国有企业增资扩股项目信息披露和结果公告		产权交易机构网站	
改革重组	中央企业集团重组情况	信息产生或变更之日起20个工作日内公开	国资委网站	改革局
	中央企业名称变更			
考核与薪酬	中央企业年度考核A级企业名单	每年集中发布一次	国资委网站	考核分配局
	中央企业负责人年度薪酬信息			

续表

公开事项	内容描述	公开时限	公开方式	责任主体
监督检查	国有资产损失调查及违规经营投资责任追究情况	结合具体案件查处情况发布	国资委网站	巡视办
	巡视组巡视反馈情况	反馈会议后一个月内发布		
	巡视整改情况	巡视反馈后 3 个月内发布		
企业领导人员任免	联系企业外部董事任免信息	信息产生或变更之日起 20 个工作日内公开	国资委网站	企干一局
	联系企业领导人员任免信息			企干二局

资料来源：国务院国资委网站：http：//www.sasac.gov.cn/n2588035/n10129909/c10129935/content.html.

根据国资委主动公开信息目录显示，中国对中央企业的股权结构、董事会等进行了信息披露，但年度财务报告等重要财务信息尚未公开，而对国有企业贸易投资进行补贴的政策及项目不在中国现行国有企业信息工作安排之列。

首先，对国有企业名单的公开要求，中国已经完全实现了对中央企业名单的公开。我国国务院国有资产管理委员会网站有“央企名录”“央企变更”“央企主业”三个栏目，对现有的中央企业名称、变更重组情况、主要经营范围都实行了公开。

其次，中国中央企业的内部重要信息历经改革，逐步与 TPP 透明度要求接近，但是一些大型国有企业尤其是非上市公司的信息披露还需要继续改革推进。国务院《2016 年政务公开工作要点》第 6 条提出要推进国有企业运营监管信息公开，主要是公开国有资本整体运营、增值改制重组、股权变动等情况及对国有企业财务状况、重要人事变动、企业负责人薪酬等信息也作了公开。但是国务院国资委网站仅仅对所有中央企业经营情况、应交税费、净利润以及全国国有及国有控股企业营业总收入、营业总成本、应交税金等笼统进行信息披露。不过在一些中央企业的网站上，如中国船舶集团有限公司、华润集团等控股了不少上市公司，基于《证券法》对上市公司强制信息披露的要求，集团公司网站上的信息披露较完整，股本结构、公司主要财务数据、股东变化等重要信息都有公开。从事国防安全等敏感行业的一些中央企业网站，如中国核工业集团有限公司、中国航空发动机有限公司也完全没有对上述内容进行公开。一些非上市公司如中国化工集团仅仅对直属企业结构进行了披露，但是直属企业本身信息基本没有公开。可见中国大型国有企业与上市公司相比，信息披露原只限于对上级国有资产管理部门的行政报告，信息披露渠道狭窄，公众可以获得信息的途径有限。[①] 经过不断改革试点推进，按照国务院国资委 2018 年政务公开工作要点，国务院国资委向社会公开中央企业总体经济运行情况，以及重要人事变动、负责人薪酬等信息。这里公开的仍然是中国央企的总体经济运行情况，每个企业的年度财务报告仍然付之阙如。此外，《国资年鉴》提供了全国国有企业户数、从业人数、国有资产总量之综合、行业、地区分析表，全国国有企业资产负债之综合、行业、地区分析表，国有资产总量地区分析表，国有工业企业资产负债地区分析表，国有商业企业户数，从业人数，国有资产总量地区分析表，国有商业企业资产负债地区分析表，36 个省（自治区、直辖市、计划单列市）国有企业主要指标表。这些数据都是整个行业或地区的总量、综合数据，没有涉及任何单一国有企业财务信息的披露。

最后，TPP 国有企业规则透明度要求公开国有企业获得补贴（非商业援助）的信息，以使得其他成员方根据信息理解政策和项目的运作，对该补贴给贸易和投资带来的影响进行评估，这一规定因涉及中国国有企业可能进行的战略性投资，而无法获得中国认同。虽然 WTO 的 SCM 协定也规定了成员国应该每年 6 月 30 日之前将补贴（包括赠予、贷款、税收减免）、补贴的政策目标、补贴量及期限等通知给 WTO，但是从中国历次向 WTO 通知的情况来看，2006—2019 年中国向 WTO 提供了 6 次新通知，值得注意的是，在 2006 年 4 月 13 日中国提交的对 2001—2004 年的补贴通知中，仅仅只包括中央政府一级批准或维持的补贴，2019 年 7 月 19 日提交的通知中，就把 2017—2018 年中央和地方各级政府批准或维持的项目补贴都进行了通知。从补贴通知文件来看，中国公开补贴的是各类税收优惠政策、扶贫基金、农业发展基金、水资源基金、节能减排基金等，对

① 郭媛媛:《国有大企业信息披露现状及问题研究》，《中国物价》2011 年第 11 期。

于补贴额度，中国提交的通知中对税收优惠的总额没有具体数据，节能减排、大气污染防治基金等补贴要提交的是整个年度支付的补贴总额，在中美近期围绕产业政策产生争议部分涉及的战略性新兴产业发展基金，最新提交的通知中同样只公布了 2017 年发放的 12.55 亿元人民币，没有具体到企业层面的补贴金额。对产业转型升级基金的数额通知，2017—2018 年度的总量都没有公布，仅仅注明“数量不同”。涉及评估补贴贸易影响的统计数据，通知栏上一般注明“无法获得”①。

第二节　中国对外投资产业政策受到诸多指责和限制

1996 年“走出去”战略提出到 2000 年得到国家政策确认支持，中国对外投资随着国内经济高速增长有了长足发展，2015 年对外投资额首超外资对华投资，我国成为净资本输出大国。国有企业一直是中国对外投资的主力，虽然近年来中国非公有制经济对外投资增长较快，但是在中国走出去战略和相关政策的指引下，中国对外投资逐步流向高科技制造等领域，国家扶持的产业政策、国家对外投资的审批制度以及国有银行和基金的贷款支持均使得中国对外投资呈现出国家导向的中国特质。西方发达经济体指责中国的产业政策是造成不公平竞争的非市场导向政策，因大量财政性政府补贴引发全球市场持续性的产能过剩，鼓励对外高新科技投资政策被视为不公平地指导和促进中国公司对美国公司和资产进行投资和收购，对美国企业的竞争力构成威胁。

一　中国对外投资产业政策具有较强的政府干预特征

中国对外投资起步较晚，而发达国家早在第二次世界大战后就建立了

---

① 这 6 次通知的文件分别为：（1）2006 年 4 月 13 日提交的 G/SCM/N/123/CHN；（2）2011 年 10 月 21 日提交的 G/SCM/N/155/CHN，G/SCM/N/186/CHN；（3）2013 年 5 月 16 日提交的 G/SCM/N/95/CHN；（4）2015 年 10 月 30 日提交的 G/SCM/N/220/CHN，G/SCM/N/253/CHN，G/SCM/N/284/CHN；（5）2018 年 7 月 19 日提交的 G/SCM/N/315/CHN；（6）2019 年 7 月 19 日提交的 G/SCM/N/343/CHN。

完善的促进对外投资信息服务、税收优惠、保护投资的政策及法律体系。① 作为借鉴，中国也逐步建立了简化审批程序、对外投资保险制度、增加税收优惠、提供政策性融资、设立对外投资促进服务机构等管理、促进和保护海外投资的规则体系。在当前国际规则层面推行对国有企业实行竞争中立原则以及欧美在高新科技、战略产业外资政策逐步收紧的背景下，我们有必要检视中国对外投资政策立法状况，分析中国政策存在的问题和可能遇到的挑战。

（一）中国对外投资审批中的政府导向：可通过对向敏感国家和地区、敏感行业投资的审批引导外资投向，对民营企业和中央企业监管不同

1. 对外投资审批由“核准为主”转变为“备案为主，核准为辅”

改革开放以来，中国对外投资管理体制经历了一个逐步放松的过程。改革开放初期至20世纪90年代，中国外汇资金短缺严重，企业缺乏国际经营经验，对外投资实行审批制，对外投资受到严格限制。从20世纪90年代末期开始，随着中国经济实力的不断增强和外汇储备的快速增长，对企业开展对外投资的管理不断简化。2004年7月，国务院发布《关于投资体制改革的决定》，标志着中国开始正式实施以核准制为主的对外投资管理体制，国家发展改革部门负责境外投资项目的管理，商务部门负责对境外设立企业的管理。2008年8月，国务院发布《外汇管理条例》，由强制结售汇转为实行自愿结售汇的外汇管理新体制。2014年，国家发展和改革委员会发布的《境外投资项目核准和备案管理办法》和商务部发布的《境外投资管理办法》，标志着中国对外投资管理由“核准为主”转变为“备案为主，核准为辅”，除涉及敏感国家和地区、敏感行业等特殊情况外，企业境外投资一律实行备案制，大幅简化了审核手续，并将更多的权限下放。2018年3月1日，国家发展和改革委员会审议通过的《企业境外投资管理办法》实施，该办法规定，对涉及敏感国家和地区的项目与涉及敏感行业的项目实行核准制，由国家发改委负责审批核准，此外，

① 余劲松所著《国际投资法》(法律出版社）一书中介绍了美国、日本、加拿大等发达国家的海外投资立法情况，发达国家海外投资立法一般都包括信贷、税收优惠、情报及技术支持、海外投资保险等鼓励和保护海外投资的内容。

国家发改委将根据符合“国家利益”和“国家安全”的要求对投资进行评估；对非敏感类项目实行备案管理，该办法对核准、备案的程序和时限作了明确规定，使得对外投资审批更具有透明度和预见性。

2. 国家发改委可对敏感行业和国家利益、国家安全解释，引导对外投资

对“敏感行业”，《企业境外投资管理办法》作了规定包括以下几种：“武器装备的研制生产维修；跨境水资源开发利用；新闻传媒；根据我国法律法规和有关调控政策，需要限制企业境外投资的行业。”最后一种能够使得国家发改委根据我国宏观经济政策对境外投资进行引导，实际上也给国家发改委审批时留下了很大的空间。此外，根据2018年《企业境外投资管理办法》，境外投资“不得威胁或损害我国的国家利益和国家安全”，境外投资被视为“损害国家利益和国家安全”的，国家发改委可以终止或调整投资，采取“补救措施”，向投资者发出警告，在发生犯罪嫌疑时追究刑事责任。这些规定使得国家发改委对境外投资流向仍具有较大的掌控能力。

3. 中国对民营企业和中央企业境外投资监管的重点不同

中国对境外投资审批制度的放宽以及中国经济实力不断提高，使得中国境外投资数额的连年攀升，中国也出台了鼓励非公有制企业对外投资的政策文件，让民营企业发挥其产权、机制、成本和创业精神等方面的优势，充分发挥非公有制企业在竞争性行业灵活性强等特点，抓住中国中小企业在制造业产业链分工集聚过程中不断升级的机会。2007年7月，商务部、财政部、人民银行、全国工商联出台了《关于鼓励支持和引导非公有制企业对外投资合作的意见》，让非公有制企业对外投资时在财税、融资、外汇、保险等各项政策方面可以享受到与其他所有制企业同等待遇。2012年6月，根据国务院的工作要求，国家发展改革委会同外交部等十二家国务院有关部门研究制定和联合发布了《关于鼓励和引导民营企业积极开展境外投资的实施意见》，支持国内有条件的民营企业对境外能源资源开发、高新技术和先进制造业投资，促进国内战略性新兴产业发展，以带动国内产业升级转型和结构调整，国家简化和改善境外投资管理，改进和完善外汇管理政策、在贷款方面给予支持。

在政策鼓励与支持下，非公有制经济已经成为中国非金融类对外投资

的主体，从企业数量上看，对外投资的民营企业数量已超过国有企业，占企业总数的六成以上。由于一些民营企业境外投资经营活动不履行国内外审核手续，违规在境外开展投资活动；盲目决策、恶性竞争、忽视质量和安全管理，带来投资重大损失和恶劣的社会影响。2017 年 12 月 6 日，国家发展和改革委员会、商务部、人民银行、外交部、全国工商联五部门联合发布了《民营企业境外投资经营行为规范》，从完善企业经营管理、财务制度，依法合规诚信经营，承担社会责任，保护资源环境，加强境外风险防控五个方面对民营企业境外投资经营活动进行了引导和规范。[①] 该规范仅仅为建议性规范，内容侧重民营企业的境外投资与当地法律的合规以及对海外投资风险的预警。

而中国的中央企业经营范围主要集中在关系国民经济命脉、涉及国家战略安全的领域，中央企业对外投资必然带有企业发展战略，增加中国能源、资源供给以及提升中国重点产业国际竞争力等多重目标。毋庸置疑，中国中央企业对外投资在金额和项目重要性方面都是民营企业无法比拟的，目前中央企业境外投资额已占中国非金融类对外投资总额 60%，对外承包工程总额约占对外承包工程总额的 60%，境外业务已经由能源、矿产资源开发拓展到高铁、核电、特高压建设运营等各个领域，在“一带一路”沿线国家承担了中巴经济走廊、中白工业园区等一大批具有示范性和带动性的重大项目和标志性工程。[②] 2017 年 1 月 7 日，国务院国有资产监督管理委员会（以下简称国资委）通过《中央企业境外投资监督管理办法》，除了在规范中央企业境外经营行为、加强境外投资风险管控等方面与民营企业海外投资规范相同之外，对中央企业海外投资的监管还有不同于民营企业的两个特点：一是建立了对中央企业境外投资的全面监管体系，包括境外投资监管体系建设、境外投资事前管理、境外投资事中管理、境外投资事后管理、境外投资风险管理。二是制定中央企业境外投资项目负面清单，把中央企业境外投资项目分为禁止类和特别监管类。禁止类项目不得投资，特别监管类的境外投资项目，需履行国资委作为出资人的审核程序。这个中央企业境外投资项目负面清单与同期公布的中央企业投资项目负面清单一道，确保中央企

① 国家发展改革委：《民营企业境外投资经营行为规范》（发改外资〔2017〕2050 号）。

② 肖亚庆：《深化国企国资改革，做强做优做大国有企业》，http：//www. sasac. gov. cn/n2588025/n2588164/n4437287/c4619412/content. html，2017 年 6 月 16 日。

业投资符合国家的产业政策和国资委审核的企业发展战略和规划。

国资委加强对中央企业境外投资的背景主要是中央企业境外投资屡曝巨亏，国资委希望通过监管中央企业海外投资的投向、程序、风险、回报等方面，对中央企业境外投资进行全方位监控。由此可见，国家对中央企业和民营企业海外投资的政策鼓励及监管强度方面显然存在较大差异，同时中央企业境外投资项目负面清单的内容表明，中国对中央企业境外投资存在明确的产业政策和战略规划，很容易给美国等西方国家抵制中国国有企业投资带来口实，即中国大型国有企业境外投资负有国家的战略任务。

（二）中国对外投资产业政策注重鼓励类投资项目，对境外投资负面影响估计不足，政策出台往往是应付已经出现的问题

按照国务院和国家发改委颁布的文件，中国对境内企业对外投资的基本原则是，境外投资应充分发挥市场在资源配置中的决定性作用，按照商业原则和国际惯例开展境外投资，政府在企业对外投资活动中只是引导者，企业才是真正的主体，自主决策。虽然市场原则和商业原则成为中国对外投资政策的基本原则，但是作为政府主导经济型的经济体，国务院、国家发改委、商务部等中央机关发布的指导政策和产业指导目录能够有效引导对外投资投入符合中国经济发展需求的行业。但是从相关对外投资政策的出台来看，中国对境外投资的负面影响预估不足，导致相关限制类和禁止类对外投资产业政策明显属于事后解决问题的应激性规定。

1. 一些企业利用赴境外投资进行资本外逃催生了境外投资负面清单

2006 年国家发改委、商务部等政府部门制定了《境外投资产业指导政策》和《境外投资产业指导目录》，“境外投资产业指导政策”将境外投资项目分为鼓励、允许和禁止三类；由于一些企业将境外投资重点放在酒店、俱乐部、娱乐场所等对国内产业没有促进作用的非制造业领域，不仅带来大量外汇流出，甚至出现一些企业利用对外投资进行资本外逃。2017 年 8 月，国家发展改革委、商务部、人民银行、外交部联合发布了《关于进一步引导和规范境外投资方向的指导意见》，意见基本保留了 2006 年《境外投资产业指导政策》的禁止类规定，但是目录表述更加明确。[①] 该指导意

① 第 1 项危害“国家安全和损害社会公共利益的”改为“涉及未经国家批准的军事工业核心技术和产品输出的境外投资”，第 3 项我国法律禁止经营的领域改为赌博业、色情业。

见针对国内企业在海外的房地产、酒店、影城、娱乐业、体育俱乐部等领域的非理性并购、以获得境内银行金融机构巨额贷款赴境外投资方式进行资本外逃采取了针对性规定，并采取了限制类负面清单模式。[①] 总之，新规定有助于限制中国企业在非主业领域的大额投资、非理性投资，也是应对 2016 年对外非理性投资大幅增长的应急性规定。2018 年 1 月国家发改委发布《境外投资敏感行业目录》（2018 年版），从法律层面上建立了对外投资负面清单范式。

2. 中国对鼓励境外投资产业政策有明确目标和实施方式

在 2006 年《境外投资产业指导政策》中，“鼓励类境外投资项目”就把资源、原材料和技术的获得与使用作为鼓励境外投资的核心内容，此后，国务院 2007 年 4 月颁布《关于鼓励和规范企业对外投资合作的意见》明确了实施“走出去”战略的指导方针、目标、原则和主要任务，2012 年 5 月，国务院办公厅转发了国家发展改革委会同有关部门制定的《关于加快培育国际合作和竞争新优势的指导意见》，是改革开放以来第一个全面阐述中国参与国际经济合作与竞争政策的指导性文件，提出了鼓励境外能源资源开发，鼓励轻工、纺织、机电企业到境外投资开拓市场，支持有条件的企业积极开展境外基础设施建设和投资，拓展对外承包工程方式和领域，增强承包工程带动国内设备出口能力。为贯彻该指导意见，2012 年 7 月，国家发改委对外发布了《“十二五”利用外资和境外投资规划》，这是国家发改委继《“十一五”利用外资规划》后，首次对境外投资领域提出五年规划，这标志着中国对促进引导对外投资有明晰的规划和政策指引。

在“十二五”利用外资和境外投资规划中，境外资源开发（包括农业领域资源合作开发）和基础设施建设，获取境外知识产权，境外市

---

① 《关于进一步引导和规范境外投资方向的指导意见》第 4 条：限制境内企业开展与国家和平发展外交方针、互利共赢开放战略以及宏观调控政策不符的境外投资，包括：（1）赴与我国未建交、发生战乱或者我国缔结的双多边条约或协议规定需要限制的敏感国家和地区开展境外投资；（2）房地产、酒店、影城、娱乐业、体育俱乐部等境外投资；（3）在境外设立无具体实业项目的股权投资基金或投资平台；（4）使用不符合投资目的国技术标准要求的落后生产设备开展境外投资；（5）不符合投资目的国环保、能耗、安全标准的境外投资，其中，前三类须经境外投资主管部门核准。

场开拓成为鼓励境外投资的核心内容，并从制定境外投资产业导向、避免双重征税、融资乃至相关法规完善提出了配套落实的政策方案。① 到了2017年《关于进一步引导和规范境外投资方向的指导意见》把对外投资分为鼓励类、限制类和禁止类的内容，进行了调整和细化，大大提高了中国引导对外投资政策的明确性和可操作性，有利于“一带一路”建设和周边基础设施互联互通的基础设施境外投资成为首要鼓励境外投资的行业。2018年1月国家发改委发布的《境外投资敏感行业目录》（2018年版）标志着中国境外投资产业政策的法律体系已经体系化、法律化。

技术发展是经济发展不可或缺的组成部分，国家高度重视科技创新，党的十八大明确提出：“科技创新是提高社会生产力和综合国力的战略支撑，必须摆在国家发展全局的核心位置”，强调实施创新驱动发展战略。随后一系列相关政策的出台，国务院相继印发了《中国制造2025》和《国家创新驱动发展战略》、工信部发布了《产业技术创新能力发展规划（2016—2020年）》等，为中国实施创新驱动发展战略提供了具体目标和实施计划。

诸多产业扶持政策与支持国内工业发展政策是不可分离、相互作用的，具体体现为：第一，引导资金、技术建立国内的生产制造体系，并给予税收等方面优惠，以强化国内产业的自我创新能力，提高中国企业的核心竞争力，促进向价值链高端延伸；第二，自2012年“十二五”利用外资和境外投资规划提出实施境外技术提升战略之后，中国开始在投融基金、银行信贷、税收等方面配合扶持集成电路、新兴产业的海外并购研发。在这种政策扶持下，中国工业制造产业升级进程不断加快。

二　中美贸易谈判中的产业政策之争

（一）美国对中国产业政策的指责成为中美贸易谈判的焦点

2018年3月22日，美国贸易代表办公室（USTR）公布《中国贸易实践的301条款调查》，指责中国对美国公司采取强制合资、行政审批施加压力、歧视性的许可限制等多种方式进行强制性技术转让；国家支持到境外投资收购技术、网络侵权、窃取商业秘密、执法不严等不公平竞争行为，

① 国家发改委：《“十二五”利用外资和境外投资规划》，第14—15页。

对美国的商业活动形成负担或限制。随后不久 USTR 于 3 月 31 日向国会提交的《2018 年度国别贸易壁垒评估报告》，在中国部分列举了中国存在的贸易壁垒行为，把产业政策置于首位，提出中国在产业政策上存在 14 个方面的壁垒，包括强制技术转让、《中国制造 2025》中政府对产业的支持、本土创新性政府采购对本国企业产品的偏好、投资限制、网络“安全可控”条款可能限制非中国企业 ICT 产品、中国对国内部分产业的补贴损害美国工业、中国过剩产能扭曲全球市场、《中国制造 2025》计划可能造成产能过剩、对关键原材料的出口限制、通过出口增值税退税政策管理出口、在技术标准上的壁垒等。① 2018 年 6 月，白宫国家贸易委员会发布《中国的经济侵略如何威胁美国及全球的技术和知识产权》，指责中国对内部市场通过高关税、非关税壁垒和其他监管障碍进行保护，以免受进口和竞争的冲击；对外通过产业政策扩大中国在全球市场的份额，产业政策工具包括为提振出口提供金融支持，以及将国有企业整合为能够在国内和全球市场与外国企业竞争的“国家冠军企业”，这些政策导致中国国内市场出现补贴性产能过剩，进而压低全球价格，将外国竞争对手挤出全球市场；美国还指责中国采用掠夺性的“债务陷阱”经济发展和金融模式，向发展中国家提供大量融资，以确保和控制全球核心自然资源，这种掠夺性的模式在法治薄弱和专制政权的国家尤其有效。② 在这个报告中，美国特别指责中国支持、引导、促进中国企业对美国企业和资产的系统性投资与收购，以获取尖端技术和知识产权，并在国家产业规划认为重要的行业进行大规模技术转让，以获取将推动未来经济增长的新兴高科技产业。中国吸引高新科技人才，通过并购、种子和风险资本融资、使用绿地投资等投资工具针对具有战略目标的高科技产业都被视为对美国高科技知识的掠夺，报告充满了歧视和偏见。

综上所述，在中美贸易战中，美国对中国产业政策的指责涉及多个方面，主要集中在两大方面：一是中国国内市场不开放、知识产权强制转让、补贴性产业政策挤占国际市场带来世界性产能过剩；二是中国政府导

① Robert E. Lighthizer, *2018 National Trade Estimate Report on Foreign Trade Barriers*, USTR Report, March 2018, pp. 91 - 111. https://ustr.gov/sites/default/files/files/Press/Reports/2018%20National%20Trade%20Estimate%20Report.pdf.

② White House Office of Trade and Manufacturing Policy, *How China's Economic Aggression Threatens the Technology and Intellectual Property of the United States and the World*, June 2018, p. 1.

向的从包括美国在内的其他国家获得关键技术和知识产权，以推动中国未来经济增长和国防工业诸多进步的新兴高科技产业发展，造成对美国科技的掠夺和不公平竞争。

（二）中美贸易摩擦背景下对中国产业政策合理性和负面效应的思考

首先，中国提升本国产业发展水平、支持产业结构转型升级的产业政策具有正当性。从发达国家工业化发展的历史来看，美国等发达国家就使用关税保护、税收优惠等手段保护国内市场、培育具有国际竞争力的企业，例如，20 世纪 90 年代，美国提出了信息高速公路等计划，并采取政企合作、税收减免、政府采购等措施，使美国在航天、军工、半导体、信息技术等领域取得突破性发展，并牢牢占据世界领先地位，2019 年 2 月，美国白宫发布了《美国未来工业发展规划》，要确保美国对未来先进制造业的统领地位。① 日本自第二次世界大战后经济起飞也有赖于政府制定的以钢铁、煤炭、电力、造船四大产业为重点的“产业合理化政策”，韩国等亚洲“四小龙”也都依靠产业政策实现经济赶超。② 当前世界面临新一轮人工智能的新兴技术革命酝酿期，各发达国家为了维持技术领先地位，纷纷制定各自的技术创新战略，如德国的《2020 高技术战略》、韩国的《第六次产业技术创新计划》。可见，很多国家为促进经济发展、推动科技产业进步，或多或少都会实施一些鼓励性措施，这是主权国家维护自身经济利益的应有之义。全球化重塑了全球产业结构，只有那些拥有保证充分就业中低端制造业并有能力发展中高端产业集群的国家，才能在激烈的国家竞争中成为佼佼者，而当代科技的发展使得高新科技产业需要超大规模的资本投入，因此，强有力的、高效率的产业政策、组织体系能够为此提供必要的外部保障，所以，中国实施科技产业振兴规划、追赶发达国家的中高端产业无可厚非，美国对中国的产业政策横加指责，显然采取的是双重标准，是守成大国为确保自己在尖端科技领域的绝对优势地位而对新兴国家的围堵和打压行为。

---

① 雷少华：《超越地缘政治——产业政策与大国竞争》，《世界经济与政治》2019 年第 5 期。

② 魏勇强、乔彦芸：《审视我国当前产业政策存废之争——基于发达国家产业政策演进的视角》，《经济体制改革》2017 年第 6 期。

其次，中国实施产业政策应该遵循公平竞争规则、透明度原则。

对产业政策的利弊，经济学家有不同观点。新自由主义经济学说坚持政府是市场“守夜人”，反对通过产业政策干预市场，但又无法解决自由市场经济下出现的“市场失灵”问题；新结构经济学则认为产业政策是解决市场失灵，应对高新科技产业对资本、人才的规模化要求所带来的巨额投入和国家间日益激烈竞争的产物，但是，如果产业政策目标错误或采取了无效率的产业刺激方式时，那么产业政策也将带来无以估量的损失。但是无论如何，在后发国家通过产业政策学习模仿先进国家实现快速追赶的过程中，先进国家也必须通过国家层面力量动员全国的企业、研究机构等投入风险极大的高新科技创新行业，以优化资源配置和维持高新科技产业的竞争优势。这就是为什么近年来发达国家密集推出促进先进制造业的产业政策，而且美国特朗普政府的产业政策更是以“恢复基础制造业、保护中端制造业、强化高端制造业”为目标，要通过对全球产业链和全球市场的控制和影响维系美国霸权地位。① 所以，中美贸易摩擦的实质是大国竞争，大国竞争的实质在于产业政策的竞争。

分析产业政策的利弊与产业政策争议的实质有助于我们对中国产业政策的实施有更清醒的认识。作为后发国家，中国政府一直奉行有为政府加市场驱动，通过产业政策引导，基本实现了工业产业布局较为齐全，并力争向世界制造产业链上游攀爬。但是，作为后发追赶型国家，内部也面临政府与市场关系如何完善、面临先进国家打压封锁压力时政府主导创新创业如何获得突破的难题。中国经济已经发展到市场化程度较高阶段，对行业发展所需要的公平竞争环境呼声越来越高。考察发达国家所实施的高新科技行业的战略规划和产业政策，我们发现发达国家政府的主要职责不再针对具体项目进行审批或干预定价，而是通过鼓励加强技术研究，强化技术研发和企业对接，加强人才培养等方式，引导产业升级。国际经验告诉我们，在经济动态增长和产业升级的过程中，“企业创新、市场选择、政府支持”是有效和理性的做法，政府通过减税、高质量公共服务为境内企业创建公平的竞争环境，对鼓励发展的产业予以宏观间接政策引导，为企业和公司创造更为完善的成长环境和市场制度，而不是进行资源配置。

① 雷少华:《超越地缘政治——产业政策与大国竞争》,《世界经济与政治》2019 年第 5 期。

因此中国产业政策的实施需要不断调整，遵循公平竞争规则、透明度原则，培育出一个更开放的市场竞争体系。

三　中国对外投资产业政策将面临的规则限制

（一）TPP 非商业援助规定及反补贴规则的推进使得中国产业补贴政策更易于被认定为不得使用的补贴

非商业援助是 TPP 国有企业规则中最为重要的规定，该规则的设计初衷是绕开 WTO 反补贴规则中认定补贴主体的困难，反补贴规则的推进将对中国的产业扶持政策和国有企业海外投资高科技领域都带来极其不利的影响。

作为主权国家，一国有权根据国民经济发展状况制定合适的产业政策，引导和推动产业发展方向、产业升级和产业结构调整。作为政府主导型经济体，中国往往通过制定国务院、国家发改委、财政部及各相关部门的政策性文件，对产业发展的方向提出宏观计划，然后再通过中央、地方各级财政投融资、货币手段、贷款税收优惠政策、项目审批等多种方式来实现。这些产业扶持政策构成了广义上的补贴。

在 WTO《补贴与反补贴措施协定》(《SCM 协定》)中，明确规定了纳入管制的补贴的定义，即补贴是一成员方境内的政府或公共机构提供并授予某种利益的财政资助。按照《SCM 协定》补贴的定义，构成补贴必须同时具备以下几个条件：补贴提供主体是政府或公共机构，存在财政资助；获得利益；补贴具有专向性。

《SCM 协定》列举了财政资助的多种形式，包括资金直接转移（如补助、贷款、直接入股投资等）、贷款担保、财政激励或减免税、政府提供商品或服务或采购商品等。至于“获得利益”这一要件，根据 WTO 巴西航空器案的上诉机构裁决，“财政资助”和“获得利益”是两个独立分离的概念，只有当“财政资助”使得接受资助的主体“获得利益”时，才能够认定该财政资助构成了补贴。[①] 从实践来看，财政

---

① Appellate Body Report, Brazil-Report Financing Program for Aircraft, WT / DS46 / AB / R, Para. 157.

资助可能给接收主体带来利益，也有可能不会带来利益，还有可能财政资助小于或等于利益，对利益的判断主要看财政资助对市场带来的不利影响，甚为复杂。

专向性标准是《SCM 协定》为了避免将政府普遍实施的财政支持措施纳入而引入的标准。根据《SCM 协定》第 2 条，只有当某种补贴具有专向性时，才可以适用禁止性补贴、可申诉补贴和反补贴措施的规定。[①] 也就是说，不具备专向性的补贴是不可申诉的。在《SCM 协定》内有四种补贴被认为具有专向性：专门针对某一特定企业或某些企业的企业专向性补贴、专门针对特定部门或某些部门的行业专向性补贴、专门针对成员国领域内的指定地区的地区专向性补贴、禁止性补贴。此外，《SCM 协定》还概括了判断补贴的专向性的两个原则：一是补贴授予当局或立法明确某项补贴只限于某类企业、特定区域内特定企业，这种补贴具有法律上的专向性；二是事实上的专向性，即对某些可能表面看来不具专向性、是一般可获得的，但还可能通过其他因素来判断，如主要由特定企业支配使用补贴，或对特定企业提供比例过分大的补贴，等等。专向性标准如此复杂，以至于专家认为：要通过明确规则区分可诉补贴和不可诉补贴十分困难……不太可能确定让专家组在争端中能够采用的相关定义。[②]

如前文所述，在 WTO 争端事件中，关于补贴提供主体“公共机构”的认定存在很大争议，加上对补贴构成条件“利益”和“专向性”标准判断的复杂性，可见，在 WTO 框架下的补贴与反补贴规则中仍然存在很多难以界定清晰的标准和概念。因此 TPP 非商业援助规则在处理这些问题时，明确将国有企业认定为补贴的提供者，但是没有规定获得利益和补贴具有专向性这两个要件，这样，非商业援助规则不需要认定 WTO 框架下的公共机构、专向性问题，避免了长期在“公共机构”认定上争议不休的麻烦。[③] 相对 WTO 的补贴与反补贴规则而言，在 TPP 的非商业援助规则下，一项政府或国有企业提供的补贴更加容易被认定为应该接受约束

① 《补贴与反补贴措施协定》第 1 条第 1 款第 2 段。

② 尹德永：《WTO 补贴反补贴实体规则研究》，博士学位论文，中国政法大学，2004 年。

③ 毛真真：《国有企业补贴国际规则对比研究——从传统补贴规则到非商业支持规则》，《河北法学》2017 年第 5 期。

的补贴。

具体来说，下列中国以国有企业身份进行的产业扶持政策将受到巨大挑战：一是中国商业银行给予国有企业优惠的贷款、贷款担保等；二是中国国有企业以优惠价格销售给下游国有企业原材料。

（二）贸易摩擦和西方发达国家外资法审查趋严使得中国对外投资鼓励产业政策遭遇更多国家安全审查，中国技术交流受到限制

美国在贸易摩擦将中国产业政策作为谈判焦点，重点关注中国强制技术转让、《中国制造2025》计划中的政策工具、对关键领域的投资限制等问题。2019年5月，中美贸易争端日趋白热化，美国的战略意图也暴露无遗，通过贸易争端、改革WTO、在美墨加协定中加入“非市场经济体”条款，遏制中国发展的速度，用一套新的国际规则来规范或限定中国在高科技领域的行为。中国产业政策，主要是对先进制造业的产业扶持政策将面临诸多限制。

首先，美国会继续采取加征关税逼迫中国进行所谓“结构性改革”，涉及的产业政策不仅仅为对外投资鼓励政策，还包括各种国内产业措施。例如，美国在301调查中指责强制技术转让的各种措施、做法，中国政府在设立审批时限制外国股权比例，提出正式和非正式的合资要求或迫使美国公司向中国实体转让技术，例如，中国《外商投资产业指导目录》(2017年版）在农作物新品种选育和种子生产、整车制造、商用飞机制造、核电厂的建设和运营、增值电信服务和基本的电信服务等领域对外国投资者都进行股权限制。在贸易摩擦爆发后，2018年6月28日国家发改委和商务部联合发布的《外商投资准入特别管理措施(负面清单）》(2018年版)，大幅扩大服务业开放，鼓励外商投资，纳入负面清单的特别管理措施比2017年版63条减少了15条，同时在金融、汽车制造、农业和能源资源领域的开放力度很大，可以视为中国对美方指责的一种善意回应，例如，在金融领域，对证券公司、基金管理公司的外资股比放宽至51%，2021年取消金融领域所有外资股比限制，2020年取消商用车投资对外资的股比限制，等等；在农作物新品种选育和种子生产方面，则取消小麦、玉米之外农作物种子生产外资限制。与此同时，《外商投资法》立法工作进入快车道，自从2015年1月

商务部推出《外商投资法草案征求意见稿》之后，该法一直处于调研、修订草案版本阶段，但 2018 年下半年立法进程明显加速，2018 年 12 月《外商投资法（草案）》提请全国人大常委会初次审议。不到 3 个月，《外商投资法（草案）》历经全国人大常委会三审，2019 年 3 月 15 日，十三届全国人大二次会议表决通过了《外商投资法》。第 22 条明确规定行政机关及其工作人员不得利用行政手段强制转让技术，第 23 条规定明确了中国行政机关对外商投资者的商业秘密负有保密义务。这些条款是中国通过立法对美方及其他一些国家指责的正面回应，表明中国对知识产权加强保护的积极态度。此外，该法还对征收、外商投资者的资本、利润汇出、外商投资者的投诉、对地方政府违反承诺的索赔都作了明确的规定。中国加快金融市场的准入、立法对外商投资保护的加强，虽然也是推动形成全面开放新格局的必然要求，但不能不说也是对美方谈判要求的积极回应。

其次，美国将中国对美国高新科技产业的投资视为政治性战略问题，认定中国政府支持的银行和投资基金、国有企业等对美国公司和资产的系统投资和收购是为了获得尖端技术和知识产权，将中国国有企业、受银行或政府支持的基金乃至私营公司在高新科技的投资都纳入中国政府行为之列。美国在 2018 年 3 月发布的《中国贸易实践的 301 条款调查》中就对中国投资进行了详细的指控，指责中国在一些关键部门包括航空、集成电路（IC）、信息技术（IT）、生物技术、工业机械和机器人、可再生能源和汽车行业进行的补贴和其他支持中国境外投资的政府政策和做法，给中国企业在国外获得技术资产带来了不公平的优势，从而削弱了美国企业在公平竞争环境下在全球市场上竞争的能力。例如，在 IC 领域，中国的国家集成电路基金已被用于支持在美国进行的众多与技术相关的境外投资，总统科学技术顾问委员会认为，中国一致推动重塑市场，利用由政府提供的超过千亿美元资金支持的产业政策，威胁到美国工业和国家的竞争力以及它带来的全球效益。此外，如果中国的战略性海外收购导致中国国内半导体行业占主导地位，下游行业可能会减少与美国公司的业务，使其难以长期生存。总之，在高新科技产业领域，中国采用了一系列政府干预手段鼓励和促进对美国科技企业的收购，中国通过由国有企业、国家支持的银行和投资基金对具有战略意义的领域进行境外投资。[①]

最后，美国已经通过修订国家安全审查制度、限制中美技术交流等多种措施限制中国获得甚至接触高新科技信息。

事实上，自2016年起，在新能源汽车，以及半导体、芯片公司领域，中国企业的海外并购就已经多次受到美国外国投资审查委员会（CFIUS）的阻挠。2017年8月，因CFIUS的原因，中国重型汽车集团有限公司取消了对UQM的第二轮投资计划。2017年9月，CFIUS还阻止了中国凯桥公司收购位于俄勒冈州波特兰的莱迪思半导体公司的尝试。2018年8月1日，美国参议院通过了一项关于美国对外国投资委员会（CFIUS）的监督和权力进行重大改革的法案，全称为《外国投资风险评估现代化法案》(FIRRMA)。FIRRMA作为《2019财年国防授权法案》（NDAA）的修正案，已由美国国会以及参众两院通过，并于2018年8月13日经美国总统特朗普签署生效。从实体规则层面而言，美国的国家安全审查规则，不管是新旧法案，均没有给出明晰的国家安全定义，而是以开放式清单的模式对国家安全进行描述，使得其有自由裁量的空间。但对于投资者而言不能明确其投资的领域、投资项目是否会遭受到美国的审查，投资的不确定性增大。从程序规则层面看，FIRRMA除了新增强制性申报程序外，美国CFIUS还可以主动依职权对为自愿申报未申报的交易进行审查，中国企业未来在美国的投资并购行为可能受到全面的影响。

《2019财年国防授权法案》的重要组成部分为《出口管制改革法案》，该法案的一个主要目的是加强对美国技术资源的保护，对某些被认为对美国至关重要的关键新兴基础技术和网络安全向外国人转让施加更大限制，尤其是通过向中国出口这些技术。[②] 2019年5月随着贸易摩擦进一步激化，5月16日美国商务部声明，将把华为及70个附属公司增列入出口管制的“实体清单”，美国企业必须经过美国政府批准才可以和华为交

---

① USTR, *Findings of the Investigation into China's Acts, Policies, and Practices Related to Technology Transfer, Intellectual Property, and Innovation Under Section 301 of the Trade Act of 1974*, March 2018, pp. 60-150.

② Burt Braverman, *Congress Enacted the Export Controls Act of 2018 (“ECA”), Extending Controls to Emerging and Foundational Technologies*, https://www.dwt.com/insights/2018/09/congress-enacts-the-export-controls-act-of-2018-ex.

易，美国的做法表明，美国已经不再仅仅限制中国对美国高新产业的投资，甚至对中国的高科技产品出口也纳入管制范围。事态已经十分明确，美国意识到中国在高科技领域对美国技术的追赶，决定动用各种力量、方式来限制中国获得相关技术甚至接触到相关的技术知识。

（三）西方发达国家加强投资审查将限制范围从中国国有企业扩大至所有企业

从英国、德国的外国投资新法案来看，各国均收紧本国的外国投资审查，表现其本国的受管辖交易类型增多或审查范围扩大，限制范围早已不局限于针对中国国有企业，而是扩大至所有类型的企业；其审查标准也已经从传统的单一的国防安全观延伸至国防安全与经济安全并重，管辖范围的扩大、审查时限延长等加剧了中国对这些国家投资的不确定性。对人工智能、半导体等敏感技术领域，因西方发达国家的审查不再局限于国有企业，使得中国对该类公司的小额股权收购都将面临审查，这无疑将阻碍中国对新兴科技产业等关键领域的投资，也不利于中国在投资中获取先进技术。

立法的不确定性使得中国对某些发达国家投资大为减少。咨询机构荣鼎集团（Rhodium Group）2018 年 7 月发布的一份报告指出，2018 年上半年，中国对北美投资额减少至 7 年来的最低点。中国对美国和加拿大的总投资额仅为 20 亿美元，较 2017 年同期减少了 92%。[①] 受特朗普政府采取的保护主义政策影响，中国企业对美国的直接投资骤降了 62.2%。受发达国家对外商投资并购实施更趋严格的监管和限制等因素影响，2017 年信息传输、软件和信息技术服务业对外直接投资流量 44.3 亿美元，同比大幅下降 76.3%。[②]

第三节 中国“一带一路”投资面临风险控制与规则博弈

一 中国“一带一路”投资需要强化风险控制

由于中国在“一带一路”建设融资、投资等方面采取了传统的政府

① 汤姆·汉考克：《西方对中资收购态度转冷》，https：//www.chineseft.com/story/001078759？archive，2019 年 4 月 30 日。

② 商务部：《2018 年中国对外投资发展报告》，第 5 页。

主导模式，大型项目通过中国与相关东道国政府签订框架合作协议，由中国提供政府主权贷款和商业性优惠贷款构成的组合贷款，指定由中国承建投资大型项目的建设模式。这一政府主导模式对急需建设资金的“一带一路”沿线的国家，特别是较为贫困落后的国家而言，解决了它们缺乏资金从事基础设施建设的难题，也为中国相关建设单位开展对外承包工程业务，带动中国设备、施工机具、材料、工程施工、技术、管理出口和劳务输出提供了机会。

但是，作为快速崛起的新兴国家，中国一直面临来自美国以亚太再平衡战略所布局的地缘政治压力，“一带一路”倡议的提出，一方面是为了开拓、培育新兴国际市场，另一方面是期望以经济先行带动文化、政治多方面交流，从而打造政治互信、经济融合、文化包容的命运共同体，实现对现有地缘政治环境束缚的突破并改善中国的地缘政治环境。

“一带一路”实施进程中，已经遭遇了因地缘政治博弈带来的投资项目停滞等风险，例如，斯里兰卡位于印度洋航道中心点，是“海上丝绸之路”的重要一环，是连接亚非、辐射南亚次大陆的重要支点。所以，印度一直把斯里兰卡视为自家“后院”，不容许外国影响力进入。2015年3月初，斯里兰卡新政府叫停了中国企业投资14亿美元的科伦坡港口城项目，西里塞纳总统上台后，斯里兰卡政府于2016年3月取消对港口城项目暂停决定，恢复建设。2018年3月6日，因康提的佛教徒和穆斯林爆发冲突，斯里兰卡宣布国家进入紧急状态，为期7天，未曾想到反对派借此向西里塞纳总统施压，再次要求暂停科伦坡港口城项目。斯里兰卡项目一波三折并非个例，在大国竞争、民族宗教复杂的区域推动“一带一路”建设，就会不可避免地激起相关国家主动参与地缘政治博弈，相关国家会采取针对性的措施，对“一带一路”的推动制造障碍、阻力。虽然中国政府一直重申共建“一带一路”倡议是以政策沟通、设施联通、贸易畅通、资金融通和民心相通为主要内容，“一带一路”并非中国的地缘政治战略，但是，中国在地缘政治关系复杂的区域投资，因投资、融资的主体主要是中国国有身份的银行、公司，势必被视为中国政府对外推动自身政治经济影响力的一种战略行为，也更易成为某些政治势力借机指责的地方。

除了地缘政治风险所带来的“一带一路”投资面临的项目停工、中止等各种不测事件之外，“一带一路”沿线国家的债务可持续发展问题也是“一带一路”投资面临的一大挑战。

因为“一带一路”沿线大部分国家处于经济发展欠发达状态，有些国家政府治理水平和法治状况堪忧，有些则是对外开放程度不够、法律文化与中国冲突较大，有些国家经济落后、负债过高。例如，塔吉克斯坦被称为“一带一路”陆上合作的“第一站”，作为亚洲最贫穷的国家之一，IMF和世界银行评估中国对塔吉克斯坦的贷款存在债务危机的“高风险”。尽管如此，中国正计划以优惠和非优惠利率增加对塔吉克斯坦的贷款，用于电力和交通领域的基础设施投资，中亚—中国天然气管道将有一部分通过塔吉克斯坦，据报道，这部分价值30亿美元建设资金来自中国，中国已经是塔吉克斯坦最大的单一债权国，中国占塔吉克斯坦2007—2016年外债增长总额的近80%。国际货币基金组织估计，中国已经提供了80%以上的重债穷国所要求的援助。中国是36个重债穷国中31个的债权国，最近公开的资料显示，中国至少在其中28个国家提供了救济，包括对若干国家（如布隆迪、阿富汗和几内亚）债务的全部免除。①

荣鼎咨询考察了中国与24个国家的38次贷款重新谈判，发现常见的重新谈判结果是延长还款期、再融资和债务减免。荣鼎咨询报告补充道，大量重新谈判印证了“围绕中国对外贷款可持续性的合理担忧”②。

2019年4月8日，美国智库新美国安全中心（CNAS）对“一带一路”倡议下10个项目进行了评估，认为中国与厄瓜多尔、阿根廷、布达佩斯、津巴布韦、以色列、巴基斯坦、塔吉克斯坦等国合作进行的大型基础设施项目存在不透明、财政可持续性、地缘政治风险、环境可持续性、抵制腐败等方面的风险。③

虽然西方媒体对中国在“一带一路”建设上的投资、融资方式提出

---

① John Hurley, Scott Morris, and Gailyn Portelance, “Examining the Debt Implications of the Belt and Road Initiative from a Policy Perspective”, CGD Policy Paper 121, Washington, DC: Center for Global Development, March 2018.

② 汤姆·汉考克:《西方对中资收购态度转冷》, https://www.chineseft.com/story/001078759? archive, 2019年4月30日。

③ CNAS, “Grading China’s Belt and Road” (2019), https://www.cnas.org/publications/reports/beltandroad.

种种质疑，比如，中国在“一带一路”建设上推行“债务外交”，是“债务陷阱”，但是最终一些公开数据表明，所谓“债务陷阱”并不是事实，例如，国际舆论对斯里兰卡将汉班托塔港经营权移交中国一事纷纷质疑中国在制造“债务陷阱”，但是，斯里兰卡中央银行统计数据表明，2017 年中国贷款仅占斯里兰卡外债的 10%左右。① 同样，澳大利亚两位学者利用国际货币基金组织和亚洲开发银行的数据分析了太平洋岛国自 2008—2017 年的债务，表明中国仅占太平洋岛国总债务的 12%。② 对中国贷款带来“债务陷阱”的指责，反映了西方媒体和某些政治势力的偏见，但是，中国在“一带一路”建设中承担主要资金、投入风险不断增加也是不可忽视的事实。

二　“一带一路”存在规则博弈

（一）“一带一路”需要西方发达国家参与

“一带一路”是中国给世界提供的一个公共产品，它通过深化“一带一路”沿线国家经济贸易投资合作来共享发展机遇，主要包括贸易通、道路通、货币通、政策通、民心通，即要在“一带一路”沿线国家进行经贸合作、基础设施建设和联通，加强金融合作和开放，促进“一带一路”沿线国家之间的政府层面协调合作，最终达到文化友好合作的深度。在“五通”里，经济贸易合作、基础设施建设是基础和重点。③ 从现在“一带一路”推进的时间来看，还是依靠基础设施先行，带动相关贸易、投资发展。由于基础设施的大部分项目涉及公用事业、能源、交通、航运等基础设施建设领域，对资金的需求极其巨大。亚洲开发银行一份被广泛引用的研究报告指出，仅在亚洲，2016—2030 年就需要 26 万亿美元的基础设施投资，以保持 3%—7%的经济增长、消

① 梁海明、冯达旋：《中国通过“一带一路”推动“债务外交”》，https：//www.ftchinese.com/story/001080288？archive，2018 年 11 月 20 日。

② Rohan Fox and Matthew Dornan，“China in the Pacific：Is China Engaged in ‘Debt-Trap’ Diplomacy?”，November 8，2018，https：//www. devpolicy. org/is-china-engaged-in-debt-trap-diplomacy-20181108.

③ 马玉荣、王艺璇：《“一带一路”——大国发展战略》，《中国经济报告》2015 年第 5 期。

除贫困和应对气候变化。

“一带一路”倡议实施以来，中国承担了主要的融资压力和风险，显然不符合“一带一路”建设共商共建共享原则，“一带一路”倡议是中国谋求构建世界经济新的体系，打造开放、包容、均衡、普惠的区域经济合作框架的重大举措，“一带一路”建设也需要西方跨国公司提供设备、技术和服务，因此，“一带一路”需要西方国家的积极参与。随着“一带一路”建设的推进，中国与沿线国家在港口、公路、铁路、通信、电力建设方面合作取得巨大成功，带动了诸如中欧班列、贸易、金融合作的发展，2013—2018 年中国与“一带一路”沿线国家进出口总额达 64691.9 亿美元。① 其中展现的商机也让原来抱有疑虑的西方国家慢慢消除戒备、质疑，纷纷加入支持“一带一路”建设的行列之中。

在欧盟 28 个成员国之中，已经有一半以上的国家签署了支持“一带一路”倡议的双边文件，意大利、匈牙利和希腊希望与北京建立更紧密的政治和投资关系，英国、法国、西班牙派出了部长级代表参加 2019 年 4 月举办的第二届“一带一路”国际合作高峰论坛。支持中国“一带一路”倡议的西方国家越来越多，“一带一路”倡议有望升级成一个全球性合作共赢的公共平台。

（二）围绕“一带一路”的规则争议

越来越多西方发达国家对“一带一路”建设持开放和积极参与态度，围绕“一带一路”建设的规则、标准的争议也随之而来。日本表现出对参与“一带一路”项目的开放态度，但提出参与的项目应符合国际标准，公开透明；美中经济与安全评估委员会在 2018 年 1 月 25 日举行的“中国的‘一带一路’倡议：五年之后”听证会上，建议美国加强对“一带一路”区域基础设施的标准和规则投资建设，包括政府采购、环境与社会安全、债务可偿还率等，倡导基础设施建设的结果和进程的质量导向。② 显然，西方国家希望“一带一路”建设遵守西方在全球投资、贸易、基础设施建设等领域设定的人权、劳工、环保等各项标准，从内部影

---

① 中国一带一路网：《数说“一带一路”成绩单》，https：//www. yidaiyilu. gov. cn/jcsj/dsjkydyl/79860. htm，2019 年 2 月 18 日。

② 王义桅：《如何看待“一带一路”建设的国际规则之争?》，https：//www. chineseft. com/story/001076401? archive，2018 年 2 月 22 日。

响“一带一路”相关规则制定、适用标准选择。在政治上，一些美国政客对中国“一带一路”贷款项目取得的巨大进展充满偏见和敌意，甚至想通过法案限制中国的“一带一路”贷款，据媒体报道，美国加利福尼亚州民主党众议员布拉德·谢尔曼（Brad Sherman）正在推动《中国债务陷阱法》(*China Debt Trap Act*)，以帮助第三国摆脱中国制造的“债务陷阱”，其目的是应该由美国评级机构来审查中国与“一带一路”沿线国家签订的贷款协议是否公平，如果美国的评级机构认为不公平，可以提请相关国家拒绝承认、履行债务，而美国的评级机构则不对该国降低信用等级。①

中国在“一带一路”建设中采取的具有政府主导特质的大型基础设施项目，是否符合西方所倡导的规则，是中西方在开展“一带一路”建设中必须面对的问题。从西方智库、西方媒体、西方政治人物所发表的各类文件、文章来看，未来“一带一路”建设项目主要将因项目建设模式采取政府和市场双轮驱动的具有中国模式特点的建设方式而展开规则博弈。

西方国家一直主张“一带一路”项目建设、融资应该公开招标，实行高标准透明度规则，东道国对项目贷款应遵循债务可偿还要求。“一带一路”基础设施建设采取的是政府主导模式，迄今为止，许多大型基础设施建设项目，例如，肯尼亚的蒙内铁路和蒙巴萨港口建设、斯里兰卡汉班托塔港口项目都是由中国国家开发银行贷款，中国建设公司承建、运营，这些项目一般难以获得国际金融机构贷款，但是，中国着眼于长期规划，通过基础设施建设发挥中国国有企业的优势，通过项目建设推动中国标准、话语权在“一带一路”中的普及和提高，而且投资这些基础设施等国计民生项目，有助于加强沿线国家形成与中国的战略合作关系。②

迄今为止，中国作为债权国的行为还没有受到其他主要主权和多边债权国集体采取的纪律和标准的约束。在债务困难国家，中国政府采取了个别减免债务的办法，一般不参加债务减免的多边办法，尽管中国也参加国

---

① African Times, *China Counters "Debt Trap" Claims Over African Loans*, May 23, 2019, https://africatimes.com/2019/05/23/china-counters-debt-trap-claims-over-african-loans/.

② 王义桅:《“一带一路”：中国崛起的天下担当》，人民出版社 2017 年版，第 52 页。

际金融机构的债务减免讨论，并就个别国家的情况与货币基金组织工作人员进行非正式接触。这与其他主要官方债权国形成了鲜明对比，它们积极参与处理主权债务违约的多边机制，尤其是巴黎俱乐部，中国是巴黎俱乐部的观察员，但不是成员，没有义务与巴黎俱乐部成员团结一致，甚至没有义务向巴黎俱乐部通报其信贷活动的管理情况。中国有时候会公布某些“一带一路”项目投资的信息，但是并没有透露主权贷款的规模和贷款条件，所以，相关项目到底是援助性质还是援助带上商业开发性质，外界无从了解，导致这种方式遭到一些国际媒体和学者的批评与指责。这些基建项目，特别是由中国国家开发银行和中国进出口银行资助的项目，都没有对承建商进行公开招标，一般是中国大型国有建设单位承建，整个过程没有公开招标，因此，西方国家纷纷提出“一带一路”建设需遵守西方已经设定的透明度、负责任主权贷款行为原则等。

作为负责任大国，要确保中国投资实践符合“一带一路”的发展理念，中国并不否认西方国家所确立的已有国际规则的合理性及存在价值，更没有打算推翻另起炉灶自行制定一套规则。亚投行的成立，以及对多边开发银行现有规则的采纳，也表明了中国在“一带一路”建设中接受多边规范的意愿。但是，“一带一路”沿线 65 个国家中，有 8 个最不发达国家，16 个非 WTO 成员国，24 个国家人类发展指数低于世界平均水平，无法完全“一刀切”执行西方国家所倡导的高标准市场经济规则。中国希望把自身改革所探索出的政府—市场双轮驱动经济发展模式跟沿线国家分享，给那些市场经济未充分发展起来的国家创造和培育市场，再循序渐进逐渐向西方国家的市场经济规则过渡。[①]

因此，中国也在不断摸索如何完善“一带一路”建设的规则、标准，加强预测、绩效评估。第二届“一带一路”国际合作高峰论坛的一项重要议程就是探讨如何将“一带一路”打造成一条“廉洁之路”，中国与有关国家、国际组织共同发起《廉洁丝绸之路北京倡议》，从营商环境、企业合规经营、与国际社会加强反腐败合作等探索完善“一带一路”项目的规则建设，中国的立场是，“既要在项目建设、运营、采购、招投标等

① 王义桅:《如何看待“一带一路”建设的国际规则之争?》，https://www.chineseft.com/story/001076401? archive，2018 年 2 月 22 日。

环节引入国际社会共同接受的规则，还要尊重各国法律法规”[①]。发展就是硬道理，只有带动“一带一路”沿线国家共同发展，公开、透明的规则就会逐渐成为大家普遍接受的规则。

① 新华社:《第二届“一带一路”国际合作高峰论坛成果清单》，http://www.gov.cn/xinwen/2019-04/28/content_5386943.htm，2019 年 5 月 1 日。

第五章　国际经贸投资规则重塑背景下的中国立场与对策

第一节　引入竞争中立原则深化中国国有企业改革

中国国有企业正在进行的分类改革、混合制改革有自身的逻辑，与OECD文件中竞争中立原则所倡导的国有企业运作模式存在较大差异，而美国推动的TPP国有企业规则、美墨加协定国有企业规则以及后续对中国非市场经济国家、非市场导向政策的指责和排斥，都意味着正在重构的国际经贸投资规则可能给中国国有企业的经营模式、投资活动带来更严的规则约束；与此同时，中国国有企业改革虽然有了顶层设计和改革方向，但实施过程中出现不少问题，例如，充分竞争行业和领域的商业类国有企业在进行混合制改革时，就出现只混不改、只混少改的问题，混合制改革在许多地方变成民营企业被国有企业混合掉了，被称为新的公私合营现象。我国的市场经济改革能否再深入进行，关键就是国有企业改革能否更深入推进。因此，国有企业国际规则的演变对中国既是挑战也是机遇。中国面对TPP以及中美贸易摩擦所带来的挑战，并不会完全丧失主动权，一味按照外部规则改变自身，而应依据中国国情深化中国的国有企业改革。

一　国有企业国际规则推进压力下确立中国国有企业改革的底线思维

（一）确保社会主义公有制体制前提下应对国有企业规则挑战的基本立场

毋庸讳言，TPP国有企业规则以及后续中美贸易战对国有企业国际规则的各种演进，已经触及对中国基本经济制度的挑战，美国等将中国的国有企业与产业补贴政策、非市场经济问题等结合起来，意图通过大幅增加关税、限制中国企业赴美投资新兴科技产业等限制中国产业的发展空间，对此中国的立场与态度也十分明确，绝不会拿核心利益做交易，不能以牺牲中国的发展权为代价，中国将坚定不移地深化改革、扩大开放。①

首先，中国的基本经济制度不容改变。中国《宪法》第 7 条规定："国有经济，即社会主义全民所有制经济，是国民经济中的主导力量。国家保障国有经济的巩固和发展。"公有制经济是我国国民经济的主导力量，国有企业是国有经济的重要组成部分，习近平总书记在党的十九大报告中强调，要坚持公有制主体地位，发挥国有经济主导作用，做强做优做大国有企业。② 我们要对 TPP 国有企业规则挑战有深刻的认识，应该深化国有企业改革，但是不能全盘引入 TPP 国有企业规则中的内容，动摇国有企业在国民经济的基础性地位。

其次，中国国有企业改革并不完全排斥某些竞争中立原则所推行的做法：从经合组织发布的关于推行竞争中立原则的政策文件来看，竞争中立原则是要在国有企业和私营企业之间建立公平的竞争环境，还要求国有企业本身的产权形式、治理机制达到专业化、透明、法治化，这里面许多正是中国国有企业深化改革要达到的目标。所以，外部规则推动的压力也有助于澄清对国有企业改革目标存在的含混认识，甚至某些错误做法。

2018 年中美贸易摩擦正酣之际，中国私营企业承受了极大的压力，加上国有企业混改政策在实践中变成了对一些有发展前途的私营企业收编，导致民间舆论纷纷。③ 2018 年 9 月 16 日，"纪念中国改革开放四十周年暨 50 人论坛成立二十周年学术研讨会"在京召开，吴敬琏、刘鹤、楼继伟、易纲、林毅夫、白重恩、杨伟民等重量级人物出席，与会代表对中国经济改革走向深表忧虑，认为在经济下行的严峻背景下，民营经济被收编的现状以及一些鼓吹民营经济退出论的不协调声音，使得市场信心大减，而改革开放 40 年带给我国的主要经验就是"一定要坚持市场化、法

① 中国国务院新闻办公室:《关于中美经贸摩擦的事实与中方立场》，第六部分。

② 肖亚庆:《深化国有企业改革》，《人民日报》2017 年 12 月 13 日第 7 版。

③ 《中国国企混改计划凸显政府不愿让出控制权》，https://www.chineseft.com/story/001070908? archive，2017 年 1 月 9 日。

制化的改革的方向”，因此有学者提出了，长期应该逐步淡化并取消国有企业、民企、外企的所有制分类，按照党的十九大要求，凡是在中国境内注册的企业，在法律上要一视同仁，政策上要平等对待。为了平息市场对国进民退现象的忧虑，2018 年 9 月 13 日晚，人民日报评论微信号头条发表题为“人民日报评民营经济：只会壮大，不会离场”的署名文章，文章指出，国家支持民营经济发展，是明确的、一贯的，而且是不断深化的，毫不动摇巩固和发展公有制经济，毫不动摇鼓励、支持、引导非公有制经济发展，是党和国家的大政方针。[①] 主流媒体亦纷纷发表文章，表达国家要坚持市场化改革。[②]

权威媒体对市场化改革下某些混淆是非言辞的及时表态，不仅立刻稳定了市场情绪，也促使我们对国有企业深化改革与融合竞争中立原则之间的关系有更深入的思考。

党的十八届三中全会明确提出了要“坚持市场化的改革方向”，无疑国有企业改革按照市场化方向进行改革，改革并非对国有企业进行私有化，宪法对国有企业地位的表述也不能容忍基本经济体制因市场化改革而有所改变，学习理解习近平总书记在 2016 年 10 月 10 日至 11 日召开的全国国有企业党的建设工作会议的重要讲话更有助于我们加强对国有企业改革目标的认识，习近平总书记在讲话中重点强调了要坚持党对国有企业的领导，建立现代企业制度是国有企业改革的方向。习近平总书记在会上还明确提出：“要使国有企业成为党和国家最可信赖的依靠力量，成为坚决贯彻执行党中央决策部署的重要力量，成为实施‘走出去’战略、‘一带一路’建设等重大战略的重要力量。”习近平总书记的讲话清晰地传达了国有企业在党和国家战略中的重要地位，理解上述文件和重要讲话，我们必须意识到，“国有企业改革要在满足发展和完善中国特色社会主义制度的前提下，按照市场化的方向对国有企业进行改革，中国特色社会主义制

---

① 李拯：《人民日报评民营经济：只会壮大、不会离场》，人民日报微信公众号，2018 年 9 月 13 日。

② 2018 年 9 月 13 日，《经济日报》在时评版头条刊发了题为“对‘私营经济离场论’这类蛊惑人心的奇葩论调应高度警惕——‘两个毫不动摇’任何时候都不能偏废”，同日，光明网发表题为“改革开放 40 年：更要坚定市场导向”，中共中央政法委员会微信公众号“长安剑”也在当天发表题为“‘私营经济离场’？谁开历史倒车，谁就是与人民和国家为敌！”的文章。

度与国有企业最直接相连的就是中国的基本经济制度，因此国有企业改革首先要体现发展和完善以公有制为主体，多种所有制经济共同发展的基本经济制度。这是国有企业改革的大方向、总目标”。

（二）中国国有企业改革历史和进程表明应引入竞争中立原则推动充分竞争行业的国有企业改革

中国转型的渐进式历程表明我国并非完全通过调整国内制度来适应国际规则所带来的压力，中国对经济制度改革也不是事先有着非常缜密的设计，而是在实践中逐步摸索。当追求经济增长的目标遇到国内固有条件的阻挠时，往往通过国际力量倒逼改革，而当国际环境无论是有利于或不利于经济增长时，我国也能够不断深化国内改革，顺势而为，尽量适应国际形势变化，保障经济增长。[①] 因此，中国国有企业改革需要综合国内经济发展状况、改革的利益平衡和国际规则所带来的压力，有选择地引入竞争中立原则，既促使国有企业实现保值增值的改革目标，又要在市场化方向改革上与国际规则进行协调，缓解国际规则所带来的压力。

回顾中国国有企业改革进程，大致分为四个阶段。第一阶段改革是简政放权、减税让利，标志性改革文件是 1992 年 7 月国务院颁布的《全民所有制工业企业转换经营机制条例》，规定了 14 项企业经营自主权，通过给予国有企业经营自主权，主要是改革政府与国有企业之间的生产管理权限和利益分配关系。第二阶段是 1992—2002 年计划经济向市场经济转轨过程中到通过股份制改造、进行企业治理结构改革，确立国有企业改革以建立现代企业制度为目标，使得国有企业成为自负盈亏的市场主体。第三阶段是 2003—2013 年市场经济体制下通过设立国有资产管理委员会，厘清国家作为出资所有人的身份，为把对国有企业的管理从管企业到管资本进行转变奠定基础。第四阶段则是现在正在进行的，一方面，对国有企业开始真正实行从管企业到管资本的转变；另一方面，2015 年发布的《关于国有企业功能界定与分类的指导意见》确立了国有企业改革的逻辑是，先分类、后混改。分类改革能够通过界定、区分国有企业的功能、任务和发展目标，从而采取不同的经营监管模式，分类构建国有企业经营者

---

① 王正毅:《理解中国转型、国家战略目标、制度调整与国际力量》，《世界经济与政治》2005 年第 6 期。

的激励机制，有利于国有企业更好地与市场深度融合。中国国有企业改革一直在确保公有制为主的前提下寻求引入市场机制激活国有企业的经营管理。

但是国有企业能否成为具有较强竞争力的独立市场主体，对此，从事国有企业改革研究的资深学者杨瑞龙教授认为，国有企业改革一直绕不开两大难题：一是政企不分，如果让国有企业成为独立的市场主体，就必须产权明晰，政企分开，但是一旦政府对国有企业没有影响力，国有企业就会丧失其“公有制”性质；二是所有权不可转让，国有企业必须在所有权能够随时转让、退出的情况下成为自主经营、自负盈亏的市场主体，但是公有制经济体制不允许国有企业随意发生所有权转让，更无法容忍因所有权转让带来的国有资产大量流失。[①] 在推动国有企业改革进程中，这两大难题一直制约中国国有企业进行更深入的市场化改革。

OECD 调查已经显示出，各国经济发展程度不一，对竞争中立原则执行的程度自然存在很大不同，认可竞争中立原则与全面实施竞争中立原则之间有较大差异。[②] 中国正处于深化国有企业改革的攻坚阶段，从欧美相继否认中国的市场经济地位之后，中国的国有企业与产业补贴、非市场导向问题成为近期中美贸易谈判的焦点问题，也势必成为未来高标准国际贸易投资规则要解决的问题。中国相关人士在不同场合表态，中国考虑以“竞争中性”原则对待国有企业。[③] 因此中国引入竞争中立原则也不会全盘采取西方自由市场经济，但是改革目标也应该做一些调整，不应该仅仅是对国有企业内部经营决策机制进行激励机制的改革，而是应该改变扭曲市场配置的一些不合理做法，特别是对充分竞争类领域的国有企业，应该从资源配置、与其他企业竞争的同等条件（遵循 TPP 不歧视待遇和商业考虑等核心规则）上进行改革。

---

① 杨瑞龙：《国企改革的逻辑、困境与未来改革思路》，人大重阳对话名家讲座，https：//www.guancha.cn/yangruilong/2019_07_10_508841.shtml，2019 年 7 月 3 日。

② OECD，*National Practices Concerning Competitive Neutrality*，2012，http：//www.oecd.org/daf/ca/achievingcompetitiveneutrality.htm，p. 20.

③ 中国央行行长易纲在 2018 年 G30 国际银行业研讨会上发言时透露考虑引入竞争中立原则解决中国经济结构性的问题，https：//guancha.gmw.cn/2018 - 10/15/content_31718298.htm，2018 年 10 月 15 日。

（三）中国应为充分竞争行业的商业类国有企业塑造竞争中立的环境

中国分类改革的标准和目标与TPP等以竞争中立原则为基础的国有企业规则有所差异，中国分类改革将国有企业划分为商业类和公益类，目的是解决国有企业普遍存在的目标多元、定位不清的问题，分类改革能够有效加强针对性监管，也使得国有资本能够针对不同类型采取不同的资本形式，更好地发挥资本的效益和作用。OECD文件、TPP等含有竞争中立原则的条约对“商业类”“公益类”界定逻辑是，国有企业如果以营利为目标，自然应该与竞争对手处于相同的竞争规则之下，商业性活动不应受到政府干预，分类目的是对商业类国有企业构建公平竞争环境。从这个角度看，中国分类改革与竞争中立适用于商业类国有企业完全是在不同语境下作出的分类，目的自然存在差异。但是在TPP及后续国有企业规则演进、国际环境日益逼仄的情况下，中国也必须对我国国有企业改革的内容进行调整，寻找国有企业改革与TPP国有企业规则及其演进的最大公约数，一则促进国有企业改革进程，二则有效减缓国际环境的压力。所以我们应该思考如何将商业类国有企业的改革进程与竞争中立原则的要求结合起来。

在《关于国有企业功能界定与分类的指导意见》中，商业类国有企业又分为三类：一类是主业处于充分竞争行业和领域的商业类国有企业；一类是主业处于关系国家安全、国民经济命脉的重要行业和关键领域，主要承担重大专项任务的商业类国有企业；一类处于自然垄断行业的商业类国有企业。对充分竞争行业和领域的商业类国有企业，国有资本可以绝对控股、相对控股或参股，后者国有资本绝对控股，要以保障国家安全和国民经济运行为目标。对主业处于充分竞争行业和领域的商业类国有企业，“要支持和鼓励发展有竞争优势的产业，优化国有资本投向，推动国有产权流转，及时处置低效、无效及不良资产”。按照意见的规定，国家对此种商业类国有企业，仍然是支持和鼓励发展的，本书认为，对充分竞争行业和领域的商业类国有企业和有竞争性业务的特殊领域的国有企业，其竞争性业务将按照市场化方向，进行混合制改革，应该引入竞争中性原则，而不是继续采用政策性优惠贷款、债转股等受到西方国家极力反对的支持政策。

二 逐步引入竞争中立原则，降低中国国有企业面临的国际规则压力

（一）分类改革中细化分类标准，借鉴TPP负面清单模式

如前文所述，中国国有企业改革有政企分开、所有权转移两大难题，而这两大难题是无法简单通过股份制改造解决的，为此，中国应该确立国有企业改革的正确思路，不应该对所有国有企业都进行市场化改革，某些提供公共产品、准公共产品以及实现国家战略功能的国有企业，是不需要完全市场化的。2015年的分类改革指导意见对解决上述难题提供了清晰的思路和解决方案。

首先，要防止在划分充分竞争和其他非充分竞争领域的商业类国有企业时出现偏差：按照国务院国资委等部门国有企业分类改革指导意见，目前国有企业改革的逻辑是先分类、后混改，中国的社会主义公有制经济体制决定了对非充分竞争行业和领域的国有企业不会放弃国有控股权，即主业处于关系国家安全、国民经济命脉的重要行业和关键领域，主要承担重大专项任务的商业类国有企业要保持国有资本控股地位；处于自然垄断行业的商业类国有企业，指导意见只是提到要放开竞争业务，没有提到需要进行混合制改革，自然资源垄断行业需要国有全资的企业，要积极引入其他国有资本实行股权多元化。可见，对非充分竞争领域的商业类国有企业，分类改革指导意见没有提出进行混合制改革的目标，但是也要按照市场决定资源配置的要求，逐步进行公司制股份制改革，建立现代企业制度。可以预见，此类商业类国有企业在市场化改革中肯定会遇到不少问题和阻力，甚至改革仍无法解决政企不分的矛盾，达不到分类改革对商业类国有企业要让市场支配资源的改革目标，不过，对此类企业，要认识到它们虽然也属于商业类国有企业，毕竟地位特殊，提供的是一种准公共产品，不能完全市场化是其特殊地位所决定的。

由于分类指导意见里面对分类仅仅规定"谁出资谁分类"，把分类的标准和权利交由企业出资者，极有可能出现出资者为了某些部门利益扭曲分类标准。为了避免国有企业分类改革和混合制改革出现偏差，特别是防止将充分竞争领域的商业类国有企业划入自然资源垄断类和主业关系国计

民生关键领域的商业类国有企业，毕竟后两类国有企业的竞争性不如前者激烈，在实践中很可能得到政府的各种关照，因此需要在改革中细化分类标准。我国可以借鉴 TPP 负面清单的做法，将公益类，非充分竞争行业、领域的商业类国有企业列出较为详细的清单，清单可以通过经济学上的投入产出法和其他分析方法，来测度企业竞争性和垄断性问题，从而确立一个客观的分类标准并向社会公布。

其次，TPP 成员国通过附件列出的不符措施清单里面的国有企业类型，也可以作为中国在区分竞争性和非竞争性国有企业的参考。以 TPP 第 17 章为例，在国有企业章节正文中，仅仅把独立养老基金、政府采购以及一些金融监管货币汇率政策作为适用范围的例外予以排除，同时各缔约国在谈判后达成的例外清单把各成员国认为值得排除在 TPP 第 17 章规则之外的国有企业一一列举。例如《TPP 协议》附件 IV 中加拿大就将加拿大联邦桥梁有限公司、温莎—底特律大桥管理局等管理国际口岸的桥梁管理局等具有类似的职能和目标的管理国际口岸的大桥管理局作为非商业援助的例外，允许加拿大政府、国营企业或国有企业向该实体提供拨款或资金方案的援助，以管理国际过境点；加拿大按揭及房屋公司、加拿大房地产信托基金在提供贷款担保时或与住房有关的服务时可考虑商业考虑以外的因素。此外还针对加拿大广播公司、加拿大影视管理局、加拿大商业公司、加拿大奶制品委员会在减让表中提出了针对国有企业章节不同条款的诸多例外。

越南更是提出了长达 14 页的不符措施清单，实体涉及越南石油天然气集团，电力，越南国家煤炭矿业控股有限公司（Vinacomin）及其采矿部门的子公司，国有资本投资公司及其子公司，金融类的一些公司，越南国防部和公安部所控制、拥有的公司，越南机场公司，越南航空公司，越南国家航运公司及其子公司，造船工业公司，越南国家咖啡公司，从事印刷、出版、音像服务、大众传媒的国有企业。中国在分类改革时可以参考这些国家的做法，根据国有企业在分类改革的定位、功能及规模，列出将来中国需要在自由贸易区谈判中特别对待的企业名单，积极运用与推广。

最后，在“公益类”国有企业界定标准上，可以根据该企业提供产品的性质进一步细化分类标准，例如，可分为提供纯公共物品、准公共物品以及社会公益性服务的国有企业，并且在界定上还需综合考虑企业的社会效益、自然垄断、独立经营权等多重要素。提供纯公共产品的国有企业以及提供准公共产品的国有企业，比如，自来水、电网、邮政、市政建设、铁路、港口、码头、城市公共交通等，可以纳入公益类；但是某些企业具有社会公益性服务但又采取营利模式经营，很难界定该类企业是否应该属于“公益类国有企业”，例如，提供某些从事医疗、教育等准公共产品的国有企业虽然具有一定的社会公益性质，但其经营通过收取费用谋求营利，对此，TPP 对“商业活动”的界定思路值得我们借鉴。在 TPP 第 17.1 条定义中，商业活动是指以营利为目的，在脚注上还特别注明，非营利性经营或成本回收经营的企业所从事的活动不是以营利为导向的商业活动。所以，对此类企业可以以其是否独立经营、经营目的是否为营利为判断标准。

（二）通过混合制改革减缓对国有企业的国际规则压力

根据《关于国有企业功能界定与分类的指导意见》，对于充分竞争领域的国有企业，“通过混合制改革优化企业产权结构，积极引入其他国有资本或各类非国有资本实现股权多元化，国有资本可以绝对控股、相对控股，也可以参股”。换言之，国有资本可以放弃控股地位，转而做小股东，增强企业活力，而对关系国家安全、国民经济命脉的重要行业和关键领域，则必须“保持国有资本控股地位”。

混合制改革促使国有股权流动，能够解决长期困扰国有企业改革“政企不分”的弊端，实现国有企业更好地按照市场化规则运作，通过民营资本进入、员工持股等方式促进国有企业内部资本性质多元化，激活社会资本的利用，还会带来国有企业内部治理结构的优化，对外部而言，能够在一定程度上化解中国国有企业比例过高、国有企业国际规则不断加强的压力。

（三）推动中国市场准入负面清单和政府采购改革，扩大无歧视待遇的适用范围

市场准入负面清单的建立与全面实施对中国国有企业遵守非歧视待遇原则具有重要意义。中国于 2015 年 10 月正式决定在国内实施市场准入负面清单制度，对列入清单的禁止和限制投资经营的行业、领域、业务等予以公布，在全国范围内统一实施，是统一、透明、开放、公平的现代法治和市场治理方式。市场准入负面清单制度的推动与竞争中立原则的要求和

目标是一致的，因为负面清单之外的市场领域，各类企业均可依法平等进入，国有企业、民营企业、外资企业，无论企业规模大小，都是按照同等的市场准入条件、待遇进入，从这个方面完全实现了市场准入条件的无歧视待遇。这次市场准入负面清单改革推动了全国市场管理的统一化、制度化，市场准入负面清单由国务院统一制定发布，地方政府未经国务院授权不得擅自增减市场准入负面清单内容，这对建立全国统一的透明、开放准入市场，打破各种形式的不合理市场准入限制和隐性壁垒，发挥市场在资源配置中的决定性作用具有重要意义。

2016 年 3 月，国家发改委、商务部联合发布《市场准入负面清单草案》（试点版）之后，仅过 2 年半，《市场准入负面清单》（2018 年版）于 2018 年 12 月正式发布实施，该版清单与试点版相比，事项减少了 177 项，具体管理措施减少了 288 条。管理措施减少标志着中国市场不断开放，也意味着对国有企业、民营企业、外资企业给予非歧视待遇的领域不断增多。同样，中国对外资准入负面清单建设也在提速，《外商投资准入特别管理措施（负面清单）》（2018 年版）只保留 48 条特别管理措施，比 2017 年版的 63 条减少了 15 条，大大缩小了外商投资审批范围。尤为引人注目的是，这次负面清单对金融服务业的开放力度超前，取消对中资银行的外资单一持股不超过 20%，合计持股不超过 25%的持股比例限制，对证券公司、证券投资基金管理公司、期货公司都在股权比例上作出了大幅放开股比限制的规定，负面清单列出了汽车、金融领域对外开放时间表。最新的《外商投资准入特别管理措施（负面清单）》（2019 年版）的清单条目由 45 条减至 37 条，服务业对外开放力度继续加大，传统的基础设施、文化领域、增值电信领域都取消了对外资的限制。

此外，2019 年 3 月 15 日通过的《外商投资法》在很多方面加大了对外资开放和保护力度，该法第 16 条规定，保障外商投资企业依法通过公平竞争参与政府采购活动，使外商投资企业得以在政府采购领域与其他企业公平竞争，表明在政府采购领域的非歧视措施有了突破性进展。不过该条还遗留不少问题。一是外资参与政府采购要“依法”进行，如何解释“依法”，事后法律是否再次设定前提性条件作为外商投资企业参与政府采购的门槛？这有待后续《外商投资法》实施细则进一步规定。二是该法第16条仍然没有解决国有企业是否为政府采购主体的问题，TPP非歧视待遇要求国有企业在采购和提供货物时必须对内外资实行同等待遇，但是外商投资企业依法公平参与政府采购，是否能够公平参与中国国有企业采购，特别是具有特殊地位的国有企业的采购，法律规定付之阙如。

第二节 审慎评估中国对外投资利益参与国际规则博弈

对外直接投资利益包括经济利益和政治利益，在对外投资时经济利益是政治利益的前提和基础，政治利益又是经济利益的保障，但是政治利益与经济利益未必会处于同步统一的状态，上述这些利益需要在投资国和东道国之间均衡分配。基于此，中国对外投资应该有战略规划，在长期效益、短期利润之间寻求综合平衡。因此要建立及时的对外投资效应评估反馈机制，在审慎评估中国对外投资利益基础上参与国际规则的博弈。

一 中国对外投资利益评估存在的问题

（一）中国国有企业海外投资对地缘政治风险的预防和评估不够

如前所述，对外投资存在政治利益和经济利益，近年来中国国有企业对外投资遭遇了因东道国政局变动带来的项目停工甚至终止的情况，表明中国国有企业对外投资对地缘政治风险的评估和预防工作有待加强。

例如，中国在中东及非洲等“一带一路”沿线国家所进行的投资，往往采取外交援助和商业投资综合模式进行，如著名的安哥拉模式。但是不可否认，随着中美之间大国竞争的加剧，加之“一带一路”沿线一些国家法治不健全，中国对外投资的地缘政治风险呈上升趋势。

2015年3月，国家发改委联合多部委发布了《推动共建丝绸之路经济带和21世纪海上丝绸之路的愿景与行动》，标志着国家层面对“一带一路”如何发展有了较为清晰的思路和规划。“一带一路”是中国给世界提供的一个公共产品，它通过深化“一带一路”沿线国家经济贸易投资合作来共享发展机遇，主要包括贸易通、道路通、货币通、政策通、民心通，即要在“一带一路”国家进行经贸合作、基础设施建设和联通，加强金融合作和开放，促进“一带一路”沿线国家之间的政府层面协调合作，最终达到文化友好合作的深度。在“五通”里，经济贸易合作、基础设施建设是基础和重点。[①]因此，“一带一路”倡议极大地提高了中国的国际政治地位，中国与相关国家交往将给彼此带来巨大的经济利益。但是国际政治局势的发展是政治军事外交经济各种利益的交织，在政治利益与经济利益发生冲突的时候，在政治、经济利益之间如何选择往往成为十分棘手的问题。

此外，“一带一路”沿线国家有一些政局不稳、恐怖事件频发，还有一些国家经济落后、契约意识不强，中国国有企业进行投资时就需要权衡投资收益。

（二）中国对外投资的经济利益尚缺乏科学评估机制

对外直接投资利益评价极为复杂，一般而言，企业的对外投资的动因反映出该项投资的利益所在。因此经济学宏观理论在解释国际资本移动的动因时都是用利益机制进行分析的。[②] 早期中国对外直接投资动因是获得发达国家的技术、发展中国家的资源和出口市场。[③] 发达国家对技术转让和高科技产品的限制越严，中国技术寻求型直接投资就越多。[④] 2007 年之后中国对外直接投资快速增长的主要动因则是获取技术和融入全球供应链。[⑤] 显然，中国对外投资能够满足能源、资源供给，提升国内产业技术水平实现升级换代，扩大出口市场等多项需求。

北京大学中国宏观经济研究中心教授黄益平对 2006—2008 年的数据初步分析后认为，中国资源型和制造业在对外投资总量的比重并不高，而服务业比重高达 76.6%，而且从累计投资额看，国有企业对外投资比重

---

① 马玉荣、王艺璇：《“一带一路”—大国发展战略——专访国务院发展研究中心副主任隆国强》，《中国经济报告》2015 年第 5 期。

② 刘才明：《经济利益视角的对外直接投资理论》，博士学位论文，复旦大学，2003 年，第 43—56 页。

③ 胡博、李凌：《我国对外直接投资的区位选择——基于投资动机的视角》，《国际贸易问题》2008 年第 12 期。

④ 祁春凌、黄晓玲、樊瑛：《技术寻求、对华技术出口限制与我国的对外直接投资动机》，《国际贸易问题》2013 年第 4 期。

⑤ 何骏：《全球化背景下我国企业对外直接投资的动因研究》，《经济经纬》2007 年第 2 期。

接近70%。因此他提出了一个初步假设，即中国对外直接投资存在一个独特的“中国模式”，这一模式并非基于经济效益最大化的经济利益驱动，与市场经济国家的西方对外投资的利益驱动存在显著不同，中国对外投资的模式可以总结为两个特点：第一，金融抑制，也就是金融贷款对国有企业的偏好使得国有企业可以不计成本大规模对外投资，而此时中国尚未进入经济发达、资本过剩阶段；第二，由于有些国有企业经营效率低下，效益不佳的国有企业通过对外直接投资可以增强国内生产的竞争力，弥补国内市场效益的不足。①

黄益平的研究成果给我们提供了一个反思中国尚未成为发达国家就大幅增加对外投资的视角。后发国家如果没有强有力的政府主导，经济无法实现长期增长和对发达经济体的赶超。中国模式下中国经济实现了长达30多年的高速增长，人民生活水平全面提高，国家经济总量全球第二，面对1997年亚洲金融风暴和2008年世界金融危机，中国也经受住了考验，但我们仍应反思政府主导下的对外投资大幅增长，是否陷入了路径依赖，是否遵循了经济效益最大化原则。中国对外投资，特别是国有企业承担的大型项目，需要建立一套科学评估体系，评估对外投资的风险与收益。

二 审慎评估中国国有企业对外投资的动机和利益

（一）将维护中国世界产业链地位及升级能力作为对外投资的核心利益

当前世界处于百年未有之大变局，我国参与国际产业竞争面临诸多严峻挑战。越南、印度等较低收入国家在争夺劳动密集型产业的国际市场份额，而中国要通过产业升级提高产业的科技含量和附加值也面临西方国家限制技术转让的局面。保持冷静、理性，客观分析中国的核心利益无疑对争取和平发展的国际环境至关重要。

中美贸易摩擦以及西方国家次第对外资审查趋严，正是我们客观冷静

---

① 黄益平:《对外投资的“中国模式”》，http://www.ftchinese.com/story/001035955，2010年12月9日。

反思“中国模式”的契机，中国在此百年未有之大变局中保持了战略定力，坚持对外开放、对内改革的方针。我们认为，中国经贸领域的核心利益是：第一，中国在世界产业链中的地位不受侵害；第二，坚持中国在产业链中发展上升的空间；第三，中国国有企业占主导地位的经济体制不容改变。但是中国也要对美国方面所关注的中国强制技术转移、市场准入、不合理的补贴予以回应。

在明确了中国经贸领域的核心利益之后，中国对外投资必须在确保核心经贸利益基础上实施开展，服务于国内制造业在世界产业链中的地位，服务于先进制造业的升级。

中国已经出台了一些政策，以促进维护制造业能力和产业链的外溢效应，例如，2015 年 5 月 16 日，国务院发布《关于推进国际产能和装备制造合作的指导意见》，对推进国内装备、产能输出提供了指导意见。2017 年 1 月 7 日，国务院国资委发布了《中央企业境外投资监督管理办法》，意在有效遏制住中央企业境外非理性投资、从事非主业投资的态势。2017 年 1 月 26 日，国家外汇管理局发布《关于进一步推进外汇管理改革完善真实合规性审核的通知》，加强了对境外直接投资真实性、合规性审核，2018 年，国家发改委发布《关于引导对外投融资基金健康发展的意见》，该意见对近期对外投资面临的问题作了及时回应，在对外投资资金构成上要求对外投融资基金实现与国内的社会资本、国内各类机构和国际金融组织的合作，来增加资金数量，分担投资风险，同时通过提升专业化管理，统筹管理，完善监管，建立激励惩戒机制等方式加强对投资收益和投资质量的重视。

（二）评估“一带一路”沿线国家的投资风险

中国可以根据政治经济发展及安全战略的重要性对“一带一路”沿线国家的投资区别对待：重要的周边支点国家作为“一带一路”重点实施对象，对经济较发达、政局稳定国家则通过商业性优惠贷款进行基础设施投资，经济落后的则更多施予援助性质的投资项目。对潜在的支点国家以及其他沿线国家都应该在商业基础上开展合作与投资。

如果是涉及中国重要安全战略支点上的投资，采取无息贷款和优惠贷款等方式援建生产型项目、大中型基础设施项目，那么该项投资从性质上属于政府主权援助贷款的范畴。有关主权贷款的国际规则是 2012 年联合国贸易和发展会议（UNCTAD）推动的《负责任的主权借贷原则》，该规则的创举在于在程序规定了贷款方的尽职调查责任和主权债务重组责任，而不是仅仅规定借款方的义务。从目前中国政策性银行对外开展的优惠贷款要求来看，中国优惠贷款主要侧重于项目的营利性，在债务国是否有能力偿还贷款问题上未能谨慎评估，更缺少债务国债务不可持续后的债务重组框架，这些显然不符合 UNCTAD 原则的规定。[①]“一带一路”沿线项目投资，应该明确哪些属于政府主权贷款的项目，并采取措施，注重项目的可行性、可持续发展，贷款程序遵循透明度原则，按照“共同有区别”原则遵守政府主权贷款的国际规则，而商业性项目则应该严格恪守公开、透明、商业考虑原则，拒绝腐败。

三　中国应在多层次参与规则博弈

（一）坚持维护 WTO 多边规则体系的权威，参与 WTO 改革

西方发达国家对现行的 WTO 规则多有不满，正通过各种途径推动建立新的国际经贸投资规则体系。2018 年 9 月，美国、欧盟和日本发表联合声明，在第三方非市场化政策、国有企业补贴、强制技术转让、改革 WTO 等六个方面达成一致意见。2018 年 10 月，十二国与欧盟联合声明，就完善争端机制、WTO 谈判功能和加强成员国贸易政策的监督、透明度改革三方面达成一致。2018 年 9 月 30 日，美墨加三方达成的美墨加协定（USMCA）引入了歧视性的非市场经济国家条款，将对中国与美国的贸易伙伴之间签订自由贸易协定带来负面影响，极大挤压中国在世界经贸体系的生存空间。此外，美国、英国、德国、澳大利亚等国纷纷在国内法层面加强国家安全审查、提高收紧外资准入条件，在条约实践上对受政府控制的交易日趋重视。美欧推动国际贸易投资规则重塑，将对中国经济和企业产生深远影响。中国必须认识到积极参与构建新国际规则这一问题的重要性和紧迫性。

对中国来说，维护 WTO 多边规则体系的权威，反对美国采取单边贸易保护主义到处实施贸易制裁，是当下应对国际经贸投资规则重塑、美国

① 黄梅波：《政府优惠贷款与中国贷方责任的履行》，《亚太经济》2014 年第 4 期。

意图“规锁”中国体制的首选方案。2019年5月13日，中国向世界贸易组织正式提交了《中国关于世贸组织改革的建议文件》，在四个领域就世界贸易组织生存及效率问题提出了中国的建议。① 在上述领域，中国提出了要加严对滥用国家安全例外措施的纪律，加严对不符合世界贸易组织规则单边措施的纪律，在备受关注的反补贴、反倾销等贸易救济措施方面，中国提出要恢复不可诉补贴并扩大范围；澄清和改进补贴认定、补贴利益确定、可获得事实等补贴和反补贴相关规则，防止反补贴措施滥用；澄清并加严反倾销价格比较相关规则，改进反倾销反补贴调查透明度和正当程度等建议。中国还专门就增强多边贸易体制的包容性领域提到针对国有企业的立场，要求在坚持贸易和投资公平竞争的原则下，不能在补贴规则中针对国有企业设立特殊的、歧视性的纪律和规则，在外商投资安全审查中不得歧视国有企业。上述建议是中国针对近期欧美等提出的目的、针对性明确的补贴改革方案及相关限制中国国有经济制度规则方案的一个正式、全面的回应。

虽然中国已经通过提交关于WTO改革建议、发布《中国与世界贸易组织》白皮书等各种方式宣示中国参与多边规则协议修订的立场，但是也必须意识到WTO僵局的形成以及美、日、欧盟等最主要发达经济体在针对中国政府主导经济体制方面立场趋于高度一致，而且欧盟提出的《世贸组织现代化》概念性文件中对WTO改革的详细建议，首先就是针对中国产业政策、国有企业问题提出的对《补贴与反补贴规则》修改建议，诸如如何增强补贴的透明度，如何限制政府利用国有企业作为工具以执行政府经济政策造成其他扭曲市场的行为，更有效地识别对贸易扭曲程度最高的补贴类型等。② 几乎是针对中国国有企业和产业政策量身定做。可见，中国与欧盟、美国、日本在国有企业、产业补贴政策等方面的态度已经非常明确，存在尖锐对立。

目前WTO一共有164个成员国，在很多问题上很难形成一致的决定。这也正是WTO的谈判职能已基本陷入瘫痪的重要原因。欧盟提出

---

① 《中国关于世贸组织改革的建议文件》，http：//www.mofcom.gov.cn/article/jiguanzx/201905/20190502862614.shtml.

② European Council, *WTO Modernization*, *Introduction to Future EU Proposals*, June 2018, http：//trade.ec.europa.eu/doclib/docs/2018/september/tradoc_157331.pdf.

在无法达成一致的领域，可以探索有限多边谈判的方式，这些谈判继续向所有成员国开放，在谈判路径选择上，要充分意识到坚持协商一致的结果是发达国家另起炉灶，将中国排除在新的国际规则体系之外，所以中国要赶快行动，先行与中国立场接近的国家拿出可关于 WTO 改革的具体可行方案，但是中国应该考虑把补贴、国有企业问题与农业补贴挂钩谈判，毕竟欧盟、美国一直是农业补贴大国，议题挂钩能够为中国争取更多的空间。

（二）推动建立双边和区域性 FTA 协议体系，保障中国投资安全

早在 2015 年国务院就发布了《关于加快实施自由贸易区战略的若干意见》，说明中国在美国推出 TPP 等进行国际经贸投资规则重构的背景下，中国必须加强双边以及区域性的自由贸易协定，应对抗衡美国对中国的“规锁”，同时也避免被国际 FTA 网络边缘化。根据中国自由贸易区服务网上的数据，中国已签署 18 个自贸协定，涉及 22 个国家和地区，此外，正在进行 13 个自贸区谈判，包括《区域全面经济伙伴关系协定》（RCEP），中国—海湾合作委员会自贸区，中日韩自贸区，中国—以色列、中国—斯里兰卡自贸区等。①

除了推进自由贸易区协议的谈判与签署之外，中国应该关注与“一带一路”国家投资、贸易协议的签订，根据商务部条约法律司网站上公布的中国签订的双边投资条约一览表，中国现已经签订了 103 个双边投资协定，中国共与“一带一路”沿线的 58 个国家缔结了投资条约，但因为缔结的年代较早，多集中于 20 世纪八九十年代，需要修订相关内容，纳入更高的保护投资的条款。“一带一路”沿线国家中有 8 个尚未与中国缔结投资条约，分别是伊拉克、巴勒斯坦、东帝汶、阿富汗、尼泊尔、不丹、马尔代夫和黑山。不过马尔代夫已经与中国签订了含有投资章节的自由贸易协定。截至 2019 年 4 月 30 日，中国已经与 131 个国家和 30 个国际组织签署了 187 份共建“一带一路”合作文件，② 因此中国需要继续推

① 中国自由贸易区服务网：http：//fta. mofcom. gov. cn/。

② 《已同中国签订共建“一带一路”合作文件的国家一览》，https：//www.yidaiyilu.gov.cn/xwzx/roll/77298.htm。

进 FTA，发挥中国所主导的跨区域国际经济组织的作用，通过拓展中国的 FTA 和 BIT 范围，嵌入保护投资条款，扩大中国对外经贸合作的空间，缓解美国“规锁”甚至遏制带来的压力。

（三）以多种方式争取新时期中国在国际经贸体系的话语权

不可否认，美国、欧盟在塑造国际规则、确定谈判议题的能力远强于中国，这不仅导致中国不得不受制于发达国家所设定的国际规则，还意味着中国企业特别是高新科技企业，面临来自美国等国和地区的单边管辖和歧视性待遇。对此，中国应该从考虑采取多种方式争取新时期在国际经贸体系的话语权。

首先，通过国内立法形成对他国单边措施和歧视性待遇的制度反制。近年来美国利用其美元霸权和金融系统的垄断地位，建立了体系化的长臂管辖权，违反美国对其他国家的制裁禁令、实施了《美国反海外腐败法》《美国出口管制法》所禁止的行为，只要与美国有最低联系，如使用美元、在美国设有机构、产品中包含美国的技术或元器件、在美国市场融资等，均可以实施域外管辖，使得美国域内法效力及于境外，将单边制裁强加给第三国，给他国企业商业活动和投资行为带来极大的风险。对此，加拿大、欧盟的反制对策值得借鉴，1996 年，美国发布针对古巴的《赫尔姆斯—伯顿法案》，根据其第 3 条的相关内容，任何与 1959 年 1 月 1 日之后古巴政府没收的财产有牵连的外国人，都负有向被没收财产且没有得到补偿的美国公司和美国公民支付赔偿的义务，美国公民可以在美国法院向使用这些财产的古巴实体以及与其有经贸往来的外国公司提起诉讼。加拿大在《赫尔姆斯—伯顿法案》出台后，立即联合其他拉美国家谴责美国单方面实施影响第三国利益的法案，并且于 1996 年 9 月修订针对美国法案的《外国治外法权应对措施法》，要求任何加拿大公司和个人不得遵守对加拿大主权有损害的治外法权措施。[1] 而欧盟理事会出台 2271 /96 号条例，保护欧盟企业和个人不因《赫尔姆斯—伯顿法案》受到不利影响，该条例与前述加拿大立法一样，禁止欧盟成员国的任何个人遵守《赫尔姆斯—伯顿法案》的规定，欧盟之外的任何法庭依据该法所作出的判决

① 陈刚:《赫尔姆斯—伯顿法引起的美加冲突》,《美国研究》2001 年第 3 期。

对欧盟没有法律效力。①

其次，通过企业标准、贸易便利化措施、知识产权合作框架等逐步提高中国的规则话语权。在 2019 年 4 月 27 日外交部网站公布的“第二届‘一带一路’国际合作高峰论坛成果清单”中，中国在贸易、投资领域的影响落实到规则上主要体现为共建国家产品质量标准、进行反腐败合作、促进贸易便利化等微观层面，虽然涉及面比较零散，但说明对国际规则的影响不可能一蹴而就，需要各方面逐步积累经验，才能摸索一套提高中国国际规则话语权的路径，这是一个大国在崛起过程中的必由之路。

最后，中国要创新对外投资争端解决的机制。鉴于中国“一带一路”投资面临的风险和争议较多，需要及早采取预防措施。可以通过将某些投资申请投保多边投资担保机构的政治风险来减轻风险损失和预控风险。同时还要创新对外投资争端解决机制，一方面可以借鉴最高人民法院新设“国际商事法庭”的诉讼与调解有机衔接的创新举措，将国内成功经验引入涉外和国际投资争端解决机制之中；另一方面可以在与“一带一路”沿线国家的双边投资协议中纳入新的投资争议解决机制，要强调机制的可实施性，即双方可以同意将投资争议提交现有的国际仲裁庭，但在各方的国内法上承诺，必须承认仲裁裁决的执行。

第三节　应对 TPP 国有企业规则及其演进的规则设计

西方国家对中国经济政策的不满已经不再局限于中国的国有企业补贴，而是泛化到中国的产业补贴政策、公平竞争环境等中国经济深层次结构问题，国际经贸投资规则的重构将对中国经济和企业产生深远影响。中国必须认识到积极参与新国际规则构建这一问题的重要性和紧迫性，应未雨绸缪，全面系统考虑未来国际经贸投资规则重构中我国的立场与态度。

① 王淑敏：《国际投资中的次级制裁问题研究——以乌克兰危机引发的对俄制裁为切入点》，《法商研究》2015 年第 1 期。

一　在投资条约中强调国有企业的中性定位和投资保护

（一）坚持在投资条约中的“所有权中性”，引入“商业性”或“商业考虑”来规范国有企业商业活动

在TPP国有企业规则中，国有企业定义强调政府拥有绝对多数股权或对董事会的控制权，OECD报告界定政府控制权的因素不仅仅是绝对多数股权和董事会等高级企业管理人员的任命权，还包括了政府通过监管活动、贷款、与企业控制性交易等行为，导致国有企业认定标准宽松，美国—新加坡FTA对国有企业认定也较为宽松，对国家拥有20%股权即可认定该企业为国有企业。可见TPP国有企业定义相对标准更高一点，这显然是基于不少成员国拥有较多国有企业的情形，为尽快达成协议没有采纳宽松的定义标准。

未来涉及国有企业规则谈判时需要借鉴和进一步拓展的内容是，TPP国有企业定义强调国有企业的商业性，引入重大性标准，可以成为中国谈判时用以考虑排除主业处于关系国家安全、国民经济命脉的重要行业和关键领域，主要承担重大专项任务的商业类国有企业受到管制的一项要素。

随着中国国有企业混合制改革的推进，中国现有国有企业的所有权结构以及国有企业分布格局已经与传统国家直接控制国有企业的情形有了很大差别，中国也将有更充足的理由在国际社会消除对中国国有企业的歧视和偏见。[①] 同时中国也应在各种场合宣扬、突出所有权不应成为国际商业往来的问题和障碍。

国际投资条约基本秉持“所有权中性”，在2015年经合组织（OECD）第一期国际投资工作报告中，发布了对投资条约中涉及受政府控制的投资者进行管制的调查数据，条约样本来自46个以上国家的1813份条约，包括双边投资条约（BITs）以及其他双边协定，如自由贸易协定（FTAs）或经济伙伴协定（EPAs）。调查显示，在被调查的1813份协议中，1524份（84%）没有明确提及要区分投资者是否为外国政府所控

① 宋志平：《国内外都应破除对国企的误解》，“第五届中国与全球化论坛”演讲，2019年4月14日。

制的投资者。[①] ICSID 仲裁实践也表明，对国有企业是否属于适格的私人投资者和仲裁资格问题，一般不以股权归属、身份代表、活动目的为判断标准，而以国有企业行为的性质作为重要的判断要素。[②] 也就是说，国有企业从事营利性质的商业活动时身份视同私人投资者。

为维护中国海外投资利益，我国应坚持 BIT 投资者定义明确采纳“所有权中性原则”，通过例外条款将某些国家重要战略行业的商业性国有企业排除在私人投资者身份之外。

中国与不少发达国家缔结的 BIT 都遵循所有权中性原则，没有对国有企业特殊对待。例如，1998 年中国—澳大利亚 BIT 关于投资者定义中涉及公司、社团、合伙、信托或其他法律认可的实体等时，规定“不论该实体是否为获利而组建，或是私有或其他形式所拥有，或是有限或无限责任”[③]。可见 1998 年中国—澳大利亚 BIT 是依据“所有权中性原则”，认为私有投资者和国有投资者在 BIT 下权利义务是同等待遇的，该实体的所有权性质、实体建立的目的是否以营利为目标都不能成为投资者到缔约国对方投资受到限制的理由和依据。又如，中国—法国 2010 年 BIT 投资者定义条款甚至没有涉及所有权中性原则，但同样强调了法人应当包括公司及具有法人人格的非营利性组织。中国—加拿大 2012 年 BIT 仅仅将投资者定义为缔约各方的自然人和法人，不过在例外条款中特别将国有企业相关事宜作为最惠国待遇、国民待遇、高级管理人员和董事会成员以及人员入境规定的例外。[④] 该例外条款证明了国有企业不同于其他经济实体，虽然从上下文推导该条潜在的含义是，缔约国采取措施转让国有企业或政府控制的实体的所有权或控制权时，可以优先转让给本国企业或实体，而另

① Yuri Shima, *The Policy Landscape for International Investment by Government-Controlled Investors*, A Fact Finding Survey, OECD Working Papers on International Investment 2015/01.

② 刘雪红:《论国有企业私人投资者身份认定及启示：以 ICSID 仲裁申请人资格为视角》,《上海对外经贸大学学报》2017 年第 5 期。

③ 《中华人民共和国政府和澳大利亚政府相互鼓励和保护投资协定》第 1 条定义。2003 中国—德国 BIT 投资者定义中方投资者的定义与之类似，对指经济实体而言不要求以营利为目的。

④ 中国—加拿大 BIT 第 8 条第 2 款：第五条、第六条与第七条不适用于：自本协定生效后，在销售或以其他方式处置某一现存国有企业或某一现存政府机构中政府的股东权益或资产时维持或采取的措施，该措施禁止或限制对股东权益或资产的所有或控制，或者对高级管理人员或董事会人员施加国籍要求。

一缔约方意图获得该企业的所有权或控制权时，东道国采取禁止、限制性措施是合规的。这实质上是东道国要求对本国国有企业所有的一种特殊待遇。

不过，上述 BIT 不能改变当前中国国有企业甚至具有中国元素的企业海外投资频频遇阻的现状，因此中国需要在 BIT 和其他投资条约中坚持对投资者中性定义，引入“商业考虑”来规范国有企业经营活动，并尽量缩小国民待遇例外——力图争取限制缔约他方政府对中国企业（包括国有企业）采取国家安全审查等内容。可以考虑在 BIT 中加入国民待遇例外清单，限制东道国滥用国家安全审查。

也许已经意识到中国整体经济力量壮大所带来的竞争压力，中美贸易摩擦中美国仅仅将国有企业视为压制中国调整经济体制的问题之一，而把更多的火力针对中国经济内在的政府主导的产业政策、市场竞争环境、市场开放程度等结构性问题，以金融控制实力见长的美国提出的策略是迫使中国大幅开放金融市场，打击中国在贸易中获得的利润，让美国能够通过掌控中国较为薄弱的金融投资机构并大幅削减中国贸易顺差，以此重新调整中美双方在国际市场的力量对比。因此未来国际经贸投资规则重构中涉及国有企业的焦点可能在于如何确定国有企业的“商业性”。

TPP 第 7 章对商业性国有企业的定义是通过界定“商业活动”来完成的，商业活动“是指企业以营利为目的，在相关市场上生产商品或者提供服务，并按照企业确定的价格销售给消费者的行为”①。这个界定结合了营利标准和企业决策权标准，在实践中仍过于抽象；对公益型企业，TPP 国有企业规则采用排除法，把行使政府职能的行为，独立养老基金投资的企业所从事的养老、退休等公共事业排除在适用范围之外，但 TPP 并未声明列举的公益型企业目录之外的企业都属于商业类国有企业。OECD 文件也认为界定公益活动和商业性活动存在种种分歧，这也使得未来谈判中存在较大博弈空间。

我国国有企业分类改革将国有企业分为公益类国有企业和商业类国有

① TPP Chapter 17 Article 17. 1: Definitions, commercial activities means activities which an enterprise undertakes with an orientation toward profit-making and which result in the production of a good or supply of a service that will be sold to a consumer in the relevant market in quantities and at prices determined by the enterprise.

企业，鉴于改革波及面非常广，对涉及群体利益触动很大，这方面改革仍在逐步推动。2019 年 3 月财政部、国家税务总局、中宣部联合发布《关于继续实施文化体制改革中经营性文化事业单位转制为企业若干税收政策的通知》，将工程建设、维修、养护，工程勘察设计，市政公用经营与作业，经营性水利工程管理，非时政类报刊，一般文艺院团，影剧院，影视音像制作销售，演出中介，新闻媒体的印刷广告发行传输等经营部分，电影制片厂及其他各类公司等原属于我国事业单位转制为企业。这说明我国的商业类企业的清单已经越来越接近完成。

本书认为，未来中国在对外经贸交往中面临的问题是如何让他国接受中国改革中认定的商业类国有企业的清单，如何让其他国家接受中国特别是主业处于关系国家安全、国民经济命脉的重要行业和关键领域，或处于自然垄断行业、经营专营业务、承担重大专项任务的企业为商业类企业。从企业当下的社会属性和功能来讲，主业处于充分竞争行业自当属于商业类企业，不会引起争议，但对上述主业涉及国计民生，或有垄断资源、承担特殊任务的国有企业，如输电、自来水、铁路运输、管道燃气、水利基础设施建设等，因这类企业具有混合特征，承担一种特定的公共职能和国家特定任务，而这些功能和任务的实现是建立在企业市场化基础上经营，企业存在自身发展规划，即这些企业在运作时追求市场化效益，但因所处重要行业领域，国家势必会给予不同于一般商业企业的政策，这种不同政策很容易被他国认定为不公平的补贴。在这种情况下可以考虑通过透明度细则，将国家给予这类企业的特殊政策予以公开，以便让这类企业为西方国家所接受，从而能够以普通商业企业身份参与国际市场竞争。

（二）将基础设施建设纳入受保护的“投资”定义

对外基础设施投资是中国的长项，2017 年中国对外承包工程业务整体规模稳步攀升，完成营业额 1685.9 亿美元，同比增长 5.8%，新签合同额 2652.8 亿美元，同比增长 8.7%。截至 2017 年年底，中国对外承包工程业务已累计签订合同额 2.1 万亿美元，完成营业额 1.4 万亿美元，自 2001 年以来实现了业务的持续增长。①

---

① 商务部：《中国对外承包工程发展报告 2017—2018》，http：//fec.mofcom.gov.cn/article/tzhzcj/tzhz/。

在国际投资条约中，“投资”定义极其重要，定义的范围决定了受保护投资的范围。但是早期国际投资形式都是跨国直接投资，外国投资者需要到东道国设立企业并取得对企业的控制权，随着国际投资形式的更新发展，以企业为基础的投资定义逐渐让位于以“资产”为基础的投资定义，即将投资者在另一方领土内所投入的各种财产进行列举，这种方式对投资定义范围最宽泛，因而得到广泛运用。如中国—瑞典 1982 年 BIT 第 1 条第 1 款“投资”定义就采用这种方式，将投资定义为缔约一方投资者在缔约另一方境内投入的用于投资的各类资产，资产包括动产、不动产、公司的股份、金钱的请求权。

鉴于现代投资的形式呈多样化趋势发展，中国投资条约对投资定义列举时采用“包括但不限于”的开放定义方式。晚近的国际投资协定表现出投资扩大化的趋势，但是新的投资形式是否成为投资条约受保护的“投资”有可能存在争议，一旦双方为此发生争议并诉之仲裁，耗时费力。

中国—加拿大 BIT 对投资定义采取了扩大和细化的做法，第 1 条“投资”定义条款列举了 10 项投资形式，而且最后第 10 项是指“其他任何出于商业目的取得或使用的有形或无形、可移动或不可移动的财产和相关财产权利”，这种不封闭定义方式是晚近 BIT 对投资定义的惯常方式，也是投资定义扩大化的具体表现形式之一。值得注意的是，第 8 项第 1 目中“依据涉及投资者的财产存在于缔约一方领土内的合同，包括交钥匙或建筑合同，或对勘探和开采石油或者其他自然资源的特许权”，属于投资；这项对投资形式的列举对中国是有利的，因为交钥匙合同、建筑合同等一直是中国对外进行承包工程业务的一种主要合同形式，明确将对外承包工程的主要合同形式纳入受保护投资范围，将为维护中国海外投资利益打下坚实基础。

此外，中国—加拿大 BIT 投资定义第 4 项规定对一家企业的贷款，当此贷款的原始到期时限至少为三年时也属于受保护的投资。三年以上贷款在银行贷款业务上被称为次长期贷款，次长期贷款被纳入受保护投资范围是晚近国际投资法投资定义扩大的另一表现形式，尽量扩大投资定义能够维护资本输出国的利益，保护资本输出国海外投资。中国对外基础设施投资和其他大型项目投资很多是由中国进出口银行提供优惠贷款方式建设的，中国应该考虑尽可能将这种政府贷款性质的投资纳入投资条约“受保护投资”的定义范围。事实上《中国投资保护协定范本（草案）》已经预先考虑到对中国政府贷款等形式进行保护，该草案第1条投资定义第6项的内容是：“投资包括政府发行的债券在内的债券、信用债券、贷款及其他形式的债以及由此衍生出的权利。”因此中国应尽可能以上述草案为版本推动中国与他国BIT的签订或续签更新。

综上，在投资定义和对投资的所有权问题上，中国应该明确自身立场，具体到签约文本时，需要斟酌如何纳入体现中国利益的文本，同时还能够顺应竞争中立原则的需要。

二 力争WTO框架下产业补贴政策的空间，在FTA中推动中国市场经济地位的确认

美国、欧盟、日本、加拿大等发达经济体均在各种场合表达要建立公平竞争秩序，重点关注国有企业实施的市场扭曲行为、产业补贴、透明度等问题，这些问题已经部分在TPP中条款中得以呈现，例如，非歧视待遇和商业考虑、非商业援助、透明度原则。但是TPP国有企业规则的后续演进表明，对“中国模式”进行“规锁”不一定继续采用TPP国有企业规则的形式。现在欧盟、美国等已经否定中国的市场经济地位，对中国商品继续采取反倾销法的“替代国”歧视性做法，共同推动在WTO框架下专门针对中国国有企业问题修订相关规则，例如，修订反补贴规则的内容，对非歧视待遇、透明度提出更高要求。国际规则重塑的双重博弈理论论证了在多边框架下通过谈判国参与一些具有共同利益的小集团，再以集团身份参与多边层次的博弈可以大大提高自身的实力，从而能够更有效地维护自身利益。所以中国应该坚持维护WTO多边贸易机制的权威，坚持在多边框架下讨论国有企业规则。

（一）积极参与WTO补贴规则的改革谈判，力争中国的产业政策空间

从美欧日贸易部长三方会议联合声明以及美国贸易代表办公室、美国商务部发布的相关文件来看，西方发达国家已经决意重新制定新的国际补贴规则，以解决所谓“第三国非市场主导政策和做法导致严重产能过

剩”。2018 年 11 月生效的美墨加协定（USMCA）第 22 章国有企业规则对 TPP 国有企业规则的深化使得未来的反补贴规则或者国有企业规则的内容更为清晰。① 可以预计，未来美欧等可能从两方面推动国际补贴规则：一方面，推动修改现有的 WTO《补贴与反补贴措施协定》，但是要在现有 WTO 的 160 多个成员国达成共识难度较大；另一方面，美国推动与盟友的零关税、零补贴的双边自由贸易协定，建立小范围的自由贸易规则体系，在双边自由贸易协定中自然纳入高标准的反补贴规则，或者采取类似 USMCA 的做法，通过国有企业章节和“非市场经济国家条款”针对中国的政府主导经济模式。总之，无论采取哪一种途径推动的反补贴新规则，都会把焦点集中在约束对国有企业或特定产业的各种补贴措施上，都将给中国带来严峻的国际规则压力。

为了防止被欧美发达国家排除和边缘化，中国要衡量在补贴政策的利益得失，积极参与修订、改革 WTO 的谈判。

1. 关于授予补贴的主体，现在各方聚焦于能够授予补贴的公共机构的定义

欧盟在 WTO 改革概念性文件中提出两个标准：（1）国有企业或国有控股企业是否履行政府职能或推进政府政策，或（2）成员国是否对相关企业实施有意义的控制。② 中国国有企业众多，如果采取类似 USMCA 的扩大定义，政府对企业的间接控制都纳入国有企业范畴的话，那么中国混合制改革后很多企业都将受到这些高标准规则的限制，因此中国必须坚守“国有企业职能说”，即国有企业是在履行政府职能或推进政府政策时才可被视为补贴主体，反对 TPP 和 USMCA 里面将所有国有企业视为“非商业援助”（补贴）授予主体。对次级政府（省市一级政府）的补贴问题，要善于与其他成员国一道取得共识。TPP 国有企业规则适用对象的企业规模起点是年收入不低于 2 亿特别提款权的企业，并且大部分的次中央国有企业等在一定条件下被排除适用 TPP 国有企业规则，说明拥有较多国有

---

① USMCA 没有针对 WTO 补贴规则补充新的规则，成员国权利义务基本沿用 WTO 和 GATT 中的规定。参见 Article 10.5：各方保留其在《1994 年关贸总协定》第 6 条、《反倾销协定》和 SCM 协定项下的权利和义务。

② European Commission for Trade, *EU Concept Paper on WTO Reform*, 09/18/2018, http://europa.eu/rapid/press-release_IP-18-5786_en.htm.

企业的成员国如越南、新加坡、马来西亚在谈判中施加了较大影响。所以，虽然美国 USTR 和商务部在对国会的补贴执行年度报告（2019）对中国省市一级的补贴倍加关注，但是中国要在谈判中坚守立场，应将省市一级补贴纳入管制负面清单。

2. 补贴的类型

在 WTO《补贴与反补贴措施协定》(SCM 协定）中，补贴分为禁止使用的补贴、可诉补贴和不可诉补贴，由于不可诉补贴条款临时适用至 1999 年 12 月 31 日，期满前成员国未按规定就是否及如何延长适用不可诉补贴条款达成一致，自 2000 年 1 月 1 日起不可诉补贴条款失效。所以现在 WTO《补贴与反补贴措施协定》仅对禁止性补贴和可诉补贴进行约束。中国应考虑呼吁恢复不可诉补贴，并争取将高新创业补贴纳入不可诉补贴之列。在考虑中国谈判方案时，也要注意到美欧等明确反对中国国有银行以优惠贷款、出口信贷、减税以及人为压低土地和原材料价格等形式提供补贴，政府、国有控股基金所进行的非商业性质的投资以及债转股，以及对资不抵债公司的补贴，中国应考虑我国产业发展状况明确授予补贴的标准，最终实现各类所有制企业在获得补贴方面享有同等待遇。

3. 透明度规则对国有企业和补贴的信息公开

首先是关于国有企业信息公开的内容和层级：TPP 国有企业规则透明度条款主要是国有企业名单的公开、国有企业内部信息（包括股权比例、董事会中政府官员信息、重要财产信息的披露等）、与非商业援助相关的政策和项目的披露三大方面，美墨加协定（USMCA）对国有企业的透明度要求内容基本沿袭了 TPP 规则。可以预测，未来贸易投资规则美国将会就涉及影响其国内产业的中国国有企业和产业补贴政策进行磋商，要求中国提出明确的信息。

近年来，中国国有企业信息公开披露工作不断推进，《国务院国资委 2019 年政务公开工作要点》新增加了对国有企业产权变动、增资扩股、去产能等方面信息的公开内容，除了继续对中央企业主业信息，中央企业经济运行情况信息，中央企业集团重组、名称变更信息，中央企业负责人考核年度任期薪酬情况信息，联系企业领导人员及外部董事任免信息等重点领域的信息公开外，增加了要“指导产权交易机构做好国有产权交易、国有企业增资扩股项目的信息披露和结果公告，指导中央企业做好去产能公示公告，指导中央企业公开履行社会责任信息”。国务院国资委虽然没有把国有企业每年的年度财务报告作为主动公开信息内容，但是可以将之作为应要求公开的信息作为谈判清单内容。

美国一直致力于要求和敦促其他成员通知其中央以下的政府补贴项目，但是就连印度、加拿大、墨西哥和巴西等国家似乎也难以全面通报地方政府的补贴项目，所以中国可以联合其他国家在谈判时把省级补贴项目作为非必要通知项目内容。

其次，关于补贴的通知义务：TPP 国有企业规则透明度要求公开国有企业获得补贴（非商业援助）的信息，以使得其他成员方根据信息理解政策和项目的运作，对该补贴给贸易和投资带来的影响进行评估，这一规定因涉及中国国有企业可能进行的战略性投资，而无法获得中国认同。虽然 WTO 的 SCM 协定也规定了成员国应该每年 6 月 30 日之前将补贴（包括赠予、贷款、税收减免）、补贴的政策目标、补贴量及期限等通知给 WTO，不过 WTO 成员国执行情况通知义务很差。截至 2018 年 3 月，超过半数的成员（90 个）没有就补贴作出任何通知，主要原因是目前不遵守补贴并不会受到任何制约，2018 年 WTO 补贴委员会审议了 40 名成员的补贴通知，其中有不少成员从未向其发出过补贴通知。①

鉴于美国力图将强制通知和通知时限作为新补贴规则的构成部分，中国同样应该联合其他国家反对补贴通知义务的强制性截止日期，或者至少应该争取对其他成员要求答复的时间限制在合理时间段。

（二）力争 WTO 框架下“替代国”方法违规，在 FTA 中落实中国的市场经济地位

首先，中国应该质疑美国、欧盟对中国“非市场经济国家”提法和概念的合法性，防止美、欧将对中国经济体制的污名化，更要警惕美国等意图打造的新国际规则中对中国整个制度予以排斥。

在 GATT 和 WTO 实践中，并没有正式的规则和文件对所谓“非市场经济国家”作确定特殊的要求，仅仅是在反倾销法上允许成员国对全部

① USTR，USDC，*Subsidies Enforcement Annual Report to Congress 2018*，2019 Joint Report of the Office of the United States Representative and the United States Department of Commerce，pp. 19-20.

或大体上全部由国家垄断贸易并由所有国内货物价格都由国家规定的国家进口的货物，计算倾销幅度时可以采取替代国等其他合理的方式，而且这一规定还是在 GATT1994 附件 I 关于第 6 条第 1 段的补充规定，可见，“非市场经济国家”问题应仅仅限于反倾销法上的比价方法。

中国“非市场经济”地位问题源自 1986 年中国复关谈判，美国早在 1988 年向关贸总协定秘书处提交的报告中就认为中国是非市场经济国家，在谈判中，中国于 1988 年 4 月提交一份名为《中国经济体制改革的进展和目标》的备忘录，在这份文件里，中国指出中国的经济制度是“市场与计划结合”的“社会主义商品经济”，即社会主义市场经济。[①] 这些文件说明，中国自身也承认其经济制度与 GATT 运作要求的市场经济有所不同。但是在该文件中中国也指出在 GATT 中并没有所谓的非市场经济的义务，中国在不断进行经济体制改革以建立一个新的商品经济体制。在之后的中国“入世”谈判中，围绕是否应该在反倾销法上对中国产品计算倾销幅度时采取替代国方法，中美之间再次展开激烈交锋，作为妥协，中国接受了在受调查的中国生产者不能明确证明生产该同类产品的产业在制造、生产和销售该产品方面具备市场经济条件，则该进口成员可使用替代国方法计算倾销幅度。总之，在 GATT 谈判以及中国“入世”议定书中，中国的社会主义市场经济体制并非所谓“异类”，对中国所谓非市场经济的特殊规则也仅限于反倾销领域，一旦中国企业能够证明生产的产品或该产业具备市场经济条件，则在反倾销法确定可比价格时仍以中国价格为基准。

随着中国改革的深入，大部分产业资源配置都以市场作为决定因素，但是美日欧贸易部长三方会议联合声明却指责“第三国非市场主导政策”导致产能过剩，并破坏国际贸易的正常运作，使得现有规则无效。[②] 美日欧部长声明指向性非常明确，并且将中国的非市场主导政策视为是破坏整个国际贸易规则的罪魁祸首，这对中国经济制度的污名化影响极为恶劣，

① Gao, Henry S., “China's Participation in the WTO: A Lawyer's Perspective”, *Singapore Year Book of International Law*, Vol. 11, 2007, pp. 1-34.

② USTR, *Joint Statement on Trilateral Meeting of the Trade Ministers of the United States, Japan, and the European Union*, 9/25/2018, https://ustr.gov/about-us/policy-offices/press-office/press-releases/2018/september/joint-statement-trilateral.

因此中国需要警惕美国等意图打造的新国际规则对中国整个经济制度带来的排斥性后果。现阶段中国可以考虑较为灵活的谈判方案，即要求欧美等承认中国是市场经济国家，但同时同意与欧美谈判一个清单，对所谓存在过剩产能的行业，可以沿用非市场经济地位的反倾销手段，从而将对中国经济制度的负面影响降到最低。

其次，中国应力争欧美反倾销法继续采用替代国这一歧视性做法在WTO框架下的违法性。中国已于2016年12月12日正式启动世界贸易组织争端解决程序，要求与美国和欧盟就美国和欧盟在反倾销程序中使用的特殊计算方法进行磋商。如前文所述，欧盟通过修改反倾销法采用新的替代国方法针对市场“严重扭曲”国家产品计算倾销幅度，美国则积极扩大“市场扰乱法”的适用范围，以继续采用替代国方法针对政府干预市场行为。但是GATT/WTO都没有关于“重大市场扭曲法”和“市场扰乱法”的规定，欧美为使其国内法符合WTO，在中国向WTO提出磋商的DS516案后，提交陈述时将GATT第6条补充规定解释为“一般性规定”，因为GATT第6条补充规定针对非市场经济国家价格可比性存在困难，进口缔约方可能认为有必要考虑与此类国家的国内价格进行严格比较不一定适当的可能性，美国提交的解释认为当正常贸易中不存在可比价格时，成员国可以拒绝将国内价格作为正常价值，从而认为允许成员国使用替代国方法是根植于GATT第6条的规定之内。很明显欧美意图通过对WTO条款的扩大解释达到将国内修订后的反倾销法符合WTO规则的目的。但是按照《WTO协定》第10条规定，修改《WTO协定》及附件1，如果改变各成员权利和义务，则需要经成员国的2/3多数接受，且仅对接受修正的成员生效。欧美扩大解释WTO“非市场经济条款”的行为，无论是从程序、实体要件还是同意等要件看，都不符合《WTO协定》第10条的规定。①

最后，中国需要继续在FTA中扩大承认中国市场经济地位的国家数量：中国自加入世界贸易组织之后，市场已经逐步成为中国资源配置的主导性因素，现在已经有81个国家承认了中国的市场经济地位。中国需要

① 刘雪红：《条约解释、条约“演化”抑或“演化”中国？——“非市场经济条款”欧美新解读之批判》，中国国际法年会2018年年会论文集，第1388页。

夯实并扩大中国市场经济地位的国际认可度，在未来谈判的FTA中嵌入承认中国市场经济地位条款。

三 强化“一带一路”建设债务处理的国际合作，构建区域性金融预警系统

“一带一路”建设是中国在新的历史条件下实行全方位对外开放的重大举措，推行互利共赢的重要平台，它不仅仅是与沿线国家进行经济合作，还是我们探索完善全球发展模式和全球治理、为全球提供新的公共品的重要平台。“一带一路”沿线国家经济发展程度不一，文化传统、民族宗教习俗迥异，我国与沿线国家的经贸投资规则不可能不顾实际与西方国家所倡导的高标准规则对标，要秉持共商、共建、共享的原则，推动构建公正、合理、透明的国际经贸投资规则体系。

面对“一带一路”沿线国家的债务可持续发展问题对中国投资安全所带来的挑战，以及西方国家对中国在“一带一路”建设上的投资、融资方式提出种种质疑，我国要有清醒的认识。一方面要认识到西方国家是出于自身政治立场与利益对“一带一路”持有偏见，而罔顾事实对“一带一路”建设的实际成果视而不见，对问题紧揪不放、肆意扩大债务问题企图给“一带一路”倡议泼脏水，意图损害中国与“一带一路”沿线国家的关系，压缩中国与世界良性互动的空间；另一方面要承认中国在“一带一路”建设中承担主要资金、投入风险因某些国家政治不稳定、地缘政治风险加大不断增加的事实。

鉴于美国等西方媒体、智库不断营造中国“债务陷进”的负面言论，甚至有可能将推动负责任主权贷款行为的多边化，使得中国对“一带一路”投资面临不利的规则环境，中国需要加强与巴黎俱乐部、出口信贷国际工作组、世界银行集团等国际金融组织的沟通，并引入联合国贸发会（UNCTAD）的负责任主权借贷行为原则中的预防腐败、贷方应确定借款得到合法授权等原则，提高“一带一路”建设项目的透明度，这些原则的引入能够让“一带一路”建设项目可持续发展，从而获得西方资本、私人资本的加入，降低中国作为主要投资者的风险。

此外，应构建区域性金融预警系统，并加强在“一带一路”建设国

际金融合作，推动双边、多边金融合作，预防、及时防控风险。因“一带一路”沿线国家情况不一，还要构建多个双边投资条约体系，在投资条约中纳入政治风险防范和代位求偿条款，更有效地防范因东道国政局变动而出现的项目停工、项目取消所带来的巨大损失。

主要参考文献

中文文献

一　中文著作

方福前:《公共选择理论——政治的经济学》，中国人民大学出版社2000年版。

［奥］哈耶克:《法律、立法与自由》(第一卷)，邓正来、张守东、李静冰等译，中国大百科全书出版社2000年版。

［奥］哈耶克:《通往奴役之路》，王明毅、冯兴元译，中国社会科学出版社1997年版。

［奥］哈耶克:《致命的自负》，冯克利等译，中国社会科学出版社2000年版。

［奥］哈耶克:《自由秩序原理》(上册)，邓正来译，生活·读书·新知三联书店1997年版。

［美］罗伯特·吉尔平:《跨国公司与美国霸权》，东方出版社2010年版。

门洪华:《和平的纬度：联合国集体安全机制研究》，上海人民出版社2002年版。

杨瑞龙:《国有企业分类改革的逻辑路径与实施》，中国社会科学出版社2017年版。

二　中文论文

陈秀山:《芝加哥学派竞争理论评析》，《经济学动态》1995年第

1 期。

贺平:《规制缓和中的双层博弈——以日本〈大店法〉为例》,《日本学刊》2009 年第 3 期。

胡建梅、黄梅波:《中国政府对外优惠贷款的现状及前景》,《国际论坛》2012 年第 1 期。

黄梅波:《政府优惠贷款与中国贷方责任的履行》,《亚太经济》2014 年第 4 期。

雷少华:《超越地缘政治——产业政策与大国竞争》,《世界经济与政治》2019 年第 5 期。

李思奇、姚远、屠新泉:《中国获得“市场经济地位”的前景:美国因素与中国策略》,《国际贸易问题》2016 年第 3 期。

李向阳:《国际经济规则的形成机制》,《世界经济与政治》2006 年第 9 期。

李欣:《中国外交新的参与者——国有石油企业的角色与组织化利益》,《国际论坛》2012 年第 3 期。

李月芬、Juan Pablo Boho Slavsky:《填补主权债务危机预防与重组的法律空白:联合国贸发会关于负责任主权融资的原则》,韩秀丽译,《国际经济法学刊》2013 年第 3 期。

刘才明:《经济利益视角的对外直接投资理论》,博士学位论文,复旦大学,2003 年。

毛真真:《国际经济规则的形成机制》,《河北法学》2017 年第 5 期。

时业伟:《WTO 补贴协定中“公共机构”认定标准研究——以 DS379 案为例》,《比较法研究》2016 年第 6 期。

宋国友:《基于中国的国际政治经济学研究:问题领域、理论突破和学科弥合》,《世界经济与政治》2011 年第 1 期。

孙玉红:《跨区域双边自由贸易协定的政治经济动机分析》,《世界经济与政治》2008 年第 3 期。

屠新泉:《中美关系与中国市场经济地位问题》,《美国研究》2011 年第 3 期。

王淑敏:《国际投资中的次级制裁问题研究——以乌克兰危机引发的对俄制裁为切入点》,《法商研究》2015 年第 1 期。

王霞:《美国 TPP 战略的主要特点——基于美国“巧实力”战略的解析》,《世界经济与政治论坛》2011 年第 6 期。

魏勇强、乔彦芸:《审视我国当前产业政策存废之争——基于发达国家产业政策演进的视角》,《经济体制改革》2017 年第 6 期。

杨春学:《中国模式的独特性:基于政府竞争与企业之间关系的一种考察》,《财经问题研究》2012 年第 10 期。

张键:《布坎南与公共选择理论》,《经济科学》1991 年第 2 期。

张宇燕、冯维江:《从“接触”到“规锁”:美国对华战略意图及中美博弈的四种前景》,《清华金融评论》2018 年第 7 期。

赵海乐:《是国际造法还是国家间契约:竞争中立国际规则形成之惑》,《安徽大学学报》(哲学社会科学版)2015 年第 1 期。

钟飞腾:《对外直接投资的国际政治经济学:一种分析框架》,《世界经济与政治》2010 年第 12 期。

朱丁普:《欧洲联盟反倾销法上非市场经济制度本质探究》,《中外法学》2015 年第 2 期。

朱启超,龙坤:《试论后九一一时代美国国家安全战略的调整——基于对特朗普政府〈美国国家安全战略〉报告的分析》,《美国研究》2018 年第 3 期。

左海聪、林思思:《2016 年后反倾销领域中国非市场经济地位问题》,《中国法学》2017 年第 1 期。

三 中国官方文件及网络文献(部分)

《国家电网公司招标活动管理办法》。

国家发展改革委:《“十二五”利用外资和境外投资规划》。

国家发展改革委:《民营企业境外投资经营行为规范》。

国务院国有资产监督管理委员会:《2018 年 1—12 月全国国有及国有控股企业经济运行情况》。

国务院新闻办公室:《中国的对外援助》(2014)。

商务部:《2018 年中国对外投资发展报告》。

商务部:《中国对外承包工程发展报告 2017—2018》。

商务部:《中国关于世贸组织改革的建议文件》。

商务部、国家统计局、国家外汇管理局:《2017 年度中国对外直接投资统计公报》。

外交部：第二届“一带一路”国际合作高峰论坛成果清单，《中国加入工作组报告书》。

英文文献

一 官方文件

Capobianco, A. and H. Christiansen, *Competitive Neutrality and State-Owned Enterprises: Challenges and Police Opinions*, OECD Publishing, 2011.

Chamber of Commerce and American Chamber of Commerce in China, *Priority Recommendations for US-China Trade Negotiation*, January 16, 2019.

European Commission, *Commission Proposes Changes to the EU Anti-Dumping and Anti-Subsidy Legislation*, November 9, 2016.

European Commission, *EU Concept Paper on WTO Reform*, September 18, 2018.

European Parliament, European Commission, *European Parliament Resolution of 12 May*, 2016 *on China's Market Economy Status*, 2016 /2667 (RSP), May 12, 2016.

European Union, *Communication from the Commission on the Application of the European Union State Aid Rules to Compensation Granted for the Provision of Services of General Economic Interest*, Official Journal of the European Union, Nov.1, 2012.

John M. Weaver, *The 2017 National Security Strategy of the United States of America*, Journal of Strategic Security, Vol. 11, No. 1, Spring 2018.

OECD, *Competitive Neutrality and State-Owned Enterprises—Challenges and Policy Options*, OECD Corporate Governance Working Papers, No. 1, 2011.

OECD, *Competitive Neutrality: Maintaining a Level Playing Field Between*

Public and Private Business, 2012.

OECD, *National Practices Concerning Competitive Neutrality*, April 2012.

OECD, *OECD Guidelines on Corporate Governance of State-Owned Enterprises*, OECD Publishing, Paris, 2015 Edition.

Office of Trade and Manufacturing Policy, *How China's Economic Aggression Threatens the Technology and Intellectual Property of the United States and the World*, White House, June, 2018.

Robert E. Lighthizer, *National Trade Estimate Report on Foreign Trade Barriers*, Office of the United States Trade Representative, March 31, 2018.

The White House Office of the Press Secretary: *Statement by the President on the Trans-Pacific Partnership*, October 5, 2015.

U. S. -China Economic and Security Review Commission: *Non Market Economy Issue Brief*, US Department of Commerce, April 18, 2017.

UK, *National Security and Infrastructure Investment Review Green Paper*, Department for Business, Energy & Industrial Strategy, October 17, 2017.

USTR, *2018 USTR Report to Congress on China's WTO Compliance*, Office of the United States Trade Representative, February 2019.

USTR, *Findings of The Investigation into China's Acts, Policies, and Practices Related to Technology Transfer, Intellectual Property, and Innovation Under Section 301 of the Trade Act of 1974*, Office of the United States Trade Representative, March 22, 2018.

USTR, *Joint Statement on Trilateral Meeting of the Trade Ministers of the United States, Japan, and the European Union*, Office of the United States Trade Representative, May 23, 2019.

USTR, *2018 Trade Policy Agenda and 2017 Annual Report of the President of the United States on the Trade Agreements Program*, Office of the United States Trade Representative, March 1, 2018.

USTR, *Subsidies Enforcement Report to Congress 2018, 2019 Joint Report of the Office of the United States Representative and the United States Department of Commerce.*

Wayne Morrison, *China's Status as a Non-Market Economy*, U. S. Congressional Research Service, October 26, 2017.

二 英文文章

Dadomo, C. and Nguyen, T. H. , "Developments and Implications of Future FTAs for the Competition Law in Vietnam", In: *Vietnam Commercial Law in Global Integration Context*, Ho Chi Minh City Law University, Vietnam, 6-7 January, 2016.

Donald L. Cuneo and Charles B. Manuel, "Roadblock to Trade: The State - Controlled Economy Issue in Anti - Dumping Law Administration", *Fordham International Law Journal*, Vol. 5, No. 2, 1991.

Elizabeth J. Drake, "Chinese State-Owned and State-Controlled Enterprises: Policy Options for Addressing Chinese State-Owned Enterprises", *World Bank Discussion Papers*, August 12, 2013.

Gao, Henry S. , "China's Participation in the WTO: A Lawyer's Perspective", *Singapore Year Book of International Law*, Vol. 11, 2007.

John Hurley, Scott Morris, and Gailyn Portelance, "Examining the Debt Implications of the Belt and Road Initiative from a Policy Perspective", *Washington, DC: Center for Global Development Policy Paper 121*, March, 2018.

LE Thi Anh Nguyet, *State-Owned Enterprise Reforms in the TPP Negotiation: Is It a Win-Win for Vietnam*, RIETI Discussion Paper Series 15-E-092, July 2015.

Raj · Bhala and Kim · Nathan Deuckjoo, "The WTO' s Under-Capacity to Deal with Global Over-Capacity", *Asian Journal of WTO & International Health Law and Policy*, June 2019.

Steve Charnovitz, "Grading Trump's China Trade Strategy", *GWU Law School Public Law Research Paper*, No. 2019-26.

William K. Wilcox, "GATT-Based Protectionism and the Definition of a Subsidy", *Boston University of International Law Journal*, Spring 1998.

Yuri Shima, "The Policy Landscape for International Investment by Government-Controlled Investors: A Fact Finding Survey", *OECD Working Papers on International Investment*, OECD 2015.